刘燕 著

农村
剩余劳动力
转移需求分析与政策设计

Demand Analysis and
Policy Design
of Rural Surplus Labor Migration

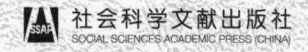

社会科学文献出版社
SOCIAL SCIENCES ACADEMIC PRESS (CHINA)

序

　　该专著是在我的指导下完成的，其选题和结论具有重要的现实意义和理论意义。

　　刘燕同志把需要层次理论创造性地应用到农村剩余劳动力转移需求层次分析之中，她的研究结论是，农村剩余劳动力转移需求是多种多样的，而且每一种转移需求都具有层次性，各层次间具有层级递进的规律；影响转移需求层级递进的因素也是多种多样的，但其中有一些因素具有非常重要的影响力。该书将农村剩余劳动力转移需求视为一个开放的自组织系统，依据需要层次理论以及新迁移经济理论，从农村剩余劳动力转移的家庭结构需求角度构造出我国农村剩余劳动力转移需求层次的系统框架。转移需求层次由低层到高层依次为个人转移需求层、夫妻转移需求层、家庭转移需求层，各层次之间具有层级递进的逻辑关系，需求层次的最高阶段是全家落户需求，这些观点和认识具有新颖性。该书还分析了不同转移需求层次上转移主体的需求变化，利用系统分析法对影响农村剩余劳动力转移的因素从宏观和微观两个方面进行了分析，并进一步从微观层面对影响因素进行筛选，据此设计调查问卷；采用"配额抽样"的方式进行了问卷调查和个案访谈，将获得的数据根据现有农村剩余劳动力转移状态划分为个人转移需求层、夫妻转移需求层、家庭转移需求层三个层次，对各个层次农村剩余劳动力的转移需求及影响三个层次递进（即个人转移需求层向夫妻转移需求层上升，夫妻转移需求层向家庭转移需求层上升，家庭转移需求层向全家定居和落户需求上升）的因素进行了分析；采用二元 Logistic 回归模型获得农村剩余劳动力转移需求由低层向高层递进的主要影响因素，并通过对层级递进影响因素的综合分析甄别出影响农村剩余劳动力转移需求层次变化的关键因素，就此提出推进农村剩余劳动力有序合理转移的政策建议，对实际决策具有重要的参考价值。

农村剩余劳动力转移对中国来说，既是历史命题，又是现实命题。之所以这么说，是因为时至今日中国农村剩余劳动力转移仍未彻底完成。有人可能说农村都无劳动力可转移了，已经成为"空心村"了，虽然这也是事实，但农村劳动力的结构性剩余还是存在的，如年龄偏大或知识能力不适合转移的剩余劳动力仍然存在。针对此类问题和全国人口下降的趋势以及乡村振兴战略的要求，国家应该加大对农村和脱贫地区新生儿的政策支持力度，这样既有利于解决由知识能力不足造成的农村剩余劳动力转移问题，又有利于促进农村人口增加和缩小城乡差距，具有普惠性，更有利于乡村振兴！

李录堂

2022 年 8 月 24 日

目 录

第一章 导论 ………………………………………… 1
第一节 研究背景 ………………………………… 1
第二节 研究目的与研究意义 …………………… 4
第三节 国内外研究述评 ………………………… 6
第四节 研究思路、方法与数据来源 …………… 30
第五节 可能的创新之处 ………………………… 32

第二章 农村剩余劳动力转移需求层次研究的理论基础
……………………………………………………… 35
第一节 关键概念界定 …………………………… 35
第二节 基本理论简析 …………………………… 40

第三章 基于不同视角的农村剩余劳动力转移需求层次
分类 ……………………………………………… 51
第一节 农村剩余劳动力转移收入需求层次 …… 51
第二节 农村剩余劳动力转移地域需求层次 …… 57
第三节 农村剩余劳动力转移家庭结构需求层次
……………………………………………… 62
第四节 农村剩余劳动力转移产业需求层次 …… 69

1

第五节　农村剩余劳动力转移定居需求层次 ………… 73

第六节　农村剩余劳动力转移土地需求层次 ………… 79

第七节　农村剩余劳动力转移子女教育需求层次

　　　　………………………………………………… 84

本章小结 ……………………………………………………… 89

第四章　农村剩余劳动力转移需求层次系统分析 ……… 91

第一节　农村剩余劳动力转移需求层次系统框架构建

　　　　………………………………………………… 91

第二节　农村剩余劳动力转移需求层次系统宏观影响

　　　　因素分析 …………………………………… 103

第三节　农村剩余劳动力转移需求层次系统微观影响

　　　　因素分析 …………………………………… 128

本章小结 …………………………………………………… 137

第五章　个人转移需求层实证分析 ……………………… 142

第一节　个人转移需求层需求分析 ……………… 142

第二节　个人转移需求层夫妻转移需求影响因素

　　　　实证分析 …………………………………… 157

本章小结 …………………………………………………… 174

第六章　夫妻转移需求层实证分析 ……………………… 176

第一节　夫妻转移需求层需求实证分析 ………… 176

第二节　夫妻转移需求层家庭转移需求因素

　　　　实证分析 …………………………………… 193

本章小结 …………………………………………………… 208

第七章 家庭转移需求层实证分析 …… 209
第一节 家庭转移需求层需求分析 …… 209
第二节 家庭转移需求层定居需求因素实证分析 …… 224
第三节 家庭转移需求层落户需求因素实证分析 …… 233
第四节 农村剩余劳动力转移需求层级递进关键影响因素甄别 …… 248
本章小结 …… 251

第八章 推进农村剩余劳动力转移需求层级递进的政策设计 …… 253
第一节 链式培训政策体系增强农民工城市风险抵御能力 …… 253
第二节 双重住房保障政策满足农民工城市安居需求 …… 257
第三节 融合式农民工子女教育政策满足农民工子女教育需求 …… 262
第四节 多重保障型土地流转政策协同城乡一体化户籍制度改革 …… 265
第五节 自由畅通的城乡统一劳动力市场政策消除就业歧视 …… 268
第六节 多方位的社会保障体系增强农民工市民感 …… 272
第七节 共享参与的基层治理格局促进农民工融入城市文化 …… 276
本章小结 …… 277

第九章　结论、不足与展望 ………………………… 280
第一节　基本结论 ………………………………… 280
第二节　研究不足 ………………………………… 285
第三节　研究展望 ………………………………… 285

参考文献 …………………………………………… 288
附　录 ……………………………………………… 318

第一章 导论

第一节 研究背景

(一) 农村剩余劳动力的转移需求呈多元化状态

中国大规模的劳动力转移现象是随着农村改革而逐步出现的,此现象来自经济增长所带来的产业结构变化和制度约束的减少,这种转移现象大致可以分为四个阶段,各阶段呈现不同的转移特征,而这些差异的出现归根结底是由于转移主体在转移过程中的转移需求不同。初始阶段(1978~1984年),此阶段是以恢复性转移为主的农村土地承包、发展农业时期,而农民外出打工尚属个别零散状态,农民外出打工以个人为主,属于贴补家用的生存型转移,他们外出时不会考虑举家迁移和定居问题;发展阶段(1985~1992年),沿海等发达地区乡镇企业发展迅速,城市国有企业改革有序推进,地区差距、城乡差距逐步拉大,农村剩余劳动力转移稳步增长,农民外出打工开始出现跨省流动现象,但仍以个人为主,开始出现夫妻共同外出打工的情况;扩张阶段(1993~1996年),乡镇企业迅猛发展的势头慢慢回落,关于农村剩余劳动力转移的政策放松,农民有了更多的机会离开农村到城市获取更大收益,农村剩余劳动力转移的数量增加,步伐加快,农民外出打工形式逐渐多样,有些农民成为城市常住居民,有些举家进入城市;平稳阶段(1997年至今),在国企现代化企业制度改革中,出现了大批工人下岗现象,就业形势紧张,大规模的农村剩余劳动力转移仍在持续,在这个阶段,农民举家外出务工数量逐渐增多,有些定居城市获得城市户籍,有的甚至走出国门。随着新生代农业转移人口的增加,越来越多的农业转移人口从生存型转移转向发展型转移。虽然城乡之间依然存在政策屏障,但多数新生代农业转移人口都想努力挣钱以长期移居城镇地区,调查显示,55.9%的新一代农业转移人口计划在务工的城镇买房并安置下来。相对于第一代农业转移人口,他们外出谋求发展的动机更加强烈,诉求也更加多元化。除了工资等"硬件"要求之外,他们对企业的"软件",如福利待遇、企业环境和发展前景等提出了更多的要求。[①]

从心理学上讲,行为的产生归根于需求。我国农村剩余劳动力转移的发展历程显示出,需求多元化已经成为现阶段农村剩余劳动力转移的主要特征之一,逐渐由个人转移需求向家庭转移需求发展,由候鸟式转移需求向定居转移需求发展,由生存转移需求向发展转移需求发展。

(二)农村剩余劳动力转移需求的有序引导是城市化进程的助推力

城市化包含两个层次。一个层次可以称为量的城市化,

[①] 马艳霞:《我国西部民族地区农村剩余劳动力转移理论修正与路径问题研究——基于民族地区旅游经济发展的分析》,博士学位论文,西南财经大学,2009,第98~104页。

第一章　导论

即城市数量和城市人口的增加。另一个层次可以称为质的城市化，即城市文明的推进，尤其是转移进入城市的农民对城市文明内化的过程，只有达到质的层次才真正完成了城市化。从农村剩余劳动力转移角度来看，这是其"市民化"的过程，而这个过程也包括两个层次：一个层次是形式市民化，在我国当前户籍制度下转移人口获得城市户籍，从法律上得到身份的确认，享受市民待遇；另一个层次是进入城市的农业转移人口被城市文明同化的过程，这个过程将更加艰巨和漫长。从我国实际情况看，城镇化是我国城市化进程的特殊阶段，党的十八届三中全会《中共中央关于全面深化改革若干重大问题的决定》指出，我们要"坚持走中国特色新型城镇化道路，推进以人为核心的城镇化"。[1] 2019年，我国常住人口城镇化率为60.60%，而户籍人口城镇化率只有44.38%。[2] 这说明有大量常住城镇的已转移的农村人口还不是城镇户口，也就是说要达到市民化的第一个层次我们还有大量的工作要做。以人为核心就是要以人的需求为核心，推进农业转移人口在城镇落户，关注转移主体在转入城镇以及落户过程中的需求。李录堂研究指出，单个人转移进入城市者一般不会对城镇户籍提出要求，但是他们对土地的情感和观念已经发生变化，将成为潜在的城镇户籍需求者；夫妻二人转移进入城市者会产生户籍需求，一旦条件允许，这种隐性需求就会转化为显性需求；全家转移进入城市者对户籍的

---

[1] 中共中央文献研究室编《十八大以来重要文献选编》（上），中央文献出版社，2014，第524页。
[2]《中华人民共和国2019年国民经济和社会发展统计公报》，国家统计局，2020年2月28日，http://www.stats.gov.cn/sj/zxfb/202302/t20230203_1900640.html，最后访问日期：2023年5月9日。

3

需求最为强烈。所以我们需要制定政策引导夫妻转移需求尤其是家庭转移需求的产生，并以相应政策满足转移主体在从个人转移到家庭转移过程中对城市住房、子女教育、就业等方面的需求，只有这样才能有效推动农业转移人口"市民化"第一个层次的实现。①

"市民化"第二个层次的实现，不仅涉及制度问题，更涉及深层次的文化、价值观问题。全家转移者相对于个人转移者和夫妻转移者与农村的联系降到最低，与农村文明的接触频率最小，最容易在工作生活中接受城市文明。众多学者的研究表明，全家定居城市意愿较为强烈的转移主体城市生活适应度较好，而且一旦全家获得户籍，就意味着要彻底脱离农村生活环境，必须适应城市生活环境，这是一个相互促进的良性循环，即全家定居城市并获得城镇户籍者能够更好地被城市文明同化，率先达到"市民化"第二个层次。可见，推动转移主体由个人转移需求逐渐转变为家庭转移需求最有利于实现农业转移人口对城市文明的内化，即质的"市民化"。

第二节 研究目的与研究意义

（一）研究目的

对农村剩余劳动力的转移需求进行梳理，按不同标准将其转移需求进行分类，在每种类别下分析转移需求层次的产生原因。

---

① 李录堂：《双重保障型农地市场流转机制研究：农地产权比例化市场流转的理论与政策设计》，陕西人民出版社，2014，第150页。

第一章　导论

　　构建农村剩余劳动力的转移需求层次系统，分析位于转移需求不同层次中转移主体的需求状况。从宏观、微观两个层面，个体因素、经济因素、社会因素三个方面，主观、客观两个维度探讨究竟有哪些因素会影响农村剩余劳动力转移需求层次系统的变化，通过对影响因素的分析挖掘出影响转移需求层次梯度递进的关键因素。

　　提出对策建议，推动农村剩余劳动力实现合理有序转移。为引导农村剩余劳动力向更高的需求层次转移，推动城市化的进程，根据农村剩余劳动力转移需求层级递进理论，构建具有我国特色的多层次、全方位的农村剩余劳动力引导策略。

（二）研究意义

　　真正的农村剩余劳动力转移是指剩余劳动力由农村迁入城市，接受城市文明，完成其市民化的过程。《中国城市发展报告（No.12）：大国治业之城市转型》统计显示，中国常住人口城镇化率为59.58%。据估计，2030年前全国农业转移人口需要实现市民化的规模将达到3.9亿人。[①] 人口转移规模大、城市化程度低、转移成本高，因此，推进我国农业转移人口市民化是一项长期而艰巨的任务，必须分阶段循序渐进，根据转移主体的转移需求进行分层分类，推动其由地域、职业转换向身份转换的转变并最终彻底将其固有的基于农村文明的生活方式转变为以城市文明为基础的生活方式，进而完成其价值观念的转变。只有对农业转移人口的转移需求层次进行深入探究，发掘各转移层次的需求特征，揭示转移需求层次梯度递进的影响因素和关键因素，并基于这

[①] 潘家华、单菁菁主编《中国城市发展报告（No.12）：大国治业之城市转型》，社会科学文献出版社，2019，第20页。

些甄别出来的因素提出引导当前农业转移人口合理有序转移的政策建议,才能真正为政府制定农业转移人口政策提供理论和现实依据,助力政府制定农业转移人口市民化政策,实现以人为核心的新型城镇化。

第三节　国内外研究述评

国内外尚未有关于农村剩余劳动力转移需求层次系统化的研究,但关于劳动力转移的研究成果较为丰富,可供本研究借鉴。

(一)国外研究综述

1. 基于宏观结构转变的劳动力转移研究

美国经济学家 W. 阿瑟·刘易斯(W. Arthur Lewis)在劳动力无限供给假设的基础上提出二元经济理论。他认为发展中国家整个经济体系中有农业部门和工业部门两个部门,前者的边际生产率很低,产生了大量的剩余劳动力,后者的边际生产率较高,经济的发展主要依靠工业部门的积累。刘易斯假设,城市工业部门不存在失业,转移进入城市的农民均可找到工作;只要城市工业部门的工资水平高于农业部门的,农民就会自愿转移到城市工业部门。他认为劳动力转移的主要原因是城乡之间实际收入的差距。①

拉尼斯－费景汉模型是在刘易斯理论的基础上提出的,农业劳动生产率的增长以及由此决定的人均农产品消费额

---

① W. Arthur Lewis, "Economic Development with Unlimited Supply of Labor," *The Manchester School of Economic and Social Studies*, Vol. 22, No. 2, 1954, pp. 143 – 181.

是剩余劳动力转移的最初制约因素。显而易见，古斯塔夫·拉尼斯（Gustav Ranis）和费景汉（John C. H. Fei）认为，农村剩余劳动力的有效转移取决于农业自身的技术进步，该观点相较于刘易斯的技术在农村剩余劳动力中是中性因素的观点，有了新的发展。

戴尔·W. 乔根森（Dale W. Jorgenson）并不赞成以前学者们关于剩余劳动假说和固定工资的观点，他以农业剩余为基础创立了乔根森模型，该模型借助了新古典主义的分析方法。农业剩余可以从两个方面来理解：一是农村产品和劳务的净输出；二是农业部门对非农业部门的货币形式净流出。乔根森指出，假设人口增长与农业总产出是一致的，农业技术发展的同时，农业剩余的规模将不断扩大，有为数更多的农村剩余劳动力将陆续进入工业部门，农业剩余的出现是农村剩余劳动力转移的前提条件。

2. 基于决策、成本收益分析的劳动力转移研究

美国发展经济学家迈克尔·P. 托达罗（Michael P. Todaro）认为农村剩余劳动力以"预期收入"最大化为原则来决定是否转移到工业部门。"预期收入"由两个方面决定，一方面是城乡间工资差距，另一方面是在城市能够就业的概率。托达罗模型强调，对城市和农村之间收入差距的预期是农村剩余劳动力做出转移决策的根本依据。他认为，剩余劳动力在权衡过迁移成本（旅行费用、找到工作之前维持生活的费用等）和效益（较高的收入、自己潜力的发挥）后才会做出是否迁移的决策。在托达罗模型中，城市是存在失业的，尽管城市中失业现象已十分严重，但只要城市的预期收入高

于农村的，人们决定进行转移就是合理的。① 西奥多·W. 舒尔茨（Theodore W. Schultz）从人力资本配置的角度提出，个人和家庭迁移的决策是追求收益最大化的行为过程。② 彼得·H. 罗西（Peter H. Rossi）认为劳动力迁移决策来自生命周期的变化，它会带来家庭结构的变化，引致迁移。③ 安德烈·罗杰斯（Andrei Rogers）认为在不同的年龄阶段一般有不同的迁移需求，并在此基础上根据实证分析的结果，提出了年龄－迁移率理论模型。④ 巴里·R. 奇斯威克（Barry R. Chiswick）与乔治·J. 鲍尔斯（George J. Borjas）等用受教育程度、工作经验和其他劳动技能来代表人力资本，将移民者在原住地获得的知识、技能作为研究的重点。人力资本理论认为迁移决策是对长期收益的理性反应，将劳动力迁移看成一种长期投资，迁移者倾向于向收益快的区域迁移。⑤

3. 以社区、家庭为分析背景的劳动力转移研究

推拉理论由唐纳德·约瑟夫·博格（Donald Joseph Bogue）提出，他认为人口的自由流动在市场经济中是非常正常和普遍的现象，这些人口流动是为了让自己和家人过

---

① Michael P. Todaro, *Economic Development in the Third World*, 4th Edition, New York: Longman Press, 1989.
② Theodore W. Schultz, "Investment in Human Capital," *The American Economic Review*, Vol. 51, 1961, pp. 1 – 17.
③ Peter H. Rossi, "Why Families Move: A Study of the Social Psychology of Urban Residential Mobility," *Urban Studies*, Vol. 31, 1955, pp. 131 – 154.
④ Andrei Rogers, "Model Migration Schedules: An Application Using Data for the Soviet Union," *Canadian Studies in Population*, Vol. 5, 1978, pp. 85 – 98.
⑤ Barry R. Chiswick, "The Effect of Americanization on the Earnings of Foreign-Born Men," *Journal of Political Economy*, Vol. 86, 1978, pp. 897 – 921; George J. Borjas, "The Economics of Immigration," *Journal of Economic Literature*, Vol. 32, 1994, pp. 1667 – 1717.

第一章 导论

上更好的生活，流入地的所有能够提升生活质量的因素集合为拉力，而流出地的无法提供好的生活质量的因素集合就是推力。这两个作用力相互抵消后的合力方向决定流动与否。[1] 唐纳德·约瑟夫·博格认为人口流动的原因主要在于流出地的推力大于拉力。[2]

埃弗雷特·S. 李（Everett S. Lee）对推拉理论进行了更详细系统的分析。他指出迁出地有推、拉两种因素，迁入地也有推和拉两种因素，如果迁出地的推力总和大于其拉力总和，而迁入地的推力总和小于其拉力总和，那么将会产生人口流动。另外，他将第三个因素称为"中间障碍因素"，中间障碍因素拥有非常丰富的内涵，一般包括物质、距离、文化、价值判断等。以上三个因素综合作用，形成了人口流动。[3]

莎莉·芬德利（Sally Findley）和林迪·B. 威廉姆斯（Lindy B. Williams）从教育的角度考虑，认为在发展中国家教育被视作职业流动和经济流动的主要手段，因此他认为举家迁移的主要原因是希望子女接受更好的教育。[4]

奥德·斯塔克（Oded Stark）提出了"相对剥夺"的概念，他认为迁移除了受到城乡绝对收入差距的影响外，更重

---

[1] Donald Joseph Bogue, *Principles of Demography*, New York: Johnson Wiley and Sons, 1969.

[2] Donald Joseph Bogue, *Internal Migration*, Chicago: University of Chicago Press, 1959, pp. 6 - 13.

[3] Everett S. Lee, "A Theory of Migration," *Demography*, Vol. 3, No. 1, 1966, pp. 47 - 57.

[4] Sally Findley, Lindy B. Williams, "Women Who Go and Women Who Stay: Reflections of Family Migration Processes in a Changing World," *ILO Working Papers*, 1991.

要的原因是农户间相对收入差距以及参照系变化导致的相对剥夺感的产生。①

道格拉斯·S. 梅西（Douglas S. Massey）将"社会资本"概念引入人口迁移研究中，他认为人们在获取区外就业时依赖的社会资本形式可以称为"迁移网络"，这一关系网络由一系列人际关系来连接迁移者、先头迁移者（former migrants）、来源地的非迁移者（non-migrants），一般由有血缘、亲缘关系的家族成员构成其核心层，核心层之外一层由一定范围内的朋友、同事等构成。因此，有效的迁移单位可能是由一系列社会关系联系在一起的人群，而不单单是个人和家庭。②

4. 对劳动力转移影响因素的研究

拉文斯坦法则概括了与人口迁移相关的多重因素。拉文斯坦认为，人口迁移和距离呈负相关关系，距离越近，迁移的人口数就越多；女性在短途迁移中占据一定的优势；交通和通信技术的发展提高了迁移率。他还提出，经济因素是影响人口迁移最重要的因素。

迪尼丝·黑尔（Denise Hare）于 1995 年建构了 Probit 模型，实证发现人均生产性资本和迁移的持续时间相关，但是对人口迁移的规模并没有显著影响。迪尼丝·黑尔发现，耕地面积对家庭迁移没有显著影响，但是增加一亩耕地可以缩短 27% 的迁移持续时间。迪尼丝·黑尔还发现正规教育对

---

① Oded Stark, "Rural-to-Urban Migration in LDCs: A Relative Deprivation Approach," *Economic Development and Cultural Change*, Vol. 32, No. 3, 1984, pp. 475 – 486.

② Douglas S. Massey, "Social Structure, Household Strategies, and the Cumulative Causation of Migration," *Population Index*, Vol. 56, No. 1, 1990, pp. 3 – 26.

第一章 导论

迁移率没有影响。[1]

艾伦·德·布劳（Alan de Brauw）等人根据在河北、辽宁、陕西、浙江、湖北和四川农村的抽样调查数据和自己的调查数据，通过设立固定效应条件下的 Logit 模型，发现教育对移民或者在本地打工的概率影响为正，并且每增加一年的教育，移民概率增加 16%。[2]

伍凝珠（Ng Ying Chu）等采用了基于选择框架的参数方法来估算中国两个省农村剩余劳动力比重。发现这些农村剩余劳动力的问题并不像预期的那么严重，低技术含量的劳动力所占比重很高，这些劳动力比较难适应市场需求。[3]

迈克尔·C. 西伯格（Michael C. Seeborg）等人认为，新古典主义模型不足以解释中国数量巨大的向城市转移的农村人口。他将社会学理论的市场部分和制度经济学作为新古典主义解释标准的补充，发现中国的政策改革为很多向城市转移的农村人口提供了就业机会，一方面增加了农民收入，另一方面产生了大量的剩余劳动力。对农村剩余劳动力的需求始于中国 20 世纪 80 年代的城市改革开放，合约式劳动体系的发展和私营部门的出现更加剧了这种需求。[4]

---

[1] Denise Hare, "'Push' versus 'Pull' Factors in Migration Outflows and Returns: Determinants of Migration Status and Spell Duration among China's Rural Population," *Journal of Development Studies*, Vol. 35, No. 3, 1999, pp. 45–72.

[2] Alan de Brauw et al., "The Evolution of China's Rural Labor Markets During the Reforms," *Journal of Comparative Economics*, Vol. 30, 2002, pp. 329–353.

[3] Ng Ying Chu, LiSung-ko, TsangShu-ki, "The Incidence of Surplus Labor in Rural China: A Nonparametric Estimation," *Journal of Comparative Economics*, Vol. 28, 2000, pp. 565–580.

[4] Michael C. Seeborg, Zhenhu Jin, Yiping Zhu, "The New Rural-urban Labor Mobility in China: Causes and Implications," *Journal of Behavioral and Experimental Economics*, Vol. 29, 2000, pp. 39–56.

(二) 国内研究现状

我国对农村剩余劳动力转移的研究开始于 20 世纪 90 年代，从时间轴可以看出，该研究对象的称谓经历了农村剩余劳动力—农民工—农业转移人口这样一个发展过程，关于称谓问题我们将会在下一章具体讲，总体而言，这三个称谓虽有差别但其实基本就是指同一个群体，即农村富余的劳动力中转移到非农领域和城市的那部分人群，在农村尚未发生转移的称为农村剩余劳动力，已发生转移的称为农民工（2012 年前）或农业转移人口（2012 年后），所以本书基于行文情境需要，这三个称谓都会使用。相关研究的重点集中在转移模式、途径、影响因素、对策等方面。一般来讲劳动力的转移包含两个过程：从迁出地迁出去和在迁入地定居。只有这两个过程都完结，劳动力才算完成转移。如此一来，农村剩余劳动力的人口特征、影响劳动力转移的因素、转移的形式、定居的影响因素、定居的形式以及转移后产生的影响，均应该包含在农村剩余劳动力转移需求层次的研究之中。现有研究成果，包括概念确定、总量估计、人口特征、迁移决策、迁移过程以及迁移产生的众多影响、相关的制度因素、调查方法等方面的成果，均可资借鉴。

1. 对转移人口特征的研究

当前对转移人口特征的研究涉及年龄、受教育程度、婚姻、职业特征等。总结学者们的研究结果，可发现转移人口有以下特征：以青壮年为主，男性占优；未婚者居多，但女性中未婚者比例明显高于已婚者比例；受教育程度以初中以上文化程度为主；以增加收入为目的，来自低收入地区；信息获取渠道主要是亲友及老乡等非正式的社会关系网络；通常在非正规部门工作；季节性、临时性转移居多，兼业性、流动性强，多数"移而不迁"；男性转换工种或地点的次数明显多于女性；等等。①

2. 对影响农村剩余劳动力转移因素的研究

对于此类研究，学者们基本是从定性、定量两个方面进行分析，所有研究基本围绕以下几个方面展开。

第一，制度层面。几乎所有学者都认为阻碍农村剩余劳动力转移的是现有的二元户籍制度、不健全的社会保障制度和农村土地流转制度。

第二，经济层面。很多学者研究得出经济结构及发展状况是影响农村剩余劳动力转移的重要因素。比如赵成柏采用相关分析和回归分析得出第一产业产值占 GDP 的比重与农村剩余劳动力转移数量呈负相关关系②；袁洪泉通过回归分析认为加快农村剩余劳动力转移的有效途径是扩大对第三产业的投资③；李敏认为如果第一产业劳动力结构转移滞后于产值结构转换，同时第三产业又发展滞后，那么将直接增加我国农村剩余劳动力转移的难度④；任瑜、谭静采用 AHP 法研究得出 GDP 规模及其增长率、人均 GDP 和第二、第三产业的比重及其规模在众多影响因素中位居前五⑤；杜萌通过

---

① 高岩辉：《陕北资源富集地区农村劳动力转移研究——以延安市为例》，博士学位论文，西北大学，2009，第 32~41 页。
② 赵成柏：《影响农村剩余劳动力转移因素的实证分析——以江苏为例》，《人口与经济》2006 年第 2 期，第 45~50 页。
③ 袁洪泉：《我国农村剩余劳动力转移影响因素的实证分析》，《山东农业大学学报》（社会科学版）2006 年第 4 期，第 43~47、52 页。
④ 李敏：《农村剩余劳动力转移的制约因素及对策研究》，《安徽农业科学》2007 年第 29 期，第 9218~9220、9223 页。
⑤ 任瑜、谭静：《基于 AHP 的农村剩余劳动力转移的影响因素分析——四川省遂宁市的实证分析》，《农村经济与科技》2007 年第 3 期，第 56~57 页。

建立 OLS 模型研究得出第一产业从业人员占全社会从业人员的比重与农村剩余劳动力转移规模呈负相关关系[1]；张务伟、张福明运用最优尺度回归模型研究得出经济发展水平高低与农村剩余劳动力就地转移还是异地转移密切相关，一般情况下，经济发展水平高，就地转移者较多。[2]

第三，市场层面。一部分学者认为目前劳动力市场体系的不完善制约了农村剩余劳动力转移。比如，姬雄华、冯飞认为城乡统一的劳动力市场的机制尚未形成、劳动力市场服务滞后、政府市场监管力度不够是制约农村剩余劳动力转移的市场因素。[3] 赵洪宝，于晓红、张艳，佘济云、邓隆叶在他们的研究中也谈到劳动力市场发育迟缓、劳动力市场信息不畅是制约农村剩余劳动力转移的重要因素。[4]

第四，城乡发展层面。赵成柏对江苏历年的农村统计数据进行相关分析和回归分析后，得出农村剩余劳动力转移数量与城市化水平呈正相关关系，与农村工业化水平呈高度正相关关系，与农村机械总动力水平呈高度相关关系；农村剩余劳动力的转移与城市就业状况相关性不大。袁洪泉通过回

---

[1] 杜萌：《河南农村剩余劳动力转移影响因素实证分析》，《安阳工学院学报》2008 年第 3 期，第 55~56、62 页。
[2] 张务伟、张福明：《农村剩余劳动力就地转移和异地就业影响因素实证分析——基于对山东省 17 地市 1873 户农民的调查》，《农村经济》2008 年第 6 期，第 103~106 页。
[3] 姬雄华、冯飞：《制约农村剩余劳动力转移的劳动力市场影响因素与对策》，《商业研究》2007 年第 10 期，第 163~165 页。
[4] 赵洪宝：《农村剩余劳动力转移的制约因素及对策分析》，《阴山学刊》2005 年第 6 期，第 93~96 页；于晓红、张艳：《制约辽宁省农村剩余劳动力转移的因素分析》，《农业经济》2008 年第 2 期，第 62~63 页；佘济云、邓隆叶：《湖南农村剩余劳动力转移影响因素分析——基于层次分析法》，《农业经济》2009 年第 7 期，第 77~79 页。

归分析得出城乡收入差距、第一产业劳动生产率（农业劳动生产率）是农村剩余劳动力转移的推动力，城乡消费差距是其制约因素。李敏采用 ArcView 软件及结构偏差系数研究得出制约农村剩余劳动力转移的瓶颈是低城市化水平下所形成的空间、资本、技术和劳动力的聚集。任瑜、谭静通过 AHP 方法研究得出农业科技水平、农业机械化水平、城乡收入差距对农村剩余劳动力转移的影响分别排在第六、第九、第十三位。余济云、邓隆叶运用层次分析法研究认为农业产业化和乡镇企业的发展对劳动力流动的作用是积极的。

第五，农村剩余劳动力整体素质层面。几乎所有的学者均认为农民自身素质状况与农村剩余劳动力转移数量呈正相关关系，比如王建军、李腊云[1]，孙正林、韦恒[2]，周玉梅、陈立峰、曹晔[3]，赵成柏，李敏，等等。张务伟、张福明研究得出受教育程度高的人倾向于就地转移，而赵耀辉在 1997 年提出受教育程度高的劳动力倾向于异地就业。

3. 对农村剩余劳动力转移意愿的研究

蒋乃华、封进通过考察影响"期望收益"（包括"期望成本"）的诸多因素来分析中国农村家庭的进城意愿和动因，这些因素包括农村家庭获取非农收入的能力、家庭成员的年龄、受教育程度和子女状况。结果显示，在二元

---

[1] 王建军、李腊云：《教育水平是制约农村剩余劳动力转移的重要因素》，《零陵学院学报》2003 年第 4 期，第 75~76 页。
[2] 孙正林、韦恒：《农村教育：我国农村剩余劳动力转移的深层次体制性制约因素》，《国家教育行政学院学报》2005 年第 11 期，第 52~55、94 页。
[3] 周玉梅、陈立峰、曹晔：《农民素质是影响农村剩余劳动力转移的关键因素》，《乡镇经济》2006 年第 7 期，第 12~14 页。

经济特征基本消失的经济发达地区，进城意愿与农户的收入状况、受教育程度和年龄状况均无关。城乡差别较大的地区处于经济发展初期，更愿意迁进城市的是那些平均年龄比较小、平均学历较高、非农收入占总收入的比重偏大和已经有一些非农就业经历的农村家庭。在经济欠发达地区，年轻的农民也更倾向于进城，农民进城的意愿主要受到非农收入的影响，但受教育程度与进城的意愿之间没有显著关系，而子女进城上学所面临的困难会阻碍他们进城意愿的产生。[①]

殷善福、杨舟对湖北比较典型的欠发达地区农村剩余劳动力转移意愿的调查研究是从年龄、外出年限、务工收入、耕地、土地收入、素质、性别等方面进行的。实证结果显示，农民素质高低是最终决定迁移与否的重要影响因素之一。[②]

对于农村剩余劳动力的家庭式转移与定居，李强认为，随着我国城市化水平的不断提升，中国的农民工家庭会在相当长的一个时期内保持分居的模式[③]；马九杰、孟凡友认为外来农民工的定居意愿不强，表现为周期性、非持久性的迁移[④]；李珍珍、陈琳通过分析2008年浙江和江苏农民工的

[①] 蒋乃华、封进：《农村城市化进程中的农民意愿考察——对江苏的实证分析》，《管理世界》2002年第2期，第24~28、73页。

[②] 殷善福、杨舟：《湖北欠发达地区农民素质与农民转移意愿——基于恩施州的实证研究》，《长江大学学报》（自然科学版·农学卷）2008年第2期，第96~98页。

[③] 李强：《关于"农民工"家庭模式问题的研究》，《浙江学刊》1996年第1期，第77~81页。

[④] 马九杰、孟凡友：《农民工迁移非持久性的影响因素分析——基于深圳市的实证研究》，《改革》2003年第4期，第77~86页。

调查数据得出大部分的农民工没有定居城市的意愿,只有少数农民工希望留在城市的结论。[①] 但是也有学者提出了不同的看法,周皓认为,家庭式人口迁移将成为20世纪90年代城市化的一个重要标志[②];洪小良研究发现,1984~2006年,举家迁入北京的农民工家庭数量呈现逐年上升的趋势,家庭化是北京市外来农民工流动的显著特点[③];叶鹏飞通过分析7省(区)的调查数据发现农民工对在城市定居既向往又排斥。[④]

4. 对农村剩余劳动力转移地域的研究

基于地域视角的研究目前形成三种较为成熟的观点:一是就地转移,我国虽然经济发展迅速,但当前仍没有完全实现工业化和现代化,处于发展中国家阶段,城市自身发展不完善,城市对农村剩余劳动力的需求不足,无法容纳大量的农村剩余劳动力,而目前农村自我消化能力远大于城市,该观点可以概括为"离土不离乡,进厂不进城";二是异地转移,该观点认为应把城市化与农村剩余劳动力转移综合协调起来,通过大力推进小城镇以及中小城市的发展,引导农村剩余劳动力的异地转移;三是多元转移,"乡镇消化,城市导流,国内移民,国际输出,协调配合,共同吸纳"[⑤]。

---

① 李珍珍、陈琳:《农民工留城意愿影响因素的实证分析》,《南方经济》2010年第5期,第3~10页。
② 周皓:《中国人口迁移的家庭化趋势及影响因素分析》,《人口研究》2004年第6期,第60~69页。
③ 洪小良:《城市农民工的家庭迁移行为及影响因素研究——以北京市为例》,《中国人口科学》2007年第6期,第42~50、96页。
④ 叶鹏飞:《农民工的城市定居意愿研究——基于七省(区)调查数据的实证分析》,《社会》2011年第2期,第153~169页。
⑤ 刘伯文:《我国农村富余劳动力转移就业问题探析》,《东北大学学报》(社会科学版)2004年第5期,第332~335页。

"城市病"在"就地转移"过程中能被避免,但是"农村病"却无法得到有效解决。由于资金有限,"异地转移"和"进厂进城"的聚集效益也得不到充分的发挥。所以,应该把"就地转移"和"异地转移"两种模式结合起来,"以农村内部充分吸纳为基点,以城市吸纳为补充,以跨区域转移为调节,以国际性转移为新路",实现宏观效益和微观效益的统一。

贾晓华、张桂文从交易成本的角度对迁移距离进行了研究,得出我国非永久迁移农村剩余劳动力外出打工短距离迁移较多的原因是迁移距离越远交易成本越高。因此,必须降低迁移中的交易成本,才能合理引导农村剩余劳动力的非永久乡城迁移。[1]

5. 对农村剩余劳动力转移和土地流转关系的研究

目前,对农村剩余劳动力转移和土地流转关系的研究成果主要有以下几点。

第一,农村剩余劳动力转移到非农领域有利于土地流转。部分劳动力离开农村进入城市打工,将土地交给别人耕种,从而导致了最初的土地流转的产生。[2] 魏卓认为劳动力转移后,农村迁移户通过对自家土地进行流转,可以提高家庭的收入,减少迁移的后顾之忧。[3] 陈美球等认为,外出打工赚取非农收入是农民流转土地的最大驱动力,两者相互促

---

[1] 贾晓华、张桂文:《交易成本视角下农民工迁移距离的特征分析》,《经济研究》2006年第12期,第83~84页。
[2] 贺振华:《劳动力迁移、土地流转与农户长期投资》,《经济科学》2006年第3期,第10~18页。
[3] 魏卓:《北京山区农村劳动力转移对土地利用影响的实证研究》,硕士学位论文,中国农业大学,2005,第13~17页。

进、相互影响。① 谭丹、黄贤金的实证研究显示，农村土地流转率和家庭非农就业率呈现显著的正相关关系，当家庭的非农就业率提高1%，农村土地流转率会提高16.26%。② 林善浪等的研究表明，劳动力转移的时间越长、转移的距离越远，越愿意参与土地流转。③

第二，农村剩余劳动力转移和土地流转的关系不显著。研究表明，一些地区农村土地流转市场并没有随着非农就业增长而快速发展。杜鹰、白南生在1994年对四川和安徽的调查表明，当地的土地流转规模与劳动力外出规模相比明显偏小，当地约有11%的家庭参与了土地流转，但是流转土地的面积只占土地总面积的3%。④ 叶剑平等人也认为非农就业的增加并没有带来土地流转面积的增加，受各种条件的限制，我国目前的土地流转面积仍十分有限，且大部分的流转并没有签订正式的协议，农村土地流转市场化程度很低。⑤ 钱忠好从家庭内部分工的角度研究了非农就业对农村土地流转的影响，指出非农就业并不必然导致土地流转需求的

---

① 陈美球、肖鹤亮、何维佳等：《耕地流转农户行为影响因素的实证分析——基于江西省1396户农户耕地流转行为现状的调研》，《自然资源学报》2008年第3期，第369~374页。
② 谭丹、黄贤金：《区域农村劳动力市场发育对农地流转的影响——以江苏省宝应县为例》，《中国土地科学》2007年第6期，第64~68页。
③ 林善浪、王健、张锋：《劳动力转移行为对土地流转意愿影响的实证研究》，《中国土地科学》2010年第2期，第19~23页。
④ 杜鹰、白南生：《走出乡村——中国农村劳动力流动实证研究》，经济科学出版社，1997，第127~158页。
⑤ 叶剑平、蒋妍、丰雷：《中国农村土地流转市场的调查研究——基于2005年17省调查的分析和建议》，《中国农村观察》2006年第4期，第48~55页。

产生。①

第三，关于土地流转对劳动力转移的影响方面的研究。赵耀辉的实证研究显示，耕地增加一亩会降低4.4%的个人迁移概率，同时降低2.8%的家庭迁移概率②；姚洋认为土地均分制度刺激了劳动力的转移。③黄敏采用回归分析法得出，人均耕地面积与农村人口间存在负相关关系。④盛来运研究发现耕地的转入会阻碍劳动力转移，耕地的转出会促进劳动力转移，说明土地流转对农村剩余劳动力转移的影响是显著的。⑤刘晓宇、张林秀研究发现，土地产权的稳定性与农村剩余劳动力的转移具有明显的相关性。⑥张良悦、刘东通过其建立起来的农户的"生产－消费"模型，提出消除迁移者的退出顾虑可以通过转让土地保障权来实现的观点。⑦邱长生等借助"碰撞理论"研究发现，农村剩余劳动力转移的可能性和土地所有制有显著的关系。⑧

---

① 钱忠好：《非农就业是否必然导致农地流转——基于家庭内部分工的理论分析及其对中国农户兼业化的解释》，《中国农村经济》2008年第10期，第13~21页。
② 赵耀辉：《中国农村劳动力流动及教育在其中的作用——以四川省为基础的研究》，《经济研究》1997年第2期，第37~42、73页。
③ 姚洋：《非农就业结构与土地租赁市场的发育》，《中国农村观察》1999年第2期，第16~21、37页。
④ 黄敏：《农村剩余劳动力转移因素的实证研究》，《山西统计》2003年第10期，第35~36、42页。
⑤ 盛来运：《流动还是迁移：中国农村劳动力流动过程的经济学分析》，上海远东出版社，2008，第75页。
⑥ 刘晓宇、张林秀：《农村土地产权稳定性与劳动力转移关系分析》，《中国农村经济》2008年第2期，第29~39页。
⑦ 张良悦、刘东：《农村劳动力转移与土地保障权转让及土地的有效利用》，《中国人口科学》2008年第2期，第72~79、96页。
⑧ 邱长生、张成君、沈忠明等：《农村劳动力转移与土地流转关系的理论分析》，《农村经济》2008年第12期，第26~29页。

6. 对农村剩余劳动力转移产业选择的研究

通过对农村剩余劳动力转移产业选择进行研究发现，绝大部分农村剩余劳动力是向第二、第三产业等非农产业转移，从事农业生产的只有少部分，而且基本是在经济发达地区。我们把农村剩余劳动力转移的总趋势概括为：从农业到非农产业，从农村到城市，从落后地区到发达地区。

对中国农村剩余劳动力转移产业选择进行宏观分析的观点包括两种：一种是认为第二产业是农村剩余劳动力转移的重点；另一种则认为转移的重点是第三产业。也有部分学者分析了影响农村剩余劳动力转移产业选择的因素。蔡昉认为户籍制度等制度性障碍，制约了农村剩余劳动力在三大产业之间的流动，而城市非正规就业的主体就是流动劳动力，他们主要从事建筑业、制造业和餐饮服务业。[1] 彭代彦通过计量分析指出，城市对外来人口的限制主要对那些就职于企事业单位或者岗位竞争激烈的流入劳动力产生影响，而那些从事自营性较强的服务行业的农村剩余劳动力并不受到这些限制措施的影响。[2] 从年龄上看，刘庆宝等指出，年龄越大的农民工受教育程度越低，越可能选择建筑采掘业就业，而年龄小的农民工则倾向选择制造业就业。[3] 周建军认为，随着年龄的增长，从事第二产业的农民工占比越来越小，从事第

---

[1] 蔡昉：《中国的二元经济与劳动力转移——理论分析与政策建议》，中国人民大学出版社，1990。
[2] 彭代彦：《农民进城的就业壁垒对农民收入增长和城乡收入差距的影响》，《华中科技大学学报》（人文社会科学版）2002年第3期，第58~62页。
[3] 刘庆宝、陈杭、吴海涛等：《农村外出务工劳动力就业行业选择行为分析》，《农业技术经济》2013年第8期，第52~60页。

三产业的农民工占比则越来越大。①

7. 对农村剩余劳动力梯度递进转移的研究

余元春、肖亚成认为梯度是指从低级向高级的层次的、顺序的逐渐上升，它强调的是质的提升和跨越。农村剩余劳动力的梯度递进转移指随着城市化的深入和农村边际生产率的提高，农村剩余劳动力从农村转向城市，从较低层次的高势能区转向较高层次的低势能区，从第一产业转向第二、第三产业，这将是一个有步骤的、渐进的过程。每一个较低层次的质的提升都是较高层次的质的提升的基础。这种梯度递进可以使城乡差距逐步缩小，使梯度间的势差减小，使得农村人口一下涌入城市过程中所造成的压力尽可能地降低，进而使城乡共同繁荣渐进式地实现。②

张林山认为，中国农村剩余劳动力的转移梯度包括两个维度，即产业梯度和区位梯度。产业梯度是指由劳动密集型产业向资本技术密集型产业发展，区位梯度是指沿着"农村—小城镇—中小城市—大城市—城乡一体化"的方向逐步转移。依据推拉理论，他指出，"推力"来自农村边际生产率的提高，导致农村剩余劳动力的产生，而"拉力"则来自城市非农产业的发展，这些产业属于劳动密集型且对劳动力素质要求不高。③

丁兆庆也认为在农村剩余劳动力实现双梯度转移的过程

---

① 周建军：《农民工非农就业的产业选择影响因素研究》，华南农业大学，硕士学位论文，2020。

② 余元春、肖亚成：《我国农村剩余劳动力梯度转移模式和途径》，《农村经济》2005年第4期，第117~119页。

③ 张林山：《城镇化和我国农村剩余劳动力梯度转移模式》，《北京科技大学学报》（社会科学版）2006年第3期，第17~20、35页。

中，农民经济的承受能力、专业的技术能力以及转移就业的能力得到了培养和提高。①

8. 对农民工子女教育问题的研究

张斌贤研究发现，1997~2001年，关于农民工子女的教育问题的研究主要集中于区域教育状况、农民工对子女的教育意向、农民工子弟学校以及出现农民工子女教育问题的原因等几个方面。② 2001年以来，研究的焦点转移到农民工子女教育机会不均等的原因以及解决农民工子女义务教育的问题。近些年由于各地农民工子女异地入学、升学政策的出台，研究重点逐渐向政策完善和执行方面倾斜。③ 研究发现，异地入学条件激励了随迁子女的教育期望，但对学前阶段随迁子女具有不良影响；就读补贴对随迁子女的教育期望缺乏正向激励作用；宽松的升学政策（放开非重点高中或完全放开限制）对随迁子女的长期教育理想和短期升学意愿均具有正向作用。

上官子木在其文章《"留守儿童"问题应引起重视》中提出了"留守儿童"的问题，从而引起了学界对农村留守儿童教育的关注。④ 学者们从多个角度对留守儿童的教育发展问题

---

① 丁兆庆：《我国农村剩余劳动力双梯度转移范式建构》，《理论学刊》2007年第3期，第45~47页。
② 张斌贤：《流动人口子女教育研究的现状与趋势》，《清华大学教育研究》2001年第4期，第4~7、25页。
③ 潘鲁华：《"中国梦"与社会流动群体受教育权——进城农民工随迁子女教育问题研究的文献综述》，《农村经济与科技》2017年第7期，第220~222页；张珲：《兰州市新生代农民工对子女的教育期望研究》，硕士学位论文，甘肃农业大学，2019。
④ 上官子木：《"留守儿童"问题应引起重视》，《神州学人》1994年第6期，第39页。

进行了研究，发现人口流动导致的家庭结构的不完整以及亲子教育的缺失，加上家长素质和抚养方式等方面存在的问题，使得留守儿童的心理发展受到负面的影响，易引发儿童的心理行为问题与心理障碍。① 这些问题与农民工"流动子女"教育问题，共同组成了对农民工子女教育问题的研究。

9. 对农业转移人口市民化的研究

农业转移人口市民化是当前学术研究的热点和难点问题。研究内容集中在农业转移人口的内涵、农业转移人口市民化发展阶段、农业转移人口市民化水平测度、农业转移人口市民化障碍以及推进农业转移人口市民化的对策建议等几个方面。

关于农业转移人口市民化的内涵，有三种不同的观点。一是"过程观"，认为农业转移人口市民化是农业转移人口转变为市民的一个过程，以郑杭生、王桂新等人为代表。二是"结果观"，认为农业转移人口市民化是一种结果，以赵立新、胡杰成等人为代表。赵立新认为农业转移人口市民化的最终结果是农业转移人口实现了身份的转变、地域的转换、产业的转移和思想观念的转化。三是"综合观"，认为农业转移人口市民化不仅仅是一个过程，还是一种结果，以刘传江、简新华等人为代表。

---

① 佘凌、罗国芬：《流动人口子女及其教育：概念的辨析》，《南京人口管理干部学院学报》2003年第4期，第7~9页；黄艳梅：《不可遗忘的角落——农村"隔代监护"问题的研究》，《教育导刊》2004年第1期，第17~19页；黄小娜、吴静、彭安娜等：《农村"留守儿童"——社会不可忽视的弱势人群》，《医学与社会》2005年第2期，第5~6、12页；陈绪忠、王莉萍：《"留守中学生"健康人格的教育探索》，《沈阳教育学院学报》2005年第1期，第43~45页。

第一章　导论

对我国农业转移人口市民化水平的测度研究，可以分为理论研究和应用研究两个层面。理论研究主要是通过理论分析和模型构建，分析农业转移人口市民化水平测度的原理。①应用研究是对理论研究的深化和细化，学者根据理论研究，提出测度指标体系并运用实际数据进行验证。②

研究者认为，我国农业转移人口市民化的障碍包括宏观障碍和微观障碍。宏观障碍大致可以归纳为三类：制度政策障碍③、资金障碍④和环境障碍（包括舆论环境和社会文化环境方

---

① 张延平、熊巍俊：《城市农民工市民化适度规模研究》，《全国商情》（经济理论研究）2005年第11期，第10~12页；卢国显：《我国大城市农民工与市民社会距离的实证研究》，《中国人民公安大学学报》（社会科学版）2006年第4期，第95~104页；周密、张广胜、黄利：《新生代农民工市民化程度的测度》，《农业技术经济》2012年第1期，第90~98页。
② 刘传江、程建林：《我国农民工的代际差异与市民化》，《经济纵横》2007年第7期，第18~21页；张斐：《新生代农民工市民化现状及影响因素分析》，《人口研究》2011年第6期，第100~109页；佟大建、金玉婷、宋亮：《农民工市民化：测度、现状与提升路径——基本公共服务均等化视角》，《经济学家》2022年第4期，第118~128页。
③ 李培林：《流动民工的社会网络和社会地位》，《社会学研究》1996年第4期，第42~52页；李强：《关注转型时期的农民工问题（之三）——户籍分层与农民工的社会地位》，《中国党政干部论坛》2002年第8期，第16~19页；刘传江、徐建玲：《第二代农民工及其市民化研究》，《中国人口·资源与环境》2007年第1期，第6~10页；黄锟：《城乡二元制度对农民工市民化影响的实证分析》，《中国人口·资源与环境》2011年第3期，第76~81页。
④ 陈广桂：《房价、农民市民化成本和我国的城市化》，《中国农村经济》2004年第3期，第43~47页；张国胜、杨先明：《中国农民工市民化的社会成本研究》，《经济界》2008年第5期，第61~68页；张波：《农村集体土地权利"鸡肋"化的解决路径探析——以进城农民市民化成本障碍及其解决为视角》，《政治与法律》2013年第12期，第70~76页；陆成林：《新型城镇化过程中农民工市民化成本测算》，《财经问题研究》2014年第7期，第86~90页。

面的障碍)①。微观障碍包括人力资本②、社会资本③和文化资本④。

研究者提出的推进农业转移人口市民化的对策建议,包括制度改革⑤、提升农业转移人口能力⑥、合理构建市民化

---

① 郑月琴:《农民工市民化进程中的心理形态和社会文化环境分析》,《经济与管理》2005年第9期,第9~11页;《当前农民工工作和生活状况调查研究》课题组:《边缘化生存:农民工的工作和生活状况——来自珠三角某工厂的一项田野调查研究》,《宏观经济研究》2011年第1期,第3~11页;宋万林:《大众传媒助推新生代农民工融入城市模式研究》,《新闻知识》2011年第12期,第7~9页。

② 林娣:《新生代农民工市民化的人力资本困境》,《东北师大学报》(哲学社会科学版)2014年第2期,第215~217页;徐建军:《中国农民工市民化进程中的问题与对策——基于人力资本开发视角的分析》,《中国人力资源开发》2014年第15期,第93~97、101页。

③ 汪国华:《新生代农民工交往行为的逻辑与文化适应的路向》,《中国青年研究》2009年第6期,第39~43页;梁波、王海英:《城市融入:外来农民工的市民化——对已有研究的综述》,《人口与发展》2010年第4期,第73~85、91页;刘丽:《新生代农民工"市民化"问题研究——基于社会资本与社会排斥分析的视角》,《河北经贸大学学报》2012年第5期,第57~60页;袁鹏举、周化明:《中国农民工社会资本的调查分析与评估——基于全国10省市自治区农民工的问卷调查》,《调研世界》2014年第5期,第26~29页;黄敦平、王高攀:《社会融合对农民工市民化意愿影响的实证分析——基于2016年中国流动人口动态监测调查》,《西北人口》2021年第3期,第12~22页。

④ 王小红:《农村转移人员文化资本的生成与提高——布迪厄文化资本再生产理论透视》,《外国教育研究》2006年第7期,第12~14页;胡洪彬:《文化资本与社会资本:农民工融入城市的双重变量》,《浙江树人大学学报》(人文社会科学版)2012年第4期,第99~104页;李振刚、南方:《城市文化资本与新生代农民工心理融合》,《浙江社会科学》2013年第10期,第83~91、158页。

⑤ 邹一南:《农民工落户悖论与市民化政策转型》,《中国农村经济》2021年第6期,第15~27页。

⑥ 李瑞、刘超:《城市规模与农民工市民化能力》,《经济问题探索》2018年第2期,第75~84、120页;俞林、印建兵、孙明贵:(转下页注)

成本分担机制[①]等。其中市民化成本分担机制、农业转移人口住房问题、农业转移人口"三权分置"是当下研究的热点。

(三) 文献述评

上述国内外关于农村剩余劳动力转移需求相关问题的研究，主要可概括为以下几个方面。

第一，目前研究主要围绕着转移决策、行为、过程和影响劳动力转移的因素，并且在一定程度上达成了一致。简言之，影响农村剩余劳动力转移的因素有：人力资本、产业结构、乡镇企业发展、信息不对称、政策制度障碍等。研究转移主体意愿的比较少，即便有也主要是围绕转移意愿和定居意愿展开，影响农村剩余劳动力转移意愿的因素有：年龄、性别、外出年限、务工收入、耕地、土地收入、文化程度、当地经济发达程度、家庭状况等。目前的研究尚未从农村剩余劳动力转移需求变化的角度入手，未涉及农村剩余劳动力转移需求层次研究。

(接上页注⑥)《新生代农民工市民转化能力结构模型构建与测度》，《经济体制改革》2019 年第 1 期，第 88~94 页；刘传江、龙颖桢、付明辉：《非认知能力对农民工市民化能力的影响研究》，《西北人口》2020 年第 2 期，第 1~12 页。

[①] 谌新民、周文良：《农业转移人口市民化成本分担机制及政策涵义》，《华南师范大学学报》(社会科学版) 2013 年第 5 期，第 134~141、209 页；黎红、杨聪敏：《农民工市民化的成本分担与机制构建》，《探索》2018 年第 4 期，第 143~149 页；傅帅雄、吴磊、韩一朋：《新型城镇化下农民工市民化成本分担机制研究》，《河北学刊》2019 年第 3 期，第 135~142 页；熊景维：《农民工市民化的优先瞄准对象：基于市民化权能特征和公共投入约束的政策锚定》，《农业经济问题》2021 年第 6 期，第 60~75 页；张锦华、龚钰涵：《走向共同富裕：农民工市民化的财政学考察——基于系统动力学建模及政策优化仿真》，《南方经济》2022 年第 5 期，第 14~28 页。

第二，现有研究可以归结为两个方面：一方面是研究农村剩余劳动力主观意愿，比如转移意愿、定居意愿；另一方面是研究农村剩余劳动力所处的外界环境，这方面包括的内容比较多，既有宏观环境，比如制度、经济、市场，又有微观条件，比如人力资本、土地、家庭状况等。学者们研究发现，某些影响农村剩余劳动力转移的因素在环境变化的情况下对转移结果的影响会发生变化，比如，在横向研究农村剩余劳动力转移意愿时有学者发现，受教育程度对转移意愿的影响会随着经济环境状况的不同而不同，并非像单独研究受教育程度时发现的那样：受教育程度与转移规模成正比。这说明，农村剩余劳动力转移需求根据外界环境及自身状况的不同会有不同层次出现，所以需要将两方面系统结合起来，换一个研究视角，从转移需求层次角度对现阶段农村剩余劳动力转移进行研究，这样才能为引导农村剩余劳动力转移的政策制定提供有力支持。而对此没有学者进行探讨。

第三，现有研究显示，农村剩余劳动力对转移的地域、行业、是否愿意放弃农村原有土地是有不同选择结果的，对是否愿意举家迁移、是否愿意在城市定居、是否想要取得城市户籍也有不同需求，而影响他们做出各种不同选择的因素是多种多样的，换句话说，他们之所以会做出不同选择归根结底是因为他们有着不同的需求。那么，这些需求按照不同标准进行梳理究竟有多少种？在已有的文献中我们尚未找到答案。依据亚伯拉罕·H. 马斯洛（Abraham H. Maslow）的需要层次理论，人的需要会呈现不同的层次，并且会逐层递升直至最高需要层次。农村剩余劳动力的这些转移需求在不同的内外环境下会呈现怎样的变化，是否也会如马斯洛所划

第一章　导论

分的需要层次那样具有梯度递进的趋势，这将是我们需要研究的内容。

第四，尚没有文献提及"农村剩余劳动力需求层次"的概念，现有研究是将所有农村剩余劳动力放在一个类别里面进行转移意愿的研究，可事实上就目前进入城市的农村剩余劳动力而言，已经出现了个人转移、夫妻转移、家庭转移等转移状态的划分，处于不同转移状态下的农村剩余劳动力的需求应该是不一样的，能够使他们的转移需求发生变化的因素也就会不同，而目前尚未发现有文献对不同转移需求层次上的需求特征进行研究，对转移需求层次梯度递进影响因素的研究尚处于空白状态。

第五，对梯度转移的研究，学者们集中在产业梯度转移和区位梯度转移这两个方面。对于"梯度转移"概念外延的界定比较窄，没有包含可以实现梯度转移的所有内容，如果农村剩余劳动力的转移需求是按层次划分的，那么每种需求层次之间都应该能实现梯度转移，最终达到转移需求的最高层次。学者们基本没有对转移的层次进行划分并讨论各层次之间的关系，对如何才能实现转移的梯度递进问题的研究，尤其是涉及农村剩余劳动力的转移需求层次、各层次影响因素、层次之间关系及层次梯度递进的制约因素的研究，目前还没有相关的文献可查。

第六，现有对农村剩余劳动力转移地域选择、产业选择、转移意愿、定居意愿、转移影响因素等方面的研究都为我们对农村剩余劳动力转移需求层次的梳理以及对各层次转移需求影响因素和层次梯度递进关键因素的研究提供了丰富的资料。

29

第四节 研究思路、方法与数据来源

(一) 研究思路

本书拟在前人研究的基础上,首先对农村剩余劳动力的转移需求进行梳理,以不同标准对其进行分类,确定每个类别的转移需求的层次,对各类转移需求及其层次进行分析,探讨不同类别转移需求的产生原因及其现实影响;其次引入系统自组织理论的方法,构建农村剩余劳动力的转移需求层次系统模型,对转移需求各层次的关系进行梳理,分析不同层次转移主体的需求特征;再次从个体、经济、社会三个方面分析转移需求层次系统内外影响因素,运用计量模型分析转移需求层次系统内外部影响因素的变化是如何影响转移需求层次变化的,找到影响转移需求层级递进的关键影响因素;最后,在此基础上构建满足其转移需求、引导其实现梯度递进转移的建议和对策。本书的技术路线如图1-1所示。

(二) 研究方法

首先,采用文献研究法,参照国内外关于农村剩余劳动力转移问题的研究,从不同的角度对农村剩余劳动力的转移需求分类进行梳理,分析、归纳、对比已有理论,提出基于需求层次的农村剩余劳动力转移的相关基础理论;其次,采用规范研究法,在现有文献研究基础上,充分利用现有的研究成果进行抽象与逻辑推导,构建出农村剩余劳动力转移需求层次的系统框架,探讨转移需求层次发挥作用的机理,判

第一章 导论

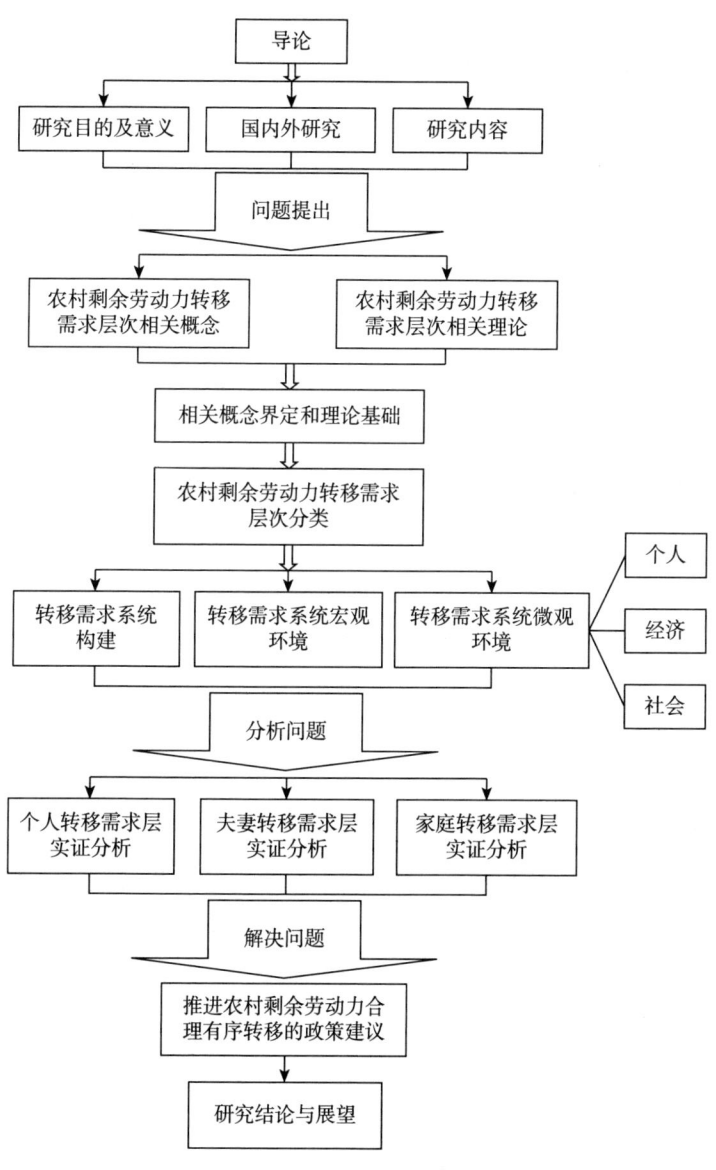

```
                    导论
                     │
        ┌────────────┼────────────┐
   研究目的及意义   国内外研究    研究内容
        └────────────┼────────────┘
                     ▼
                  问题提出
        ┌────────────┴────────────┐
  农村剩余劳动力转移          农村剩余劳动力转移
   需求层次相关概念            需求层次相关理论
        └────────────┬────────────┘
                     ▼
              相关概念界定和理论基础
                     │
                     ▼
            农村剩余劳动力转移需求
                 层次分类
        ┌────────────┼────────────┐                个人
   转移需求系统    转移需求系统宏观  转移需求系统微观 ── 经济
      构建           环境            环境            社会
        └────────────┼────────────┘
                     ▼
                  分析问题
        ┌────────────┼────────────┐
  个人转移需求层    夫妻转移需求层   家庭转移需求层
    实证分析         实证分析         实证分析
        └────────────┼────────────┘
                     ▼
                  解决问题
                     │
                     ▼
            推进农村剩余劳动力合
            理有序转移的政策建议
                     │
                     ▼
               研究结论与展望
```

图1-1 本书技术路线

资料来源：笔者自制。

31

断并提炼影响农村剩余劳动力转移需求的主要因素，对影响转移需求的主要因素的作用指向和强度进行分析，由此提出理论假设并构建相关理论模型；最后，根据已有的研究思路和技术路线，通过问卷调查和实地访谈获取微观数据，利用数理统计以及二元 Logistic 回归的实证分析方法，对获取的微观数据进行分析和检验，为提出推进农村剩余劳动力转移方面的政策建议提供依据。

（三）数据来源

本书所用数据来源于 2014 年 4 月对西安市"城六区"农民工进行的问卷调查。一方面以个人访谈、直接观察和问卷调查相结合的方法对西安市农民工进行调查，获得第一手数据；另一方面通过走访陕西省人力资源和社会保障厅农民工工作处以及西安市人力资源和社会保障局农民工工作处，获得官方资料。采用配额抽样的方式，确定地域和行业类别后，调查人员以随机和方便为原则确定调研目标。调查对象涉及第二产业（建筑业、制造业）和第三产业（零售批发、交通运输、仓储业、住宿餐饮业等）。问卷内容涉及农民工基本情况、收支、土地、住房、就业、子女教育、城市融入、户籍、家庭、社会保障等具体问题。共发放问卷 1200 份，回收 1200 份，有效样本 1146 个，样本总有效率为 95.5%。

第五节 可能的创新之处

第一，从农村剩余劳动力转移需求的角度对农村剩余劳动力转移进行研究，通过分析总结现有的研究成果，从不同视角梳理农村剩余劳动力转移需求（其可以根据不同标准划

第一章 导论

分为收入需求层次、地域需求层次、家庭结构需求层次、定居需求层次、产业需求层次、土地需求层次、子女教育需求层次），探索了农村剩余劳动力转移的家庭结构需求层次递进规律。

第二，将农村剩余劳动力转移需求看作一个开放的自组织系统，依据需要层次理论以及新迁移经济理论，从转移的家庭结构需求角度建构出我国农村剩余劳动力转移需求层次的系统框架，转移需求由低层到高层依次为个人转移需求层、夫妻转移需求层、家庭转移需求层，各层次之间具有层级递进的逻辑关系。分析了不同转移需求层次上转移主体的需求变化，具体特征为：随着转移需求层次的上升，农民工的转移需求呈现上升态势的有收入水平和期望收入水平、定居和落户需求、住房需求、买房需求、宅基地置换城市房产需求、社会认同需求、城市工作稳定程度需求。三个层次上农民工转移需求差别不大的为子女教育需求、土地保有需求、参加免费技能培训需求。

第三，运用系统分析法对影响农村剩余劳动力转移的因素从宏观和微观两个方面进行了分析。宏观因素用以反映系统的外部环境，微观因素用以反映系统要素和关系。将微观因素划分为个体、经济、社会三大要素，根据计划行为理论，将三大要素从客观和主观两个维度进行划分，以此来分析农村剩余劳动力转移需求层次上升的影响因素，运用二元 Logistic 回归模型，利用调研数据分别对三个转移需求层次的影响因素进行了模拟回归分析。结果显示：在个人转移需求层向夫妻转移需求层上升过程中，文化程度、获得更高经济收入、让子女获得更好教育、家人亲朋赞同态度、打工月收入、责任田放弃意愿、合同签订、社保参办、配偶对方便生活的作用、在城市找工作难易程度10个变量影响显著；在夫妻转移需求层向家庭转移需求层上升过程中，年龄、获得更高经济收入、家人亲朋赞同态度、城市人均住房面积、子女教育费用、宅基地置换城市房产意愿、土地政策了解程度、被排斥感、城市生活适应度、希望子女将来留在城市10个变量影响显著；在家庭转移需求层中，打工时间、家人亲朋赞同态度、被排斥感、市民待遇重要性4个变量对定居需求影响显著；年龄、文化程度、打工时间、寻求更多发展机会、进城具备条件判断、打工月收入、子女教育费用、户籍对解决麻烦的作用、户籍对提高身份的作用9个变量对落户需求影响显著。综合三个层次的影响因素，甄别出影响转移需求层次梯度递进的关键因素：经济因素是推进转移需求层次梯度递进的首要因素，社会因素是促进农村剩余劳动力完成市民化的决定性因素。

第四，尊重和满足农村剩余劳动力的转移需求，是政府以政策推动农村剩余劳动力实现有条不紊梯度转移的前提和基础。根据分析结论，我们综合各转移需求层主体需求特征和层级递进的影响因素，构建出全方位的政策引导体系，具体包括：满足农民工培训需求，提升其在城市的风险抵御能力（农民工培训体系、农民工人力资源开发体系、农民工学习型自我）；以差别化住房供给满足农民工城市安居需求（政府、用人单位）；建立多方位农民工子女教育体系，满足农民工子女教育需求；分阶段完成城乡一体化户籍制度改革；完善农村土地承包经营权流转制度体系；建立公平合理的城乡一体化就业体系；从多种渠道提升农民工城市融合度。

第二章 农村剩余劳动力转移需求层次研究的理论基础

第一节 关键概念界定

(一) 农村剩余劳动力

目前学界对"农村剩余劳动力"这一概念的界定还没有达成一致。二元经济理论的代表人物刘易斯认为农村剩余劳动力即"边际劳动生产率为零或负数的劳动力"。何景熙从工作时间的角度出发,认为中国农村中没有充分就业的劳动力就是中国特有的农村剩余劳动力,即每个单位农村劳动力的年有效工时低于制度工时的一种状态。[1] 考虑到需求和供给,侯鸿翔等提出劳动力过剩是一种失衡状态,在当前生产条件下,生产发展对劳动力的需求小于劳动力的供给,表现出一种负作用。[2] 庄核认为,农村劳动力过剩的标志是农村劳动力在农业中的机会成本大于其边际产品价值,当机会成

---

[1] 何景熙:《"开流断源":寻求充分就业的中国农村劳动力非农化转移理论与模型》,《人口与经济》2001年第2期,第3~12、37页。

[2] 侯鸿翔、王媛、樊茂勇:《中国农村隐性失业问题研究》,《中国农村观察》2000年第5期,第30~35、81页。

本大于边际产品价值时，即产生了农村剩余劳动力。① 刘怀廉则认为剩余有绝对和相对之分，农村劳动力供给大于需求时，如果农村劳动力的劳动生产率与社会平均的劳动生产率持平，这部分劳动力即相对剩余劳动力，而如果农村劳动力的劳动生产率大于社会平均的劳动生产率，这部分劳动力即绝对剩余劳动力。②

本书把农村剩余劳动力定义为：一定时期内，在充分利用现有的各类农业生产资料和生产技术的条件下，一定区域内从事农业生产的劳动者所能提供的劳动量与农业生产实际需要的最低劳动投入量之间的差额，隐性失业的劳动力的显性转移不会对农业产量产生影响。此外，有相当一部分的农村剩余劳动力在农业产业化的进一步发展过程中已经变成稳定的农产品深加工业和非农产业就业者，因此这部分劳动力也不属于转移的主要对象，不在本书的研究范围中。③

（二）农村剩余劳动力转移

农村剩余劳动力转移的实质是农村人口的非农化，是农村人口转移到城市并实现身份转换的过程。其中包括量和质两个方面。量的实现，是原来从事农业生产的人口转而从事非农产业，非农产业的产值比重显著提高，具体而言，是劳动力数量、就业人数、产业结构和总产值等各个方面发生变化；质的实现，表现在农村文明逐渐被城市文明同化，具体

---

① 庄核：《试论农村剩余劳动力的转移与地区经济的发展》，《惠州学院学报》（社会科学版）2003 年第 4 期，第 103~106 页。
② 刘怀廉：《加快建立农民工权益保障体系》，《学习论坛》2005 年第 5 期，第 67~68 页。
③ 徐文：《中国农村剩余劳动力转移问题研究》，博士学位论文，吉林大学，2009，第 45~48 页。

第二章　农村剩余劳动力转移需求层次研究的理论基础

表现在农村人口的生活和工作方式、思维方式、价值观以及愿意接受现代文明的程度等方面。农村剩余劳动力实现非农化的实质就是农村在人口素质、生产结构、经营方式和收入水平及结构等方面逐渐与城市文明趋同，是城乡差距缩小，城乡融合，最终实现城乡一体化的过程。

（三）农民工

农民工是我国农村剩余劳动力转移进程中产生的一个特殊群体，是指在城市或城镇就业、居住，但仍然是农村户籍的劳动者。从身份上看，农民工的身份仍然是农民，而不是城市居民；从户籍上看，农民工的户籍是农村户籍，不属于城市户籍。但就其工作和生活的地点看，他们身在城市；从就业的产业属性看，他们就业于非农产业，其主要劳动收入为非农产业收入，不同于专门从事农业生产的劳动力，因此农民工实际上是具有农民身份的非农劳动力。[1]

（四）农业转移人口

农业转移人口，一是指原来从事农业劳动的人口转移到非农产业，二是指户籍在农村的人口转移到城镇。这一群体中农民工占大多数，此外还包括一些进城经商人员、随迁家属、失地农民以及通过考学或婚嫁等渠道进入城镇的人口。

新中国成立以来，农业转移人口这个群体的称谓经历了几个阶段的变化，从最初的"盲流""打工仔（妹）"到"进城务工人员""农民工"，再到现阶段的"农业转移人口"。虽然各称谓的确切含义不完全相同，但各称谓的

---

[1] 毛隽：《中国农村劳动力转移研究——基于制度变迁视角》，博士学位论文，复旦大学，2011，第78~90页。

主体人群是基本一致的。"农民工"用得最多,也是官方曾经认可的称谓。"农民工"最早由中国社会科学院张雨林教授提出,他在1984年发表的一篇文章中首次使用"农民工"称谓,随后该称谓被广泛使用。党的十八大报告用"农业转移人口"代替"农民工",反映了党中央对我国发展新趋势的深刻把握,充分体现了"以人为本,执政为民"的思想。2014年推出的全国户籍制度改革更是我国关于解决农业转移人口市民化问题的顶层设计和总体规划的一部分。

(五)农村剩余劳动力转移需求

需要是人脑对生理和社会要求的反映,是个体力求满足某种欠缺的内心状态。当需要达到一定程度,同时外部环境具有一定诱因时,人们就会产生一种称为"动机"的内在驱动力,然后去寻找目标、选择目标,最终产生一定行为来满足需要。也就是说,当人们产生了某种需要或欲望时,它是推动人从事一定活动的心理动因。需要—动机—行为,在这个链条中人们以一定行为,朝着既定方向努力,以实现自身需要的满足。当原有的需要被满足后,新的需要又会产生,促使人去采取新的行动,这是一个循环往复的过程。因此,需要是人行为的根本动力。人的需要具有阶段性,不同时期、不同年龄的人的需要有所不同。需要受到时代、历史、阶级等的影响,是人们在社会历史实践中发展出来的,这个社会历史实践就是人后天接受人类文化教育的过程。

国内对"需要"的界说主要包含两类观点。一是认为需要是主观的。刘凤瑞、陈永先认为需要即人的主观愿望,是人对现实状况的一种反应,是人们在面对目标时的渴求的心

第二章　农村剩余劳动力转移需求层次研究的理论基础

理状态。① 二是认为需要是客观的。有学者认为，需要是人基于其生存和发展的现实条件和状况的一种等待状态，表现了其对物质世界的依赖，需要是客观的。②

与需要和需求相关的一个概念是"欲望"。欲望是人们试图得到基本需要的物化的愿望。需求除了能够表达人们内心对某个事物的渴望以外，同时包含一个"支付能力"问题，也就是说，需要是人们内心深处的渴望，而当人们能力达到一定程度具有满足需要的基本能力时，需要才会转化为需求。所以，人们产生一定行为的逻辑链条应该是"需要—欲望—需求—动机—行为"。我们的研究恰恰是对此链条的一个回溯分析，即从农村剩余劳动力转移行为入手对其转移需求进行分析。

目前学界没有提出"农村剩余劳动力转移需求"的概念。在对此概念进行界定的时候，一方面我们要以经典需要层次理论为基础，反映出它生发于农村剩余劳动力对客观存在事物或某种精神状态的向往，这种向往一旦被人们感应到，就会转化为内在的推动力，成为主体积极性的来源，进而在主体努力下逐步具备不同程度的满足需要的能力。另一方面，此需求概念要充分反映出它是在农村剩余劳动力转移过程中产生的，是有别于"农村剩余劳动力需求"这个概念的，不能简单地生搬硬套经典需要层次理论对人的需要的界定，以及对人的需要的层次划分。

---

① 刘凤瑞、陈永先：《行为科学基础》，复旦大学出版社，1991，第176页。
② 黄鸣奋：《需要理论及其应用》，中华书局，2004，第15~37页；苑一博：《人的需要是社会历史发展的动因》，《内蒙古大学学报》（人文社会科学版）2002年第5期，第83~89页。

39

农村剩余劳动力的转移通常包括两个过程，即从原来居住地转移出去和在务工所在地定居下来。由此，我们将"农村剩余劳动力转移需求"界定为农村剩余劳动力在从迁出地转移出去到在迁入地落户下来整个过程中所产生的对转移区域、转移行业、转移规模、户口取得、土地弃留、子女教育等一系列关系自身及家庭利益、家庭发展的内心憧憬取向集。系统形式是农村剩余劳动力转移需求存在的一种特征，其内部为多层次、开放系统，与外界不停地进行物质、能量、信息的交换，交换的结果会影响农村剩余劳动力转移需求的变化，使得转移需求从低层次逐渐向高层次转移，使原本无序的转移需求逐渐变得有序，进而做出引导农村剩余劳动力转移的决策，促进其有序地、合理地转移。农村剩余劳动力转移需求层次的划分标准有多种，本书最终选择按照"转移人口家庭结构"这一标准进行层次划分，关于这方面内容，我们会在后面章节详细探讨。

第二节　基本理论简析

（一）与需要相关的理论

1. 理论介绍

需要是人类所有活动的出发点和归宿，需要又是社会发展和前进的推动力。西方众多心理学家从心理学角度对需要进行了深入的研究。其中具有代表性且与本书相关的研究成果有以下几个。

（1）需要平衡理论

美国心理学家 H. A. 默里（H. A. Murray）认为，需要是驱动大脑运转的力量,它可以组织、统一大脑的一切思维活动,使其朝着一定的方向改变。

默里认为,需要与需要之间存在关联性,一种需要服务于另一种需要,二者互相吸引,朝着同一个结果努力,但也可能产生矛盾。人的心理和行为会受到需要的影响,需要能够组织人的认知、思维和意向,是活动推力的源泉,有不同的发展阶段。①

(2)马斯洛需要层次理论

人本主义心理学家最突出的代表马斯洛对需要问题进行过系统的研究。马斯洛需要层次理论有两个假设。一是人被未满足的欲望驱使,当这一需要被满足后,人又会产生新的需要;二是层次化是人类需要的另一个特征,有普遍性。

马斯洛认为,人类的需要总共可以划归为五种,它们由低到高呈现"金字塔"式的排列顺序,生理需要位于最低层次,最高层次为自我实现需要。只有未被满足的需要才会影响人的行为,需要的层次会向更高一层次发展。但这种顺序不是完全固定的,也有例外情况发生。越高层次的需要越难以满足,人们往往停留在一个层次的需要之上而无法继续向前。总有一种需要在某一时期占支配地位。

(3)马克思、恩格斯的需要理论

马克思、恩格斯认为,需要是人对其所依赖的物质世界和精神世界的一种自觉反应。

第一,需要的形式是主观的,它是一种心理状态,但需

---

① 李轶璐:《大学生需要现状及对策研究》,硕士学位论文,杭州电子科技大学,2009,第15页。

要的实质内容是客观的。他们认为,需要是人类生存和进步的基础,也是社会进步的推动力。

第二,需要具有层次性。恩格斯将人的需要划分为生存资料、享受资料和发展资料。人的需要往往是多层次的复合,大多数情况下,多种层次的需要并存。优势需要的转变,并不是需要层次本身的灭亡,而是某一需要的优势地位被其他需要所取代,需要层次本身仍然存在于体系中。

第三,需要具有社会历史性。人的需要是在一定的社会历史条件下产生和发展的,它存在于当时的社会中,受到现实社会的制约。人们在不同的历史时期,也会产生不同的需要对象和内容。另外,人们结成一定的社会生产关系的基础正是人为了满足需要而进行的生产活动,也就是说,人的需要促进了生产关系的形成。

2. 理论启示

三种需要理论为我们划分农村剩余劳动力转移需求层次奠定了理论基础,揭示了转移需求层次之间内在的相互作用机理和联系。综合三种需要理论可以得出,农村剩余劳动力转移行为产生的原始驱动力是农村剩余劳动力转移需求,这种转移需求会影响人的整个心理和行为。转移需求有不同的发展阶段,由低到高具有层次性,农村剩余劳动力转移需求的各个层次是并存的,并不是只有在满足低层次的转移需求之后,高层次的转移需求才会显现。但是,在同一时期,总有一种转移需求是占支配地位的,转移需求层次的变化是优势转移需求的更替,而非转移需求层次本身的灭亡。当低一层次的转移需求获得相对满足后,高一层次的转移需求就会成为优势需求,越高层次的转移需求越难以满足,人们往往

第二章　农村剩余劳动力转移需求层次研究的理论基础

停留在一个层次的转移需求之上而无法继续向前。各层次转移需求之间存在联系，低层次转移需求可能会成为实现高层次转移需求的手段。

（二）系统自组织理论

1. 系统论基本概念及系统自组织的层次原理

系统的核心理念是整体观念。系统论就是以系统的视角来看待要研究的对象，研究系统、要素、环境三者的相互关系和变动的规律性，分析系统的结构和功能，并优化系统观点。

系统内的有序结构及其形成过程就是组织。H. 哈肯（H. Haken）把组织分为他组织和自组织。他组织的运行主要依靠外部指令，而自组织的运行主要依靠系统内部各部分的默契和规则以及内部的有序结构。自组织在自然界和人类社会中普遍存在。自组织的功能代表了组织产生和保持新功能的能力。自组织理论探索复杂现象形成和演化的基本规律，其主要代表是 L. V. 贝塔朗菲（L. V. Bertalanfy），他主要研究了自组织的产生和发展机制问题，探究了系统由无序走向有序的发展过程。[①] 自组织理论的核心是耗散结构理论和协同学。

苗东升认为，系统的发展是一个由量变到质变的过程，在量变积累的过程中，元素的序列发生变化，产生部分质变，这一部分对应的组织形态即层次。[②] 许国志、顾基发、车宏安认为，层次是系统由元素整合递进成整体的过程中呈现的等级。[③]

---

① 顾文涛：《企业需要层次理论研究》，博士学位论文，南京理工大学，2005，第12页。
② 苗东升：《系统科学精要》，中国人民大学出版社，1998。
③ 许国志、顾基发、车宏安编《系统科学》，上海科技教育出版社，2000，第22页。

43

孙志海的研究更加全面深入。他认为："第一，低层次是高层次产生的前提，高层次以低层次的产生为基础。第二，层次具有底层自主性和分层自主性。系统中的各个层次都有不同的性质，具有自主性，低层次在向高层次系统进化的过程中，其原有的运动方式并不会消失。第三，系统的本质由其最高层次体现。第四，高级层次一旦发生变化，就会对整个层次系统产生影响，各个层次的具体行为方式也会发生变化。第五，各个层次组成了系统的整体运动。"[1]

2. 理论启示

系统自组织理论为我们构建农村剩余劳动力转移需求层次系统提供了有力支撑。我们把农村剩余劳动力的转移需求视为一个由系统、要素、环境构成的系统，系统内部各要素以某种规则与外界进行物质、能量和信息等方面的交换，协调、自主地由低级走向高级，由无序走向有序。转移需求具有层次性，低层次转移需求的满足是高层次转移需求产生的基础，最高层次转移需求一旦产生并获得满足就会使农村剩余劳动力的具体行为方式发生变化。系统论的思想为我们后面进行分析提供了框架，即从系统本身、构成系统的要素、系统存在的环境三方面入手进行研究。

（三）计划行为理论

1. 理论介绍

埃塞克·阿杰恩（Icek Ajzen）创立的计划行为理论（Theory of Planned Behavior，TPB）认为，态度、主观规范和知觉行为控制的共同作用决定了人的行为意向，而行为意

---

[1] 孙志海：《自组织的社会进化理论方法和模型》，中国社会科学出版社，2004，第26页。

第二章 农村剩余劳动力转移需求层次研究的理论基础

向影响人的行为的发生。[1]

态度是指个人对某项行为或结果所持的正面或负面的评价。个体态度的积极性受到个体的积极性程度以及个体对行为或结果可能性的信心这两重因素的影响。主观意向外化为行为结果,行为结果能否满足个体的各种需要决定个体对行为结果是否有信心和评价所体现出的态度是否积极。态度的重要表现是为满足个体需要而产生的各种倾向。主观规范是指个体在进行决策时,那些对个体有重要影响的他人或团体给个体行为决策带来的影响和压力,如果这些人对个体的行为决策持积极的态度,则会促进个体行为的产生,反之,则会阻碍个体行为的产生和发展。知觉行为控制是指个体对相关因素的积极性或消极性以及实施某项行为的难易程度的认知,当个体越了解某种行为,越认为其对自己有利时,越能更好地控制其知觉行为。[2]

2. 理论启示

计划行为理论主要探究何种因素会影响意向的产生,这种意向又是如何外显为具体行为的。该理论是认识和分析个体行为意向形成的重要理论,为从行为意向的角度分析农村剩余劳动力转移需求的影响因素提供了坚实的理论基础。该理论认为,人的行为的发生主要受主观意向的影响,主观意向包括态度、主观规范和知觉行为控制,这对于分析农村剩余劳动力转移需求的主观影响因素具有借鉴

---

[1] Icek Ajzen, "From Intentions to Actions: A Theory of Planned Behavior," *Springer Berlin Heidelberg*, 1985, pp. 11 – 39.
[2] 段文婷、江光荣:《计划行为理论述评》,《心理科学进展》2008 年第 2 期,第 315~320 页。

意义。农村剩余劳动力转移需求的产生受到主观意向和客观条件两方面因素的影响，尤其是主观意向的形成不但受到个人主观需要和他人意见的影响，还受到个体对相关政策、机遇的认识程度以及个体风险控制能力的影响，这是一个十分复杂的系统。我们在对农村剩余劳动力转移需求个人、经济、社会三方面要素的分析中，均加入了主体的主观意向方面的因子来建构模型进行定量分析，更为全面地反映影响转移需求变化的因素，对转移需求的产生和变化做出有力的解释。

（四）新迁移经济理论

1. 理论介绍

新迁移经济理论从家庭福利最大化视角来分析劳动力转移行为。托达罗认为，迁移行为是仅仅与单个人相关的理性决策行为，人口迁移的主体以预期收入最大化为原则做出迁移决策。斯塔克批判了托达罗的假设，他认为，迁移行为不仅与单个的决策主体相关，也与相关的利益主体比如家庭有着密切的关系，团体往往是迁移决策的主体。绝对收入差距是决策时必然考虑的问题，除此之外，还会考虑相对收入水平和家庭风险。在这种情况下，决策的原则不再只是最大化预期收入，还包括使其风险最小化。

斯塔克的新迁移经济理论是一种新的劳动力转移理论，该理论改变了迁移决策主体。用"相对感"这个概念诠释人口迁移是奥德·斯塔克和 J. 爱德华·泰勒（J. Edward Taylor）首推的，即影响迁移的因素不仅包括城乡之间的绝对收入差距，还包括农户之间的相对收入差距以及参照

第二章 农村剩余劳动力转移需求层次研究的理论基础

系的变化。① 迁移决策会受到风险承受能力和相对剥夺感的影响。②

新迁移经济理论主要包括投资组合论和契约安排论，这两种理论在中国存在的根基来源于中国人浓厚的家庭观念和亲情观念。投资组合论认为，为降低农业收入不稳定导致的收入不稳定风险，农村家庭会选择对家庭的劳动力进行优化配置，让部分成员进城务工赚取非农收入。契约安排论认为，一种默许的契约存在于家庭内部成员之间：迁移者先受到家庭成员的资助，比如资助其受教育，而迁移者完成教育并工作赚钱之后，将其工资收入的一部分寄回到迁出地的家中，作为对家庭其他成员的支持。

迄今为止，尽管新迁移经济理论尚未形成系统的理论模型，但它提出了一些与以前不同的前提和假设，这个崭新的思路将关于发展中国家劳动力转移问题的研究带到了一个新的领域，这些前提和假设又催生了一系列颇为不同的政策建议。新迁移经济理论已形成的主要论点除上述斯塔克的关键观点外还有以下六点。其一，工资差异不是乡城迁移的必要条件。其二，当地的经济发展与迁移规模一般呈负相关关系，但是家庭在当地的投资风险较大时依然会倾向于迁移。其三，只要迁出地的要素、产品市场处于不完善、不均衡的状态，就算地区间不存在工资差异，迁移者仍然会产生向外迁移的动机。其四，迁移动机不仅受到政府的劳动力市场政

---

① Oded Stark and J. Edward Taylor, "Migration Incentives, Migration Types: The Role of Relative Deprivation," *The Economic Journal*, Vol. 101, 1991, pp. 1163 – 1178.

② 杨文选、张晓艳：《国外农村劳动力迁移理论的演变与发展》，《经济问题》2007 年第 6 期，第 18~21 页。

策的影响，还会受到保险市场、资本市场以及社会保障和福利制度等多重因素的影响。其五，分配政策或者经济发展水平的改变也会影响家庭的迁移决策。其六，政府政策对迁移决策的影响是多方面的。

2. 理论启示

新迁移经济理论认为迁移决策的主体是家庭，这为构建农村剩余劳动力转移需求层次系统主线的提取提供了很好的思路。农村剩余劳动力转移需求既包括个人转移需求，也包括家庭转移需求。转移需求的产生与满足都是家庭成员共同参与，确保家庭收益最大化、风险最小化的结果。以家庭为决策主体的设定，为研究转移需求主体提供了重要的理论基础和分析思路。农村剩余劳动力转移需求的变化，既包含了家庭成员的需求，又体现了单个主体的需求。此外，新迁移经济理论关于"预期收入"的观点，为解释转移需求层次某些时候并非按照由低到高顺序出现，而是出现了跨越式的状态提供了思路；新迁移经济理论提到政策的变动尤其是保障政策的变动会影响迁移的动机，这为我们提取转移需求层影响因素提供了思路；"相对剥夺"观点，为理解转移需求层次上升提供了新的合理解释。

（五）推拉理论

1. 理论介绍

推拉理论认为，迁移行为是迁移主体基于理性思考做出的行为选择。市场经济下，人口可以实现自由流动，其目的是通过迁移来改善生活条件。迁移者会去了解迁出地及迁入地的客观环境，并通过主观感受与判断，决定是否迁移。迁入地中那些使迁入者生活条件改善的因素就成为

第二章 农村剩余劳动力转移需求层次研究的理论基础

拉力，比如更好的就业机会、更高的工资、更好的教育和卫生设施等，而迁出地中那些推动人们向外迁移的不利的社会经济因素，比如收入水平低下、基础设施缺乏、自然灾害等，就构成了迁出地的推力。人口迁移就是在这两种力量的相互作用下实现的。博格分析了推力和拉力的相互作用，他认为，如果迁出地具有强烈的推力来刺激人口迁移，这种条件下产生的选择性会比较小，小于同一条件下强烈拉力所刺激的人口迁移，他提出在只有推力而无拉力的情况下，迁移的选择性最小。埃弗雷特把障碍因素和个人因素引入理论框架内，认为能够影响迁移决策的因素来源于原居地、目的地、中间障碍以及个人因素。他的研究表明，当推力总和大于拉力总和时人口迁移才会发生。推拉理论从多个层次、多个角度综合分析了影响人口迁移的因素，其中任何一种因素都可能成为人口迁移的推力或拉力。

推拉理论将多种影响因素融合在一起，包括个人决策和家庭背景、区域特征、社区环境等，以包括经济因素在内的各种因素共同作用的结果来解释迁移行为，是一种关于人口迁移的综合理论。

2. 理论启示

在农村剩余劳动力转移需求层次研究方面，推拉理论提供了一个从作用力角度进行分析的框架，具有重要的指导意义。一方面，推拉理论可以帮助我们找出转移需求层次上升的动因。推拉理论提出，推拉因素可能多种多样，较高转移需求层的经济因素、教育因素、人际关系因素等都可能推动农村剩余劳动力转移需求层次的上升。另一方面，推拉理论

49

为找出影响农村剩余劳动力转移需求层次的因素提供了思路。依据推拉理论，我们认为，转移需求层次系统中较低一个层次和较高一个层次之间也存在着中间障碍和个人因素等方面，这为分析农村剩余劳动力转移需求层级递进影响因素提供了借鉴。

推拉理论的两个假设对研究农村剩余劳动力转移需求层次具有极大的参考意义。假设一，迁移决策的做出基于人的理性思考；假设二，人们通过对客观环境的认识，在对迁出地和迁入地进行了解的基础上，辅以主观上的判断，最后做出迁移决策。根据假设一，可以得出农村剩余劳动力转移需求的产生不是盲目的，而是深思熟虑的结果；根据假设二，可以得出农村剩余劳动力转移需求的产生来自农村剩余劳动力主观上的判断和对客观环境的认识。这也正是我们为什么用"转移需求"而不用"转移需要"这个概念的原因，"需求"包含了一种"能力"，是一种基于理性思考之上的需要。两个假设为本书研究农村剩余劳动力转移需求奠定了坚实的理论基础并提供了分析框架。

第三章 基于不同视角的农村剩余劳动力转移需求层次分类

第一节 农村剩余劳动力转移收入需求层次

(一) 农村剩余劳动力转移收入需求层次划分

刘易斯认为,工业部门的制度工资要比农业部门的收入高是农村劳动力转移的动力来源。[1] 托达罗认为,决定农村劳动力转移的因素是预期收入差距,而非两个部门之间的实际收入差距。[2] 可见,农村剩余劳动力转移需求产生的最原始的动力来源于转移后收入的增加。

从现实来看,在大中城市务工的农民工收入水平相对较高。《2012 年全国农民工监测调查报告》显示,从外出农民工的从业地点看,农民工在直辖市、省会城市、地级市、县级市的务工月平均收入分别为 2561 元(比上年增加 259 元)、2277 元(比上年增加 236 元)、2240 元(比上年增加

---

[1] 〔美〕威廉·阿瑟·刘易斯:《二元经济论》,施炜译,北京经济学院出版社,1989。
[2] Michael P. Todaro, "A Model of Labor Migration and Urban Unemployment in Less Developed Countries," *American Economic Review*, Vol. 59, 1969, pp. 138-148.

229 元）和 2204 元（比上年增加 222 元），可见随着城市级别的降低，农民工务工收入水平也在降低，同时其收入增加额也在减少。不同行业收入水平差别较大，住宿餐饮业和服务业平均收入水平较低。行业间农民工打工收入也存在较大差别，服务业、住宿餐饮业和制造业的农民工月平均收入分别为 2058 元、2100 元和 2130 元，收入水平较低；交通运输仓储邮政业和建筑业的农民工月平均收入分别为 2735 元和 2654 元，收入水平相对较高。[①] 显而易见，农民工收入存在层次划分。从各地农民工务工收入结余上看，来自中部地区在东部地区务工的农民工收入结余为 1518 元，来自西部地区在东部地区务工的农民工收入结余是 1344 元，都比在本地区务工的农民工收入结余要少。西部地区农民工在东部地区务工比在中部、西部地区务工分别少获得 228 元和 90 元。农民工在就业地点选择方面，数量持续增长的是在中西部地区务工的农民工，在东部地区务工的农民工持续减少，省际流动的农民工所占比重从 2009 年到 2021 年持续下降，流动半径不断缩小，其原因可能在于，在东部地区务工的农民工相对于在中西部地区务工的农民工生活成本较大，能够剩下的工资较少。可见，农民工收入在行业和务工地区上存在较大差别，农民工之所以会选择不同职业或者去不同地方打工，从根本上讲，是他们的收入需求有差异。

2010 年西安市农民工收入 760 元以下的占 6.6%，761～1000 元的占 28.2%，1001～1500 元的占 20.0%，1501～2500

[①]《2012 年全国农民工监测调查报告》，国家统计局，2013 年 5 月 27 日，http://www.stats.gov.cn/tjsj/zxfb/201305/t20130527_12978.html，最后访问日期：2023 年 4 月 26 日。

第三章　基于不同视角的农村剩余劳动力转移需求层次分类

元的占 24.8%，2501~3500 元的占 10.8%，3501~5000 元的占 6.8%，5000 元以上的占 2.8%。54.8% 的农民工月收入为 1500 元及以下，1501~3500 元的占到 35.6%，3500 元以上的占 9.6%。从截面数据来看，西安市农民工收入存在层次划分，整体收入存在一定跨度。[①]

刘易斯认为，农业部门的收入水平决定流动到工业部门中的农业劳动者的工资水平；农业维持最低限度生活水平的收入决定了流动者工资水平的界限。要根据收入对农村剩余劳动力转移需求层次进行划分，我们必须考虑几个标准：农村人均纯收入水平、城市最低生活保障标准、城市最低工资标准、城市平均工资水平。首先，最低层次的标准应该高于农村人均纯收入水平，这样才能满足农村剩余劳动力转移产生的最低要求，而且此标准需要高于城市最低生活保障标准，这样才能满足转移以后的劳动力在城市生存下去的最基本要求。其次，最低层次的标准应该不高于城市最低工资标准。企业作为最低工资标准制度的执行者应该给予农民工最低工资标准以上的薪酬，但如果农民工的收入需求在此标准以下，说明他们务工仅仅是为了生存下去，只要收入高于在农村务农所得就可以接受。再次，如果农民工收入需求达到城市平均工资水平，说明他们期望能够获得与城市居民一样的工作待遇，达到城市居民生活水平。最后，如果农民工收入需求高于城市平均工资水平，说明他们期望自己能够获得更好的生活，得到更好的发展。所以，我们按照收入需求标准将农村剩余劳动力转移收入需求划分为三个层次：生存转

[①] 周敏主编《融合与保护——西安市区农民工生存状况调查研究》，陕西人民出版社，2011，第 7 页。

移需求层、生活转移需求层、发展转移需求层。位于生存转移需求层的农民工对劳务收入有着最低限度的要求，即高于农村人均纯收入水平和城市最低生活保障标准，但是低于城市最低工资标准，此转移需求层上的农民工仅仅是为了保证自己和家人生存下去；位于生活转移需求层上的农民工期望获得城市最低工资标准以上的务工收入，在获得经济收入的同时期望用人单位能给予尊重，不再是只要收入高于农村人均纯收入水平就会就业，但是此收入需求低于或等于城市平均工资水平，此转移需求层上的农民工能够在城市正常地生活工作；位于发展转移需求层上的农民工，对收入的需求高于城市平均工资水平，此转移需求层上的农民工期望生活能够达到甚至高于城市平均生活水平，使自己和家人得到更好的发展。

陕西省人力资源和社会保障厅数据显示，2013年西安农村居民人均年收入8896元（月均约741元），西安市最低生活保障标准510元，生存转移需求层标准要高于这两个标准。2014年，西安最低工资标准一类区为1280元，二类区为1170元，三类区为1060元，四类区为970元。2013年第一季度西安平均工资为3237元。所以，我们拟将生存转移需求层的标准定为1280元以下，生活转移需求层标准为1280~3237元，发展转移需求层标准为3237元以上。考虑到西安经济发展速度和为了研究的方便，我们最终将三个转移需求层次的标准确定为：生存转移需求层收入需求小于等于1500元；生活转移需求层收入需求为1501~3500元；发展转移需求层收入需求为3500元以上。这三个标准是动态的，会随着当地经济情况的变化而变化。

第三章　基于不同视角的农村剩余劳动力转移需求层次分类

（二）农村剩余劳动力转移收入需求层次产生原因

农村剩余劳动力转移收入需求层次的产生是农村剩余劳动力对自身劳动力价值、机会成本、人力资本、供求状况等多因素的综合理性考虑的结果。①

1. 劳动力价值

马克思的工资决定理论认为，工资是劳动力价值或价格的转化形式，工资水平必须与劳动力的价值构成相符。所以，农民工对收入的需求必然会包括三个方面：一是维持自我生存的生活必需品价值；二是维持家人生存的生活必需品价值；三是其自我拓展必需的开支。农民工收入需求与其劳动力价值具有正相关关系，即劳动力价值越低，其收入需求水平也应相对较低。

2. 机会成本

刘易斯模型中的农村劳动力的平均收入是农民工收入需求最低界限，这也是农民工的机会成本。对于我国农民工来讲，机会成本是他们在农村原住地的平均收入，是其收入需求的最低界限，是其产生转移收入需求的构成要素。个体经济利益的选择是农村剩余劳动力是否能产生转移需求的最重要的影响因素之一。②农民转化为农民工的损失来自其进入城市打工所必将失去的在其原住地能够获得的收入总和，农民工的收入需求中必然会体现出对这个损失的补偿，如果收入低于此补偿标准农民将不会进行转移。因此，农村平均收

---

① 彭红碧：《农民工工资决定的圈层结构：一般性分析框架》，《经济论坛》2014 年第 4 期，第 119~122 页。
② 谭文兵、黄凌翔：《农村人口城市迁移的动力机制》，《城市问题》2002 年第 2 期，第 14~16 页。

55

入是农民工收入需求的最低限度。

3. 人力资本

影响农村剩余劳动力转移收入需求层次的主要因素之一是人力资本，即农村剩余劳动力的受教育程度、工作经验、技能等。曾旭晖研究发现，在市场经济条件下，个人收入的决定因素是个人的人力资本，它与个体就业和收入存在显著相关关系。一般来讲，受教育程度比较高、工作经验丰富、技能较强的农民工更多的是处在收入转移需求层的较高层次。① 徐文婷、张广胜研究表明，技术或手艺成为农民工工资性收入的最重要的决定因素。② 王德文等研究发现，农民工的收入不仅与短期培训有显著相关关系，而且与正规培训也存在显著相关关系。③ 王子、叶静怡通过对北京市农民工的工资数据进行分位数回归研究发现，随着农民工经验的增长，其工资相应有所增长，经验的增长使得内部的工资差异逐渐增大。④

4. 供求状况

农村剩余劳动力转移收入需求的产生是农民工对劳动力市场上工资水平的理性反映。供求关系的变动决定劳动力市场的状态，供求关系的变化影响着农民工的工资水平。一般

---

① 曾旭晖：《非正式劳动力市场人力资本研究——以成都市进城农民工为个案》，《中国农村经济》2004年第3期，第34~38页。
② 徐文婷、张广胜：《人力资本对农民工工资性收入决定的影响：代际差异的视角》，《农业经济》2011年第8期，第60~61页。
③ 王德文、蔡昉、张国庆：《农村迁移劳动力就业与工资决定：教育与培训的重要性》，《经济学》（季刊）2008年第4期，第1131~1148页。
④ 王子、叶静怡：《农民工工作经验和工资相互关系的人力资本理论解释——基于北京市农民工样本的研究》，《经济科学》2009年第1期，第112~125页。

第三章　基于不同视角的农村剩余劳动力转移需求层次分类

而言，当农民工供给大于需求时，农民工处于供给弱势，工资水平会处于较低位置，农民工收入需求也会降低。而当市场对农民工的需求急剧上升，劳动力供给不充足时，农民工处于供给强势，其工资水平则会上升，农民工收入需求也会随之上升。因此，劳动力市场工资水平的波动由农民工的供求状况决定，进而影响农民工的收入需求。

第二节　农村剩余劳动力转移地域需求层次

（一）农村剩余劳动力转移地域需求层次划分

国内对农村剩余劳动力转移地域方面的探讨主要表现为两种观点。第一种观点认为，"农村人口城市化"的道路不适应现阶段形势，主张依靠农村非农产业发展吸纳农村剩余劳动力的就地转移模式。[1] 有不少学者从大力发展乡镇企业、发展私营经济、发展农村劳动密集型产业等方面研究就地转移的方式。[2] 第二种观点鼓励农村剩余劳动力向城镇和城市流动的异地转移，把城市化发展与农村剩余劳动力转移统筹协调起来，即"离土又离乡，进厂也进城"。[3]

---

[1] 张培刚、方齐云：《工业化进程中的中国农业》，《求是学刊》1996年第1期，第37～45页。

[2] 蔡昉、都阳、王美艳：《劳动力流动的政治经济学》，上海三联书店、上海人民出版社，2003，第15页；王春超：《推动城镇化和城市化的合理发展——兼谈我国农村剩余劳动力的转移》，《高等函授学报》（哲学社会科学版）2002年第2期，第45～47页；梁坚、查昆岩、黄世贤：《农村剩余劳动力转移路径探析——以江西省为例》，《求实》2004年第5期，第49～52页。

[3] 林毅夫：《深化农村体制改革，加速农村劳动力转移》，《中国行政管理》2003年第11期，第20～22页。

表3-1反映了2009~2012年农村剩余劳动力转移分布的实际情况,来自东部地区的农民工以就地就近转移为主,来自中部、西部地区的农民工以外出为主。2009~2012年省际流动的农民工所占比重总体呈下降趋势。2012年,有8689万名农民工在省内务工,比2011年增加299万人,涨幅3.6%,占外出农民工总数的53.2%;在省外务工的农民工7647万人,比2011年增加174万人,涨幅2.3%,占外出务工农民工总数的46.8%。2012年到省外城市打工的农民工的比重比2011年降低0.3个百分点。从不同地区来看,东部地区农民工有83.7%在省内务工(其中有32.0%在乡外县内务工,有51.7%在县外省内务工),有16.3%在省外务工。中部、西部地区分别有66.2%和56.6%的农民工在省外务工,此种情况占两个地区外出务工的主流。东部地区拥有农业户口的劳动力中有54.9%成为农民工,其中,外出打工者和本地打工者分别为20.2%、34.7%;中部地区拥有农业户口的劳动力中有37.2%成为农民工,外出打工者和本地打工者分别为24.3%、12.9%;西部地区拥有农业户口的劳动力中有28.7%成为农民工,外出打工者和本地打工者分别为19.2%、9.5%。东部地区农民工多是选择在本地打工,而中西部地区农民工多数选择了向其他地区转移。[①] 就2017~2021年外出务工农民工省内外分布比例看,省内流动人数占比由55.3%增加至58.5%,跨省流动人数占比由44.7%减少至41.5%。[②]

[①] 国家统计局:《2012年全国农民工监测调查报告》,http://www.stats.gov.cn/tjsj/zxfb/201305/t20130527_12978.html。
[②] 参见2017年、2021年农民工监测调查报告中外出农民工地区分布及构成。

第三章　基于不同视角的农村剩余劳动力转移需求层次分类

表 3-1　2009~2012 年不同地区外出农民工在省内外务工的比例分布情况

单位：%

地区	2009年 省外	2010年 省外	2011年 乡外县内	2011年 县外省内	2011年 省外	2012年 乡外县内	2012年 县外省内	2012年 省外
全国	51.2	50.3	20.2	32.7	47.1	20.0	33.2	46.8
东部地区	20.4	19.7	32.1	51.3	16.6	32.0	51.7	16.3
中部地区	69.4	69.1	13.0	19.8	67.2	13.1	20.7	66.2
西部地区	59.1	56.9	15.4	27.6	57.0	15.4	28.0	56.6

资料来源：国家统计局农民工监测调查数据汇总。

也有一些学者提出将以上两种途径进行综合应用，即"乡镇消化，城市导流，国内移民，国际输出，协调配合，共同吸纳"。[1] 赵国栋认为，拓展农村劳动力转移途径，应在劳务输出方面下功夫。[2] 而吴雨才认为，我们需要对外国劳动力需求情况进行及时了解，促进对外输出劳务机构不断发展，增强培训的针对性，不断提高国际劳务输出的组织程度。[3] 在国际劳务输出上，我国目前已经有一定规模。农村剩余劳动力是我国劳务输出的主力军，大部分是一般技术人员、海员、厨师、铁路工人、纺织制衣工以及其他文化水平不高的人员，技术构成层次低，外语水平差，绝大多数人从

---

[1] 刘伯文：《我国农村富余劳动力转移就业问题探析》，《东北大学学报》（社会科学版）2004 年第 5 期，第 332~335 页。
[2] 赵国栋：《我省农村剩余劳动力转移与城乡就业问题研究（下）》，《商丘师范学院学报》2004 年第 3 期，第 100~105 页。
[3] 吴雨才：《南通市农村劳动力的转移方略》，《南通师范学院学报》（哲学社会科学版）2004 年第 1 期，第 51~55 页。

事附加值比较低的建筑业、农业、渔业和纺织业等非技术性传统行业。商务部数据显示，2012年中国在外各类劳务人员共85万人，2015年增至102.7万人，此后略有下降，至2019年末为99.2万人。[①]

从以上众多学者的研究中可以抽象出，基于转移的地域不同，农村剩余劳动力转移的地域需求层次可以划分为省内转移需求、省际转移需求、国际转移需求。省内转移需求即农村剩余劳动力对转移范围的需求在本省之内，希望通过进入乡镇企业实现"离土不离乡，进厂不进城"的就地转移，或者进入离家不远的省内城市打工，与迁出地联系非常密切，可以经常回家。省际转移需求即农村剩余劳动力对转移范围的需求是进行跨省流动，进入本省以外的城市打工，与迁出地联系减少，多数只能在过节时回家探望，有的一年才能回一次家。国际转移需求即农村剩余劳动力对转移范围的需求是向国际流动，与迁出地联系很少，大部分只能将打工所得寄回家中，但具有这种转移需求的农村剩余劳动力最终归属需求大部分都是返回迁出地，也就是说国际转移只是阶段性增加家庭收益的一种方式，当然，以婚姻形式转移出去的除外。

（二）农村剩余劳动力转移地域需求层次产生原因

农村剩余劳动力转移地域需求层次产生的原因主要包括两个方面。

---

① 《2015年我国对外劳务合作业务简明统计》，中华人民共和国商务部，2016年1月21日，http://hzs.mofcom.gov.cn/article/date/201601/20160101239878.shtml，最后访问日期：2023年4月26日；《2019年我国对外劳务合作业务简明统计》，中华人民共和国商务部，2020年1月22日，http://hzs.mofcom.gov.cn/article/date/202001/20200102932444.shtml，最后访问日期：2023年4月26日。

第三章 基于不同视角的农村剩余劳动力转移需求层次分类

第一，社会资本水平的高低。农村剩余劳动力社会资本的积累和作用呈现一定的区域特性。地区内人们互利互惠的交往活动，能够提高社会资本水平并增加社会支持，降低信息不对称程度，减少违规行为发生。但是，社会资本的积累量具有不可迁移性，那么一旦人们迁移到另一个地方就会影响一个人的社会资本积累量。迁移者进入一个陌生的城市后，并不熟悉当地的生活，人际关系不足，如果再有语言交流的阻碍，社会资本与迁出地相比会大幅减少。迁移距离越远，在迁入地能够获取并利用的社会资本越少，无法及时获取有价值的就业信息，这无疑会增大迁移风险。而且，由于迁移距离较长，迁移者在迁出地积累的社会资本会受到损失，而在迁入地的社会资本无法迅速积累，这是一个较大的机会成本。

第二，交易成本的大小和预期收益的高低。农村剩余劳动力进入城市主要从事城市最底层的工作，他们获得的工资与社会最低工资没有太大差异。我国各地的平均工资水平由于经济发展不平衡有很大差异，有学者研究表明，迁出地和迁入地的城镇人均可支配收入对农村剩余劳动力迁移以及流向影响最大。[1] 如果农村剩余劳动力进入某地区的概率上升1.82个百分点，那么该地区的城镇人均可支配收入就需要增加1个百分点。同时中国人力资源和社会保障部网站的数据显示，各省、自治区、直辖市月最低工资标准最大差距在600元左右，但是这主要体现的是西藏、新疆、甘肃等内陆地区与上海、浙江、广东等沿海地区之间的差距。很容易想

---

[1] 陈承明、刘文可：《农村剩余劳动力跨省迁移的实证分析》，《上海市经济管理干部学院学报》2008年第2期，第57~64页。

到，内陆地区和沿海经济较为发达地区在生活开支上有着明显差别，其实我国各省份之间并不存在太大的最低工资水平差距。也就是说，农村剩余劳动力外出打工从预期收益上来看各地差别并不大，但是，差别比较大的是他们转移到各地的交易成本。农村剩余劳动力国际转移的预期收益要比国内转移大得多。所以，农村剩余劳动力的转移地域需求会根据其自身情况随着交易成本和预期收益比值的变化而发生改变。

第三节 农村剩余劳动力转移家庭结构需求层次

（一）农村剩余劳动力转移家庭结构需求层次划分

关于流动人口的家庭关系，李强认为可以划分为五种模式：单身外出型、兄弟姊妹外出型、夫妻分居型、夫妻子女分居型和家庭型。他指出，中国农民工的家庭关系模式在未来的几十年中将以分居型为主。① 洪小良经过调查统计得出，北京市农民工中有34.7%是夫妇携子女进城务工，有30.3%是夫妇二人进城务工，两者合计占北京市所有农民工家庭的65.0%。洪小良还计算出在外来农民工家庭户样本中李强所提出的各种家庭关系模式的比例，"全家迁移"（家庭型）占43.4%，夫妻分居型占9.3%，夫妻子女分居型占35.2%。夫妻分居型、夫妻子女分居型共占44.5%，仅有2.8%属于兄弟姊妹外出型。② 根据世界范围人口流动的变化

---

① 李强：《关于"农民工"家庭模式问题的研究》，《浙江学刊》1996年第1期，第77~81页。
② 洪小良：《城市农民工的家庭迁移行为及影响因素研究——以北京市为例》，《中国人口科学》2007年第6期，第42~50、96页。

第三章 基于不同视角的农村剩余劳动力转移需求层次分类

规律,从历史方面看,人口流动一般要经历三个阶段,这三个阶段关系紧密且逐步推进:第一个阶段是先锋阶段,以单个人流动为特征;第二个阶段是以家庭化人口流动为特征的阶段;第三个阶段是以大众化人口流动为特征的阶段。[①] 农民工的流动自 20 世纪 90 年代初已经进入了人口流动的第二个阶段,即家庭化人口流动阶段。[②] 周皓通过对 2000 年全国第五次人口普查数据的研究,验证了家庭化人口流动已经成为中国人口流动主要趋势,这也是 20 世纪 90 年代人口流动的一个重要标志。

张秀梅、甘满堂通过对福州市闽侯县荆溪镇厚屿村的实地调查研究发现,该地的转移模式是以夫妻二人一起迁移为主要特征的夫妻型转移模式,老家的父母或亲友代为照顾其子女,家庭化流动的主要模式是夫妻型。张秀梅、甘满堂通过调查研究发现了静态模式的几种动态情况:一是夫妻双方一起迁移出来;二是先迁移出夫或妻一方来,稳定后再将另一方迁移出来;三是家庭的组建在迁移过程中完成。[③] 以夫妻型模式进行流动的农民工生活较为和谐,但同时还挂念老家的家人。他们由于在迁入地无法满足子女上学的要求,或者没有时间照顾子女的日常生活,只能将子女留在老家,但

[①] 俞宪忠:《中国人口流动态势》,《济南大学学报》(社会科学版) 2004 年第 6 期,第 71~74、92 页。

[②] 陈贤寿、孙丽华:《武汉市流动人口家庭化分析及对策思考》,《中国人口科学》1996 年第 5 期,第 44~47 页;王培刚、庞荣:《都市农民工家庭化流动的社会效应及其对策初探》,《湖北社会科学》2003 年第 6 期,第 67~68 页;郭江平:《农村人口流动家庭化现象探析》,《理论探索》2005 年第 3 期,第 56~58 页。

[③] 张秀梅、甘满堂:《农民工流动家庭化与城市适应性》,福建省社会学 2006 年年会论文集,第 129~137 页。

是他们中的大多数人都希望能将子女带出来。夫妻子女型是指夫妻二人与子女一起进行迁移，可根据其带出的子女数分为两种情况：一是全部子女与夫妻共同迁移；二是部分子女与夫妻共同迁移。这种模式所占的比例小于夫妻型模式，但却是农民工家庭化迁移的主要趋势。夫妻大多是将未成年子女带在身边，成年子女随同父母打工的占少数。这是一种稳定性较强的家庭迁移模式，他们在迁入地居住的时间较长，过年的时候大多数也都没有回原住地。全家型是指夫妻双方带上子女及父母共同迁移，这种模式所占比例很小，由于流动成本很高，这种模式具有很强的稳定性和很弱的流动性。通常是需要照料年迈父母的生活起居，而原住地的亲朋又无法承担此责任。全家型的流动家庭与老家的联系很少，虽然他们很想在城市扎根，但大部分人由于城市的准入条件太高，当被问到其未来的打算时还是选择回老家。通过对国家统计局2008~2014年农民工监测调查报告数据的分析可以看出，2009年举家外出农民工共2966万人，比2008年的2859万人增长了107万人，涨幅3.7%，2014年举家外出农民工共3578万人，相比2009年总涨幅达到20.6%。①

根据以上学者的研究，我们根据农村剩余劳动力转移的家庭结构需求，将农村剩余劳动力转移家庭结构需求层次划分为个人转移需求、夫妻转移需求、家庭转移需求。个人转移需求是指农村剩余劳动力转移的家庭结构需求是个人进入城市打工。在这种转移需求中，转移主体的家庭其他成员一般仍然在原住地，打工者将打工收入部分寄回家中以增加家

---

① 农民工监测调查报告自2015年后不再报告举家外出农民工数量，故仅采用2008~2014年数据。

第三章 基于不同视角的农村剩余劳动力转移需求层次分类

庭收入。夫妻转移需求是指农村剩余劳动力转移的家庭结构需求是夫妻双方一同进入城市打工,子女及老人没有进入城市共同生活。在这种转移需求中,外出打工夫妻将打工收入部分寄给子女用于日常生活和教育。这种转移需求催生了一个明显的社会问题——留守儿童问题。家庭转移需求包括核心家庭转移需求和主干家庭转移需求,核心家庭转移需求是指农村剩余劳动力转移的家庭结构需求是夫妻携子女一同迁入城市,子女在迁入地接受教育,父母仍在迁出地;主干家庭转移需求是指,夫妻双方带着子女及父母一起迁移。

(二) 农村剩余劳动力转移家庭结构需求层次产生原因

"独立个体的理性选择"一直都是经典的人口迁移理论的核心思想,是独立个体以最大化预期收入为目标而进行的理性选择,这是一个主体能动性发挥的过程,其目的在于转移到另一个地方以获取更好的收益,这个更好的收益要足以抵消各种迁移成本。迁移是个人的自主行为,是自愿选择的结果,主体必然会对迁移与否进行成本收益分析,理性权衡利弊之后做出决策。

新迁移经济理论并不认为个人是迁移决策的主体,而是认为家庭才是最终做出迁移决策的主体,人们根据家庭预期收入能否最大化并且能否最大限度地规避风险来决定家庭成员迁移与否。盛来运认为家庭中的一个或多个成员到外地的劳动力市场,是为了获得资本等稀缺资源,同时是为了规避生产收入方面的风险。[1] 有三个概念在新迁移经济理论中备受关注:第一个是"风险转移",为了增加家庭收入的稳定性,增

---

[1] 盛来运:《国外劳动力迁移理论的发展》,《统计研究》2005年第8期,第72~73页。

加收入来源，部分家庭成员外出打工；第二个是"经济约束"，在农村，家庭面临很多问题，比如没有完善的农作物保险、失业保险，没有足够的信贷支持，资金紧张且制度供给短缺，部分家庭成员外出挣钱正是为了突破这些发展的制约因素，以获得必要的资金和技术；第三个是"相对剥夺"，新迁移经济理论认为家庭在做出迁移决策时会考虑本社区或参照人群的收入水平，而不只是考虑传统理论中绝对预期收入水平对迁移的固定影响，这种相对剥夺感来源于自家收入水平与参照人群收入水平的比较，一旦自家收入水平不及参照人群，这种相对剥夺感就会很强烈，人们便会决定迁移以减轻相对剥夺的压力。[1]

基于上述观点，新迁移经济理论其实指出了家庭作为一个迁移单元，考虑到风险转移、经济约束和相对剥夺，他们会首先产生家庭中部分而非全部成员迁移的需求。全部成员迁移的风险太大，而部分家庭成员的迁移，能够增加家庭的绝对收入，打破家庭生产中的资本限制瓶颈，而且使家庭在当地社区中相对的社会经济地位得到提高，同时可以降低包括经济风险和全家盲目迁入城市风险在内的家庭风险。

广东省社会科学院社会学与人口学研究所原所长郑梓桢先生认为，农民工家庭化迁移属于迁移理论中的"链式迁移"，它通常是由一人发起，而后发展到全家、亲戚甚至整个村。[2] 这种人口迁移模式的出现，说明农民工对正常家庭

---

[1] 骆新华：《国际人口迁移的基本理论》，《理论月刊》2005年第1期，第42~45页。
[2] 《农民工流动新动向家庭式迁移"链式迁移"现象说明农民工对正常家庭生活的需求，这对家庭稳定，对整个社会稳定是有利的》，新浪财经，2006年2月8日，http://finance.sina.com.cn/roll/20060208/0146539133.shtml，最后访问日期：2023年4月26日。

第三章 基于不同视角的农村剩余劳动力转移需求层次分类

生活的需求以及对家庭的责任感逐渐增强，这对家庭和整个社会的稳定是有利的。① 我们可以用"主体－实践"范式来分析农民工家庭化转移需求的产生，它强调农民工作为流动的个体和能动的社会政治主体，不断地以"实践"创造新的东西，而非完全按照"结构"来行动。② "主体－实践"范式能够很好地解释农民工流动由单个人流动的先锋阶段最终转变为整个家庭流动的过程。先锋阶段的单个人的迁移属于"候鸟式"流动，流动主体呈现出一种先锋和试探倾向；"主体"不断深入"实践"后，就能够对流动有更加清晰的认识，而且选择也更为理性。虽然受很多"结构"性因素和人为因素的限制和排斥，如户籍制度的限制、城市居民对农民工的排斥等，但是农民工通过不断"实践"，不仅使自己立足于城市，同时能让家人很好地融入自己所积累的城市关系网中。

社会层面的"推拉理论"对于解释农民工单个人的流动以及流动家庭化的现象具有重要的意义。在中国，家族观念深入人心。"家"是个人生活的中心。一方面，长期离家独自在外的农民工内心备受思念家人的煎熬，孤独感非常强烈，城市融入度不高也增加了其对家的渴望；另一方面，农民工不仅希望个人能通过迁移提升自己的生活水平，更加希望通过自己的努力让家人也脱离原来的生活环境，改变生活状态，推进整个家族繁荣，从而产生家庭进入城市的需求。

---

① 徐清扬、焦志：《"家庭式"迁移：农民工流动新动向》，《新华每日电讯》2006 年 2 月 7 日，第 3 版。
② 项飚：《流动、传统网络市场化与"非国家空间"》，载张静主编《国家与社会》，浙江人民出版社，1998。

家庭作为社会最小的一个功能单元，是个人实现社会化最初和最主要的场所，家庭有诸多功能，包括性爱功能、生育功能、教育功能、情感功能、保障功能和经济功能。这些功能像磁场一样深深地吸引着他们，因此，就算为了实现家庭化流动要付出更多的代价，承受更多的压力，他们也心甘情愿。就性爱功能而言，共同生活可以满足双方的性爱需求。就生育功能和教育功能而言，中国的传统文化讲究"传宗接代"，对子女的问题十分看重。但是，流动化的家庭生活并不利于生育功能的实现，同时也不能让子女接受到更好的家庭教育。因此，农民工更倾向于选择家庭化的流动，但在这个过程中，这些功能的作用可能受到某些因素的影响而被削弱，比如经济情况、基础设施不足等。就情感功能和保障功能而言，对家庭的归属感能够提高农民工在城市中的适应能力。当面对文化不同带来的落差时，以家庭为整体共同去面对危机，让农民工有了心理上的依靠，从而能够踏实地去面对城市生活和诸多压力。此外，家庭的情感功能和保障功能也有利于提高和稳定流动农民工的生活质量。农民工在具有"风险"的城市社会中遇到困难时，完全信任的首先是自己的家人，然后才是亲戚朋友。因而，很多农民工只身一人在城市打工一段时间，就会想尽办法将家人接到身边，这无不反映出农民工对情感慰藉的需求和对安全感的渴望。家庭的经济功能包括成本和收益。当农民工认为家庭各成员转移进入城市后的收益大于成本时，转移需求的强度就会上升；而当他们发现，家人进入城市难以就业，难以维持自身生存，无法继续正常生活时，虽然他们仍然非常重视家庭所带来的其他效用，但

第三章　基于不同视角的农村剩余劳动力转移需求层次分类

并不会产生家庭转移需求。因此，经济功能对农民工家庭转移需求的作用是双向的。

第四节　农村剩余劳动力转移产业需求层次

（一）农村剩余劳动力转移产业需求层次划分

从转移的产业上看，呈现由农业向第二产业、第三产业转移的趋势。我国转移的农村劳动力中，转向第二产业和第三产业等领域的占了绝大部分，进入经济发达地区继续从事农业生产的只有少部分。从就业的产业分布而言，我国第一产业从业人员的比重持续下降，第二产业、第三产业从业人员的比重不断上升。制造业和服务业包含很多劳动密集型企业，其发展潜力大，对劳动力的需求量大，而这些用工需求主要由农村剩余劳动力来满足。随着经济发展和产业结构的不断调整，第二产业、第三产业的持续发展将会带动农村剩余劳动力流动就业规模的进一步扩大。

制造业、建筑业和服务业仍然是农民工选择进入的主要行业，比重有所上升的是选择进入建筑业的农民工。2019年有27.4%的农民工进入制造业，所占比重最大；有18.7%的农民工进入建筑业，占比次之；进入居民服务和其他服务业，批发零售业，交通运输、仓储和邮政业，住宿餐饮业的农民工的比重分别为12.3%、12.0%、6.9%和6.9%。表3-2数据显示，农民工选择制造业的倾向在逐渐变弱，由2008年的37.2%降至2019年的27.4%，选择建筑业的农民工比重总体呈上升趋势，从2008年的13.8%上升到2019年的18.7%，以上二者变化均比较明显。

表3-2 2008~2019年部分年份农民工选择进入的主要行业分布

单位：%

行业	2008年	2010年	2012年	2014年	2016年	2017年	2019年
制造业	37.2	36.7	35.7	31.3	30.5	29.9	27.4
建筑业	13.8	16.1	18.4	22.3	19.7	18.9	18.7
交通运输、仓储和邮政业	6.4	6.9	6.6	6.5	6.4	6.6	6.9
批发零售业	9.0	10.0	9.8	11.4	12.3	12.3	12.0
住宿餐饮业	5.5	6.0	5.2	6.0	5.9	6.2	6.9
居民服务和其他服务业	12.2	12.7	12.2	10.2	11.1	11.3	12.3

资料来源：2008~2019年国家统计局农民工监测调查报告。

鉴于此，将农村剩余劳动力的产业转移需求层次划分为：第一产业转移需求、第二产业转移需求、第三产业转移需求。第一产业转移需求是指农村剩余劳动力在产业方面的需求是转移到其他经济相对发达地区从事农业劳动。第二产业转移需求是指农村剩余劳动力产业方面的需求是转移到第二产业，包括工业（制造、采掘、电力等行业）和建筑业。第三产业转移需求是指农村剩余劳动力在产业方面的需求是转移到第三产业，包括服务于生产的部门、服务于生活的部门、服务于社会公共需要的部门、服务于提高科学文化水平和居民素质的部门以及流通部门等。

（二）农村剩余劳动力转移产业需求层次产生原因

首先，在工业化发展的不同时期，各产业对农村剩余劳动力的需求不尽相同，导致了农村剩余劳动力在不同产业之间的转移。工业化的发展进程分为起步期、成长期和

第三章 基于不同视角的农村剩余劳动力转移需求层次分类

成熟期。① 工业在工业化的初期占据了主导地位,服务业的发展是围绕着工业尤其是制造业而展开的。工业与农业和服务业相比,专业化分工程度高,对劳动力等生产要素的需求旺盛,劳动密集型产业在第二产业中占据主导地位,导致农村剩余劳动力向第二产业转移的速度加快。进入工业化成长阶段,由于不断深化的专业化分工,资本密集型产业得到了飞速发展,并逐渐取代劳动密集型产业占据了产业主导地位。资本密集型产业不像劳动密集型产业那样需要大量的劳动力,降低了工业对农村剩余劳动力的吸纳能力。另外,由于产品之间的交易成本不断提高,对专业化服务和专业中间商的需求不断增加,服务经济得到了快速发展。随着不断细化的服务业分工,服务业逐渐成为吸收农村剩余劳动力的主要产业。进入工业化的成熟阶段,工业的作用逐渐淡化,而服务业功能得到强化,服务业的分工得到深化。生活服务业的重要性愈加突出,而且服务业要求空间上有一定的可接近性,因此吸纳农村剩余劳动力的主要产业逐渐转向了现代服务业。

就农村剩余劳动力产业转移的特征来看,在起步阶段,由于轻工业对劳动力的基本素质和专业技能要求相对较低,以劳动密集型产业为主的轻工业成为吸收劳动力的主力,这利于农村剩余劳动力向非农产业的转移;另外,工业对劳动力的需求数量要远远大于服务业。到了工业化后期,占主导地位的是知识密集型产业,比如电子信息、新材料、海洋工程、生物工程、航天工程等产业,知识密集型产业对劳动

---

① 王丰:《西部农村富余劳动力转移的产业选择》,硕士学位论文,广西大学,2008,第52~58页。

的知识技能要求相对较高，而且需求数量远远小于轻工业，主要吸纳劳动力的产业逐渐转变为第三产业。

其次，农村剩余劳动力人力资本总体水平偏低。农村剩余劳动力总体文化程度和受教育水平不高，这直接影响到农村剩余劳动力转移的效应。2012年全国农民工中，大专及以上文化程度的人仅占5.7%，有69.2%的农民工没有参加农业技术培训和非农职业技能培训，素质低下和技能缺乏导致了结构性就业矛盾。在转移的劳动力中，仅有不到5%从事完全技术性劳动。[①] 2021年，全国农民工中未上过学的占0.8%，小学文化程度的占13.7%，初中文化程度的占56.0%，高中文化程度的占17.0%，大专及以上文化程度的占12.6%，虽然大专及以上文化程度的占比有所提高，但总体文化程度仍然较低。[②] 农村剩余劳动力的转移需要有产业支撑，尤其是对文化水平要求不高的劳动密集型产业。我国已经步入工业化中期，工业化的发展对技术因素要求越来越高，对技术工人需求量加大，而农村剩余劳动力大多难以从事技术含量较高的工种或者进入技术密集型企业。随着产业结构的升级，农村剩余劳动力由于普遍缺乏相应的技术技能，存在就业短期化和低层次现象，要么回流农村，要么从事简单的工种。

---

① 《2012年全国农民工监测调查报告》，国家统计局，2013年5月27日，http://www.stats.gov.cn/tjsj/zxfb/201305/t20130527_12978.html，最后访问日期：2023年4月26日。
② 《2021年农民工监测调查报告》，国家统计局，2022年4月29日，http://www.stats.gov.cn/xxgx/sjfb/zxfb2020/202204/t20220429_1830139.html，最后访问日期：2023年4月26日。

第三章 基于不同视角的农村剩余劳动力转移需求层次分类

第五节 农村剩余劳动力转移定居需求层次

（一）农村剩余劳动力转移定居需求层次划分

人口迁移是一种正常的社会现象，在各个历史时期、不同国家和地区都曾发生。人口迁移通常包含两个过程：从迁出地迁移出去和在迁入地定居下来。除了非法的劳动力流动外，这两个过程大多是同时完成的。但是，中国的人口迁移所包含的这两个过程大多是分开的，在流出的同时没有选择定居而是部分回流。① 这部分没有完成定居下来的人就是我们通常所说的农民工。农民工群体不断壮大，由1992年的4600万人，占当时人口总数的4%，增长到2006年的2.3亿人，占当时人口总数的17%。② 城市化的核心是农民工选择在城市定居进而融入城市成为市民，中国的城市化就是农民工的城市化。③

农民离乡外出就业的规模不断增加，但是对农民工定居意愿的抽样调查显示，自1990年以来，只有约20%的进城农民工选择长久居住在城市或举家迁入城市，成为定居性迁移者，大多数农民工不愿意"放弃土地和农业劳动"，因此他们的迁移呈现"候鸟式"流动。④ 周礼、来君通过在杭州

---

① 蔡昉：《劳动力迁移的两个过程及其制度障碍》，《社会学研究》2001年第4期，第44~51页。
② 潘年祥：《关于农民工养老保险制度的思考》，《今日科苑》2006年第9期，第57页。
③ 刘传江、周玲：《社会资本与农民工的城市融合》，《人口研究》2004年第5期，第12~18页。
④ 侯红娅、杨晶、李子奈：《中国农村劳动力迁移意愿实证分析》，《经济问题》2004年第7期，第52~54页。

城站火车站对农民工的调查发现，仅有 10.6% 的人决定在城市落户，大部分人表示希望赚够钱后回老家做点小生意，或者等家乡经济发展以后回家找类似的工作。即便排除落户条件的限制，仍有 37.3% 的人不愿意放弃土地选择在城市定居。[1] 进城务工的农民工城市定居意愿并不强烈，多数属于非持久性的短期的迁移。[2] 在向城市迁移的过程中，农民工既表现出对城市生活的向往，又呈现出一种矛盾的心理状态。

《中国农民工调研报告》指出，我国农村剩余劳动力的转移呈现"亦工亦农，亦城亦乡"的特征，即局限于城乡分治的户籍制度，人口流动以在城乡间双向流动为主，职业与身份相分离。[3] "候鸟式"的流动以两种形式存在：一种是以一年为周期在城乡间往复，可以称为"钟摆式"；另一种是根据农业生产的周期，在农闲时间外出打工，可以称为"兼业式"。之所以产生"候鸟式"的生活和就业方式，原因主要有三个方面：第一，农民工现有的收入无法支撑整个家庭定居城市生活；第二，农民工受城乡分割的二元户籍制度限制，很难在城市长久居留；第三，农民工在农村仍然有土地，即便返回农村，他们一样可以维持正常生活，这使得他们进退自如。农民工在城市化迅速推进的过程中，正在经历着巨大的转变，即逐渐转变为城市工人，不断提升对城市

---

[1] 周礼、来君：《农民工"候鸟式"迁移的背后》，《浙江经济》2008 年第 10 期，第 62 页。

[2] 吴兴陆：《农民工定居性迁移决策的影响因素实证研究》，《人口与经济》2005 年第 1 期，第 5～10、43 页。

[3] 国务院研究室课题组：《中国农民工调研报告》，中国言实出版社，2006。

第三章　基于不同视角的农村剩余劳动力转移需求层次分类

文明的适应度以融入城市。

《辞海》对"定居"的定义为"在一个地方固定居住下来"。①"定居"在我国还有一个在法律上的确认过程,就是获得定居地户籍才算是真正意义上的定居,由此我们将农村剩余劳动力转移定居需求层次划分为循环转移需求、事实定居转移需求、制度定居转移需求。循环转移需求是指农村剩余劳动力在转移时希望在城乡之间流动,在城里工作以获得相对于农村劳动的较高收入,但是不希望永久留在城市,最终会返回农村。事实定居转移需求是指农村剩余劳动力在转移时希望最终留在城市,在城市成家立业或将原有家庭迁移到迁入地并共同生活下去,无论是否获得城市户籍。制度定居转移需求是指农村剩余劳动力在转移时不仅希望在城市成家立业或将原有家庭迁移到迁入地并共同生活下去,同时希望获得城市户籍,享有与城市居民同等的待遇。

(二) 农村剩余劳动力转移定居需求层次产生原因

首先,循环转移所形成的状态是"城市就业+农村定居",这是当前制度背景下农村剩余劳动力经济理性的典型表现。熊彩云根据推拉理论构建出模型(见图3-1)。

从图3-1中可以看出,城乡二元的户籍制度和经济结构导致城乡市场分割,农村剩余劳动力的转移需求被置于两个各自封闭的循环圈内,即"农村推力+城市拉力=城市就业"和"农村拉力+城市推力=农村定居"。我们可以用一个概率函数来描述上述转移需求的产生过程:

---

① 参见夏征农、陈至立主编《辞海》,上海辞书出版社,2009。

75

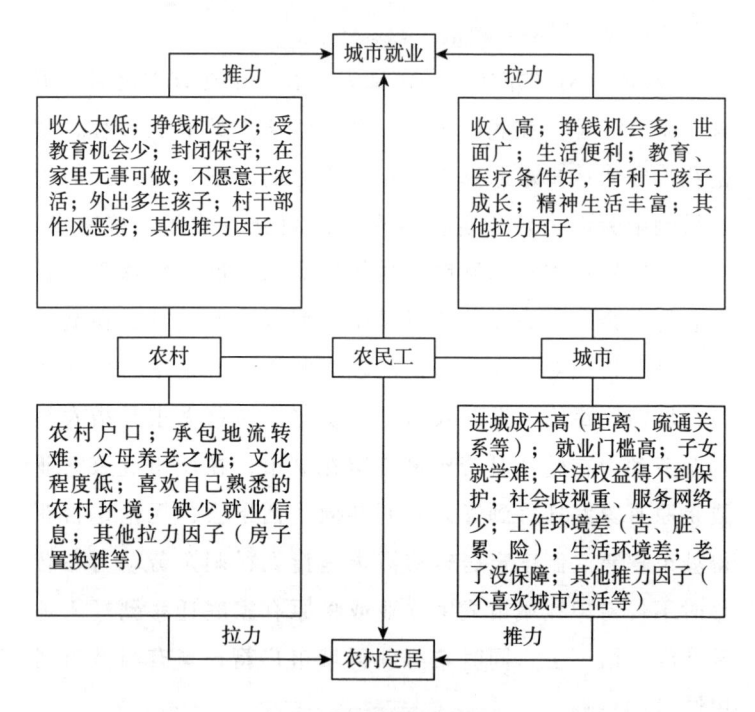

图 3-1 农民工循环转移需求推拉模型示意

城市就业

推力：收入太低；挣钱机会少；受教育机会少；封闭保守；在家里无事可做；不愿意干农活；外出多生孩子；村干部作风恶劣；其他推力因子

拉力：收入高；挣钱机会多；世面广；生活便利；教育、医疗条件好，有利于孩子成长；精神生活丰富；其他拉力因子

农村 — 农民工 — 城市

农村拉力：农村户口；承包地流转难；父母养老之忧；文化程度低；喜欢自己熟悉的农村环境；缺少就业信息；其他拉力因子（房子置换难等）

城市推力：进城成本高（距离、疏通关系等）；就业门槛高；子女就学难；合法权益得不到保护；社会歧视重、服务网络少；工作环境差（苦、脏、累、险）；生活环境差；老了没保障；其他推力因子（不喜欢城市生活等）

农村定居

资料来源：熊彩云：《农民工定居转移问题研究——基于武汉市的调查》，博士学位论文，中国农业科学院，2006，第 36~37 页。

$$D(r) = P\{(\max R)r\} \tag{3.1}$$

其中，r 等于"城市就业 + 农村定居"，表示农村剩余劳动力只流动不迁移时的收益，其下限不低于"农村就业 + 农村定居"的经济社会收益；$\max R$ 等于"城市就业 + 城市定居"，表示迁移后的最大预期收益，$D(r)$ 表示农村剩余劳动力的迁移决策函数。

这一决策模型表明农村剩余劳动力是否会产生定居转移需求取决于迁移后的最大预期收益与流动就业收益之差。只有当定居的最大预期收益大于只流动不迁移就业收益时，才

第三章　基于不同视角的农村剩余劳动力转移需求层次分类

会产生定居城市的需求。

其次，我国农村剩余劳动力转移与世界其他国家相比存在明显差异，这些差异性特征是定居转移需求问题产生的根源。这些差异性特征包括以下三个方面。

第一，农村剩余劳动力转移速度与工业化进程不同步。发达资本主义国家的经验表明，工业化与城市化是互为动力、共同发展的。如果二者同步协调，那么农村剩余劳动力转移到城市，农业向非农产业的转移也应该是同步的。发达国家农村剩余劳动力的转移模式普遍带有地域迁移先于职业转换的特征，但总体上属于同步城市化的模式。[1] 与英美等国家的同步性相比，我国农民工定居转移的规模明显滞后于工业化，走的是一条城市化与工业化严重脱节的滞后城市化道路。我国农业增加值占 GDP 的比重从 2001 年的 15.2% 下降到 2008 年的 11.3%，工业在国民经济中的比重达 48.6%。[2] 按发达国家经验，经济发展水平到此程度，至少有 50% 的人口集聚到城市，但 2008 年我国人口城镇化率为 45.68%，2020 年达到 63.89%。但我国计算的是城镇化率，包含了大规模县改市、县改区带入的农业人口。如果以户籍管理的非农人口计算，人口城镇化率会大大降低，与工业化水平的要求差距更大。

---

[1] 姜爱林：《城镇化、工业化与信息化的互动关系研究》，《经济研究参考》2002 年第 85 期，第 34~44 页。
[2] 《中华人民共和国 2001 年国民经济和社会发展统计公报》，国家统计局，2002 年 2 月 28 日，http://www.stats.gov.cn/sj/tjgb/ndtjgb/qgndtjgb/202302/t20230206_1901945.html，最后访问日期：2023 年 4 月 26 日；《中华人民共和国 2008 年国民经济和社会发展统计公报》，国家统计局，2009 年 2 月 26 日，http://www.stats.gov.cn/sj/tjgb/ndtjgb/qgndtjgb/202302/t20230206_1901952.html，最后访问日期：2023 年 4 月 26 日。

第二，转移动力是推力而非拉力。在发达国家的城市化进程中，城市拉力是促使农村剩余劳动力转移的第一动力，美国和日本就是典型的依靠城市工业化扩张的强大引力完成农村人口城市化的国家。与此相反，我国农村剩余劳动力转移动力为推力。一方面，城市化进程的相对滞后导致对农村剩余劳动力的需求不足；另一方面，较低的务农收益又迫使农村剩余劳动力不得不外出寻求生存和发展的机会。我国农村剩余劳动力转移的推力型机制，造就了"农民工"这个特殊的社会边缘群体。

第三，转移结果不彻底。对于大多数发达国家（地区）而言，农村人口在转化为城市人口过程中一般不存在限制，英国甚至采用了暴力方式强行推进城市化。虽然我国的农民工绝大部分在城镇工作，但受户籍制度制约，其家庭成员大多留在农村从事农业生产，且部分农民工农忙时节回农村务农。另外，农民工工作稳定性差，经济环境不好时回流农村的概率极大。农民工和农村之间千丝万缕的联系，使我国农村剩余劳动力转移表现出明显的不彻底性。事实定居需求的产生，成为我国城市化过程中农村剩余劳动力转移特有的过程与环节。

最后，农民工举家落户在城市才能最终实现真正的农村剩余劳动力转移。科尔曼的理性选择理论借助对个体行动的解释提出，集体决策和集体行为等归根到底是个体在进行成本收益分析以后追求最大收益的理性选择的结果。[1] 这里所说的理性包含两层含义：第一，个体的行为是具有很强目的

---

[1] J. S Coleman, *Foundations of Social Theory*, MA：Belknap Press of Harvard University Press, 1990.

第三章　基于不同视角的农村剩余劳动力转移需求层次分类

性的；第二，个体行为的目的在于实现个人利益最大化。农村剩余劳动力转移受到生存理性、经济理性和社会理性三方面的影响。这一划分进一步解释了农村剩余劳动力外出就业的原因、流向和类型。迁出地的生存压力是农村剩余劳动力产生转移需求的根本动因，属于生存理性，我国如此大规模的人口流动的根本原因可能还要归于此。随着生存压力的减小，传统乡土观念影响的减弱，人们开始将以往的生活方式和价值观念与现在的进行比较，对城市生活有了更多的向往。与生存理性和经济理性相比，社会理性的作用更加多样化。它促使农村剩余劳动力在做出迁移决策时，放弃最优解，转而寻找满意的标准。农村剩余劳动力制度定居转移需求的产生，是一个综合考虑各种因素的结果。社会生活的各个方面对农村剩余劳动力制度定居转移需求有着重要的影响。要充分实现自己的劳动保障权利和公民权利，就必须获得所在城市的户籍。拥有了城市户籍才能从法律上获得城市人的身份，降低农业转移人口在身份上的被排斥感，提升其城市融入度。但制度定居转移需求的产生建立在一定社会资源的基础上，而且一旦实现了落户，农村剩余劳动力就不可能再回到农村，必须融入新的环境，接受城市生活的各个方面。

第六节　农村剩余劳动力转移土地需求层次

（一）农村剩余劳动力转移土地需求层次划分

大量农村剩余劳动力向非农产业转移产生了土地流转的

79

需求。① 非农产业的发展以及农业比较效益的下降为推进农村土地流转提供了前提。② 这与"在我国非农产业发达地区，土地流转市场也相对活跃"的事实相符。处于沿海经济发达地带的浙江省，其农户土地转包行为明显多于非农产业相对落后的山西省。③ 相关研究也表明，非农就业对提高农户在土地租赁市场的活跃度具有积极作用④，农村剩余劳动力在转移时，对土地的持有需求是降低的。

同时，有不少学者的研究却得出了不同的结论。他们发现，在一些地区，非农就业的增长并没有带来农地流转市场的繁荣。根据 2005 年农村土地使用权调查研究，与 1999 年相比，2005 年参与调查的农户非农就业的数量增长显著，从 65.1% 升至 83.2%，但与此同时农地流转的规模并没有显著扩大。该调查显示，只有 1/3 的农户和约 1/10 的耕地参与

---

① 贺振华：《农户兼业及其对农村土地流转的影响——一个分析框架》，《上海财经大学学报》2006 年第 2 期，第 72~78 页。
② 张红宇：《中国农地调整与使用权流转：几点评论》，《管理世界》2002 年第 5 期，第 76~87 页。
③ 史清华、贾生华：《农户家庭农地要素流动趋势及其根源比较》，《管理世界》2002 年第 1 期，第 71~77、92、153 页。
④ J. K. S. Kung, "Off-farm Labor Markets and the Emergence of Land Rental Markets in Rural China," *Journal of Comparative Economics* Vol. 30, 2002, pp. 395 - 414; Yang Yao, "The Development of the Land Lease Market in Rural China," *Land Economics* Vol. 76, 2000, pp. 252 - 266; L. Zhang, A. D. Brauw, "China's Rural Labor Market Development and its Gender Implications," *China Economic Review* Vol. 15, 2004, pp. 230 - 247; S. Feng, N. Heerink and F. Qu, *Factors Determining Land Rental Market Development in Jiangxi Province, China* (The 7th European Conference on Agriculture and Rural Development in China, Greenwich, U. K., 2004); 贺振华：《农村土地流转的效率：现实与理论》，《上海经济研究》2003 年第 3 期，第 11~17 页。

第三章 基于不同视角的农村剩余劳动力转移需求层次分类

了流转,并且近一半的流转只有口头协议,随意性强。[1] 在解决劳动力紧张的问题时,农户首先考虑的不是转包或出租,而是在亲友范围内寻找帮工或是以代耕的方式解决,农地流转市场化的程度较低。随着全国土地制度改革的深化,全国农地流转规模开始扩大,2017年全国约4.71亿亩即总农地的约1/3发生了流转,其中约65%签订了流转合同[2],可见已流转农地中仍有超过1/3以非市场化方式解决,且自2015年开始土地流转增速逐渐放缓,至2021年,全国流转农地约5.55亿亩。[3] 从家庭内部分工的角度而言,钱忠好认为,我国农民一般具有较为充足的劳动能力,但是人均农村土地资源相对不足,再加上我国近年来一直对农业生产减负,进行农事活动能够获得较令人满意的收益,因此,出于家庭收益最大化的考虑,就算有进入城市打工脱离土地的机会出现,农民也不一定选择流转农地,他们更倾向于选择"部分家庭成员非农就业,其余仍从事农业生产"的兼业化生产方式。因此,他认为,非农就业并不必然导致土地流转。这些研究让我们认识到,农村剩余劳动力在转移时对土地的持有需求不一定会降低,相反,他们会将土地视为自己的"退路",宁愿降低土地生产效率,也不愿意减持。

---

[1] 叶剑平、蒋妍、罗伊·普罗斯特曼等:《2005年中国农村土地使用权调查研究——17省调查结果及政策建议》,《管理世界》2006年第7期,第77~84页。

[2] 《中国农村发展报告:全国超过1/3耕地发生流转》,人民网,2017年7月21日,http://world.people.com.cn/n1/2017/0721/c190970-29420503.html,最后访问日期:2023年5月15日。

[3] 钱忠好:《非农就业是否必然导致农地流转——基于家庭内部分工的理论分析及其对中国农户兼业化的解释》,《中国农村经济》2008年第10期,第13~21页。

81

就实际情况来看，改革开放以来，户籍制度约束导致的城乡二元经济结构，使得农民工无法享受到城市的社会福利和劳动保障，同时，农村集体所有的土地制度又使得农民工无法彻底摆脱与土地的关系，迫使他们周期性地在城市和农村之间流动。因此，我国农村剩余劳动力迁移具有很强的"两栖性"，即长久居住地与就业地分离。有学者研究表明，3.5年是1978~2000年我国农村剩余劳动力的平均转移时间，有20%的农民工在城市务工5年以上，而劳动力的回流比例同期则高达78.7%。①研究表明，在转移到城市的农村剩余劳动力中，大部分人选择了返回农村，仅有少数人彻底脱离了农业或农村。据统计，在迁移到城市的农民工中，绝大多数还保留着对土地的承包权，或者选择季节性外出就业，待农忙时返回农村，或者部分成员外出打工，其他成员留在家中务农。农民工的就业大多不稳定，对他们而言，土地仍是他们最基本的生活保障，当所在企业不景气或者外出找不到工作时，他们会返回农村。农民工外出就业的兼业性以及与土地的紧密联系，导致了他们对土地的持有需求仍然比较强烈。

根据对农民工期望土地保有量的分析，将农村剩余劳动力转移土地需求层次划分为保有土地转移需求、部分保有土地转移需求、放弃土地转移需求。保有土地转移需求是指农村剩余劳动力在转移时仍然希望完全持有土地，在务工的同时仍然会从事农业活动，呈现兼业转移或季节性转移特征。部分保有土地转移需求是指农村剩余劳动力在转移时，希望

---

① Y. Zhao, "Foreign Direct Investment and Relative Wages," *China Economic Review* Vol. 12, 2001, pp. 40 – 57.

第三章 基于不同视角的农村剩余劳动力转移需求层次分类

自己保留土地使用权的同时将土地流转出去让其他人耕种，自己从中获得一部分收益，几乎不从事农业活动。放弃土地转移需求是指农村剩余劳动力在转移时愿意放弃土地使用权，但这种转移需求一般会伴随城镇户籍的取得。当然，我们应该能推测到，还有一部分农村剩余劳动力希望既保有土地使用权又取得城镇户籍，这在我国某些地区已经可以实现，但同时会衍生出其他社会问题。

（二）农村剩余劳动力转移土地需求层次产生原因

对于农村剩余劳动力转移土地需求层次的产生原因，我们仍然可以借用科尔曼的理性选择理论，从生存理性、经济理性、社会理性三个方面来分析。

第一，生存理性决定大多数农村剩余劳动力不愿意放弃土地，将土地视为生存的最后保障。农民对土地有着深深的眷恋，大多数农民继承了"以土为生"的传统，将土地视为自己的"命根子"。当农村剩余劳动力产生转移需求时，对转移以后的生活并没有一个明确的认知，那么土地就成了他们进城务工失败的唯一退路。而且，农民对农村土地"三权"（所有权、承包权、经营权）的认识不深刻。土地流转会让他们产生失落感，他们害怕在土地流转后变成"失地、失业、失去生活来源"的人员。因此，他们更愿意自己经营或者找人代耕，而不是将土地流转出去。

第二，经济理性催生农村剩余劳动力部分土地转移需求。土地承包权流转后，农村剩余劳动力转移到城市务工，他们在取得城市务工收入的同时，还可以获得转让土地使用权的收入。土地承包经营权流转的关键是土地制度问题。在现行的土地制度下，农民只有土地的经营权，而土地所有权属于集体。没有土地所有权也就意味着没有土地财产权。在目前的产权前提下，农民工无法通过土地流转实现财产积累和创业置换。因此，在进入城市后，他们只能从事最辛苦的工作，经济基础薄弱，很难实现向上流动。他们宁愿选择农民工身份也不愿意完全放弃土地。

第三，社会理性决定农村剩余劳动力产生放弃土地转移需求。进入城市的农民工的价值观体系和生活方式受到城市文明的强烈冲击，他们一方面在城市中做最脏、最累、最辛苦的工作，另一方面又由于身份的不明确无法享受到与城市居民同等的待遇，再加上某些城市居民对农民工有偏见，农民工从身体和心理上都存在被排斥感，很难完全融入城市。能够彻底消除这种被排斥感的方法除了从实际生活中给予农民工城市居民的待遇，恐怕更根本的还是从法律上对其身份加以确认，而当前完成这种身份转换的代价之一就是需要农民工放弃在迁出地的土地，农民工希望得到社会的认同与肯定，渴望提升自己的身份地位，获得城市居民身份与待遇，最终做出放弃土地的选择。[①]

第七节　农村剩余劳动力转移子女教育需求层次

（一）农村剩余劳动力转移子女教育需求层次划分

根据儿童是否随父母或者其他监护人一起外出，我们把儿童划分为两类：流动儿童和留守儿童。流动儿童是指随父

[①] 蔡禾、王进：《"农民工"永久迁移意愿研究》，《社会学研究》2007年第6期，第86~113、243页。

第三章 基于不同视角的农村剩余劳动力转移需求层次分类

母或者其他监护人一起在农村和城市之间流动的儿童；留守儿童是指由于父母外出打工而被迫与他们分开居住，留守在农村的儿童。随着城市化的不断深入，我国流动儿童和留守儿童的规模在不断扩大。2020年全国流动儿童和留守儿童总量已经超过1.3亿人，其中流动儿童数量为7109万人，比2010年的3581万人增长了约1倍，跨省流动儿童超过1500万人。[1]大多数流动儿童的流动带有长期性，平均的流动时间为3.74年，流动儿童多跟随务工人员分布于东部地区，留守儿童多分布于中西部地区。不同年龄段的流动儿童数量增幅不同，其中大龄留守儿童的增速最快；而留守儿童中，学龄前儿童（0~5岁）的规模迅速扩大。大部分的适龄流动儿童有机会接受义务阶段的教育，少数存在入学晚的问题。在居住地继续读高中和考大学对于流动儿童而言存在着许多障碍。

农民工子女的教育问题通过以上分析可以概括成两个方面：一是"流动子女"教育问题；二是"留守子女"教育问题。调查显示，除部分儿童失学在家外，绝大多数的农民工子女会留在家乡接受义务教育，也有少数跟随父母到迁入地就学。流动子女就学问题是一个长期而复杂的社会问题。目前流动子女的入学方式大致有以下五种：一是在公立中小学学习；二是就读于民办或私立学校；三是在公助私立或民助公立学校学习；四是就读于流出地政府在流入地创办的学校；五是在农民工子弟学校学习。其中，在公立学校就读是农民工子女入学的主要方式。受自身文化素质以及流动子女

---

[1] 《在一起！中国流动人口子女发展报告2021》，2022年1月12日，澎湃新闻，https://m.thepaper.cn/baijiahao_16255384，最后访问日期：2023年4月26日。

受教育条件的限制，农民工虽然希望子女接受高质量教育，但却无法对其子女的受教育程度抱有太高期望。

我们根据农村剩余劳动力转移时希望子女进入城市受教育还是留在农村受教育这个标准，将农村剩余劳动力转移子女教育需求层次划分为留守教育转移需求、流动教育转移需求。留守教育转移需求是指农村剩余劳动力在转移时希望将子女留在农村，进入农村的学校接受教育；流动教育转移需求是指农村剩余劳动力在转移时希望将子女带入城市，在城市的学校接受教育。

（二）农村剩余劳动力转移子女教育需求层次产生的原因

谈到"需要"，农村剩余劳动力大部分会有将其子女接入城市接受城市教育的需要。但是，正如我们前面分析过的，"需求"牵扯到一个"支付能力"问题，所以关于农村剩余劳动力转移子女教育需求层次的问题就会与其"需要"产生不一样的状况。

外出务工父母的收入水平较低是出现留守儿童的主要原因，他们无力支付子女在城市读书的高昂学费，而农民工子弟学校的教育质量又难以让他们满意，并且务工的流动性大，他们没有足够的精力去照顾孩子。这些问题造成农民工子女很难进入城市的公立学校就读，即使父母选择让子女在迁入地的农民工子弟学校学习，随后的升学考试问题也难以解决。这也正是为什么曾经全国一半以上的农民工子女成为留守儿童，接受农村教育的原因。[①] 随着社会经济的发展，

---

① 吕开宇、迟宝旭：《农民工子女教育研究综述》，《人口与经济》2008年第 S1 期，第 44~49 页。

第三章 基于不同视角的农村剩余劳动力转移需求层次分类

全国各地都出台了一系列农民工随迁子女异地入学、异地参加中高考的政策方案，保障随迁子女入学机会，但农民工子女在城市读书仍旧面临很多困难。

一是农民工家庭收入整体较低，高昂教育费用难以承受。农民工家庭严峻的经济情况以及各种教育费用，是农民工子女进入城市公办学校学习的一道"门槛"。在当前的户籍制度下，农民工子女难以完全享受与城市户籍适龄儿童相同的受教育权利，《2020年陕西省教育事业发展统计公报》（以下简称《公报》）显示，每名随迁子女每学年仅在购买书籍和教辅材料、学杂费、参加培训班和补习班等方面的平均花费就达6477.1元，全年平均花费在1.5万元以上的占比为14.3%。从不同学龄阶段来看，在学前阶段，公共财政教育支出占比高，家庭教育负担较轻；自小学阶段之后，农民工家庭受限于自身文化水平不高，无力辅导子女学业，校外支出明显增加，家庭教育负担持续加重。调查显示，学前教育阶段每学年平均花费5157.1元，义务教育阶段每学年平均花费6544.4元，高中教育阶段每学年平均花费8827.9元。面对这样的现实，农村剩余劳动力在转移时就会产生留守教育转移需求。换句话说，如果农民工家庭能够承担子女进入城市受教育的费用，那么，他们产生流动教育转移需求的可能性就会大一些。

二是农民工子女想上好学校比较难。《公报》数据显示，公办学校因较低的入学门槛和可靠的教学质量，成为农民工子女入学的最优选择，67.5%的随迁子女家长选择让子女在公办学校就读，其中，学前教育阶段选择公办学校的占28.4%，义务教育阶段选择公办学校的占80.5%，高中教育阶段选择公办学校的占 80.2%。但是就读省市级重点学校的农民工子女占比约为 8%，绝大多数就读于普通公办或民办学校，还有一部分学生就读于城市的农民工子弟学校，这些个人投资、自负盈亏的农民工子弟学校属于私立性质。农民工子弟学校主要的资金来源是学生缴纳的学费，由于收费低廉，学校很难集中资金用于提高教学水平、改善教学环境，整体上看存在教学设施简陋、教师队伍总体水平不高、学校管理松散等问题。因此，农民工对农民工子弟学校的教学质量不甚满意，甚至认为其可能存在安全隐患，这些因素都会抑制农村剩余劳动力转移时流动教育转移需求的产生。

三是入学限制多，教育起点不公平。对于农民工子女而言，在城市难以找到合适的学校，升学问题更加棘手。升学主要包括初中升高中和高中升大学这两个阶段。某些地区的教育部门规定，参加中高考报名必须具备当地户籍，这导致农民工子女面临无法升学的困难。户籍所在地是我国的高考政策中明确规定的必要条件，参加高考的考生，只能在其户籍所在地报名。这样的升学制度，导致农民工子女只能回老家报名考试。但是，由于流入地与流出地的教材以及考试标准存在差异，农民工子女的成绩会受到影响。近年来，各地相继出台了一系列农民工随迁子女异地入学、异地参加中高考的政策方案，保障随迁子女入学机会，但仍旧面临很多困难。随迁子女入学前需准备居住证、务工证、户籍证、学籍流出证等诸多材料，且各部门口径不统一，等待审核时间久，严重影响随迁子女入学效率。《公报》调查显示，13.4%的义务教育阶段受访家庭表示在办理入学时存在困难，部分受访者同时表示，受户籍限制，义务教育阶段和高中阶段在当地

第三章　基于不同视角的农村剩余劳动力转移需求层次分类

升学难度大。

四是距离学校远，工作家庭难兼顾。孩子的放学时间与家长的下班时间无法较好地衔接，双职工家庭难以做到工作与孩子兼顾，部分家庭只能选择由一名家长全职照顾。《公报》调查显示，在照顾孩子日常生活、上下学接送、学习辅导方面，44.2%的受访者认为压力较大或非常大。另外，义务教育阶段普遍实行的是按照户籍和居住地划分学区来解决孩子的入学问题，学区学校会优先考虑户籍和居住地在辖区内的孩子入学，户籍不在学区内但居住地在学区内的孩子会被分流，加重了家长照顾子女的负担。

本章小结

本章通过对当前研究成果的梳理，将农村剩余劳动力转移需求层次按照七种标准进行了分类，并探讨了各种类型转移需求层次产生的原因。结果如下：第一，将农村剩余劳动力转移收入需求层次划分为生存转移需求、生活转移需求、发展转移需求；第二，将农村剩余劳动力转移地域需求层次划分为省内转移需求、省际转移需求、国际转移需求；第三，将农村剩余劳动力转移家庭结构需求层次划分为个人转移需求、夫妻转移需求、家庭转移需求；第四，将农村剩余劳动力转移产业需求层次划分为第一产业转移需求、第二产业转移需求、第三产业转移需求；第五，将农村剩余劳动力转移定居需求层次划分为循环转移需求、事实定居转移需求、制度定居转移需求；第六，将农村剩余劳动力转移土地需求层次划分为保有土地转移需求、部分保有土地转移需求、放弃土地转移需求；第七，将农村剩余劳动力转移子女教育需求层次划分为留守教育转移需求、流动教育转移需求。这七类转移需求层次的划分，为我们后面构建农村剩余劳动力转移需求层次系统理清了思路。

第四章 农村剩余劳动力转移需求层次系统分析

在上一章中我们将农村剩余劳动力转移需求层次按照不同的标准进行了分类，并探讨了各类别转移需求层次产生的原因。在本章我们引入系统自组织理论，将农村剩余劳动力转移需求层次视为一个复杂的系统，其复杂性表现为外部环境的不确定性，转移需求层次系统的多层次、多要素、多目标等的复杂性，以及内外各种因素交互作用等。

第一节 农村剩余劳动力转移需求层次系统框架构建

（一）农村剩余劳动力转移需求层次系统框架构建基本思路

农村剩余劳动力转移包含两个过程：从原住地迁出和在迁入地定居。这就为我们构建农村剩余劳动力转移需求层次系统提供了基本思路，农村剩余劳动力转移最终是要在城市定居。农民工的城市化是中国城市化的核心，农民工在城市务工一段时间后其最终的去向应该是在城市安家落户，在这个过程中不断适应并内化城市文明，最终融入城市成为市民。根据我国农民工流动的实际情况,这个流动过程是双向的:流出和回流。由于各种条件的限制,大多数农民工仍然以"候鸟式"的迁移方式在城乡间流动,只有少数农民工实现了落户城市,而融入城市仍然是一个艰难的过程,无法实现落户城市和融入城市的农民工只得回流。我国的城市化在这种回流中推进得比较吃力和缓慢。一方面,城市劳动力市场供给不足,造成"用工荒";另一方面,不同性质的回流对农村以及城市发展造成的影响是不同的。农村剩余劳动力的回流具有自主选择性。如果那些综合素质较高和受教育程度较高的农民工选择回流,可以称为"正向选择"。通过回流,他们给农村带回了其在城市积累的人力资本和更为广阔的视野,这不仅有助于提高农村的人力资本和社会资本水平,带来了更多城市文明,也有助于渐进式缩小城乡收入差距。反过来,如果回流者是"负向选择",即回流者主要由能力较低和受教育程度低的人组成,那么城乡之间的差距将进一步拉大。所以,农民工是否能够在城市定居对能否缩小城乡差距、突破城乡二元经济结构、实现城乡统筹发展起着至关重要的作用。

同时,我们要注意到另外两个问题。第一,在我国"定居"的内涵不同于国外。国外农村剩余劳动力在城市化进程中向城市的转移一般是一个单向的过程,此过程不牵扯到定居城市与否的问题。因此,"转移定居"问题在国外主要就是选择哪个具体城市的问题。在我国,除了与国外相同的各种因素以外,还有一个至关重要的因素——户籍,那么我国农村剩余劳动力实现真正转移定居就需要取得迁入城市的户籍,享受由户籍带来的各种市民待遇,除非我国二元户籍制

第四章 农村剩余劳动力转移需求层次系统分析

度成为历史，否则我们不能忽略这一问题。所以，我们在构建模型时需要将农村剩余劳动力转移户籍的需求考虑进去，我们需要的最终状态可以被称为制度定居——落户。第二，城市化的内涵不仅是量上的概念，更是一个质上的概念，也就是城市文明不断扩大，那么农村剩余劳动力转移也就包含这两个方面的内容，一个是在城市定居，一个是享有城市文明的同时被城市文明同化，完成从农民到市民的转变。农村对农村剩余劳动力最大的拉力莫过于土地，只有最大限度地减少农村剩余劳动力与土地的联系，才有助于其完成市民的转化，而只有家庭转移才有助于从根本上消除农民对土地的依赖。农村剩余劳动力家庭转移需求层次的出现是家庭转移实现的原动力，而家庭转移的实现不仅会提高农民工在务工城市的幸福感，使其家庭生活状况能够有效改善，而且能够增强农民工在城市的安全感和归属感，同时只有全家一同进入城市并取得城市户籍才能最大限度地减少农民对原有土地的依赖，促进农民工真正完成市民化的蜕变。由此，我们需要考虑家庭转移需求的产生，通过上一章的分析可以看出，农村剩余劳动力转移在家庭结构需求上呈现个人转移需求、夫妻转移需求、家庭转移需求等不同的状态。至此，我们构建农村剩余劳动力转移需求层次系统的主线终于被找到——以农村剩余劳动力转移家庭结构需求为主线，将农村剩余劳动力转移需求层次划分为个人转移需求层、夫妻转移需求层、家庭转移需求层，三个转移需求层次构成转移需求层次系统，在研究的过程中，我们需要将定居需求和落户需求融入其中进行分析。农村剩余劳动力最终的转移状态应该是全家落户城市，这才是真正意义上的农村剩余劳动力转移，才能有效推动我国城市化进程，也只有这种转移才能最大限度地避免由非全家落户转移带来的诸多社会问题。

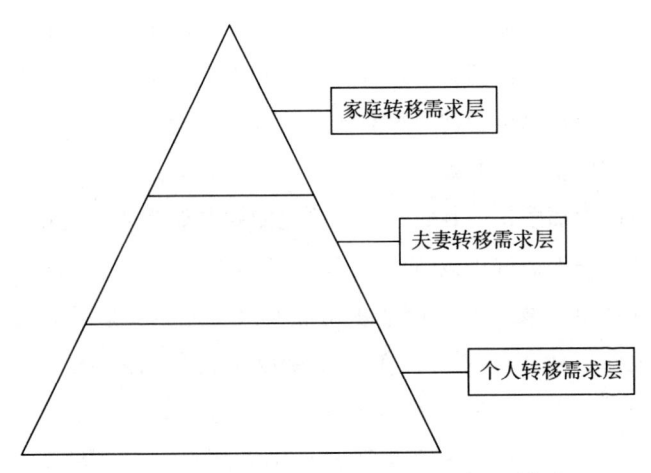

（二）农村剩余劳动力转移需求层次系统框架

通过上一部分的分析，我们选择以农村剩余劳动力转移家庭结构需求为主线划分的个人转移需求层、夫妻转移需求层、家庭转移需求层三个层次构建农村剩余劳动力转移需求层次系统，其框架如图4-1所示。

图4-1 农村剩余劳动力转移需求层次系统框架

贝塔朗菲将系统定义为"相互作用着的若干要素的复合体"。"相互作用"是指若干要素（P），处于若干关系（R）中，一个要素P在R中的行为不同于它在另一关系R'中的行为。从系统角度看，农村剩余劳动力转移需求层次即由若干相互作用的要素组成的复合体，这些要素的不同组合方式会对农村剩余劳动力转移需求层次产生不同影响，从而使转移需求层次系统产生相应变化。我们对农村剩余劳动力转移

第四章 农村剩余劳动力转移需求层次系统分析

需求层次系统特征做出如下描述。

第一，农村剩余劳动力转移需求并非只有一种，而是一个复杂的系统，由多种需求组合在一起构成，农村剩余劳动力转移需求具有层次性。

第二，农村剩余劳动力转移需求可以划分为三个层次，由低到高分别是：第一层，个人转移需求，单个人进行转移的转移需求；第二层，夫妻转移需求，夫妻双方进入城市，孩子没有与转移夫妻在一起生活的转移需求；第三层，家庭转移需求，包括核心家庭、主干家庭两种家庭的转移需求。这些层层递进的需求子系统，组成了农村剩余劳动力转移需求的层次系统。

第三，从逻辑顺序上来看，每一层转移需求的出现都是以较低层次转移需求的满足为前提，会经历一个由次要转移需求渐变为主要转移需求，由潜在转移需求渐变为显在转移需求，由非优势转移需求转化为优势转移需求的过程，当一层转移需求基本被满足后，会逐渐产生更高一个层次的转移需求。如果不能有效满足较高层次的转移需求，那么农村剩余劳动力会倒退回较低层次的转移需求，哪怕此层次转移需求已经被满足。农村剩余劳动力往往会停留在某个转移需求层次而不再上升。

第四，农村剩余劳动力转移需求层次呈金字塔型结构，最低层次的转移需求最容易产生，产生该层次转移需求的人数也最多，越高层次的转移需求产生难度越大，产生高层次转移需求的人数也越少。

三个层次的递进关系如图 4-2 所示。

从图 4-2 中我们发现，农村剩余劳动力转移需求并不

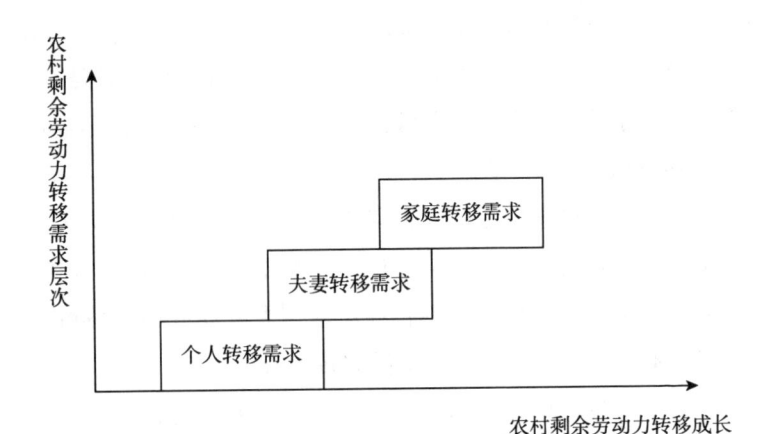

图 4-2 农村剩余劳动力转移需求层次递进关系

是从农村剩余劳动力产生时就有的，那是因为农村剩余劳动力的产生过程与农村剩余劳动力的转移需求的产生过程并非同步，在大多数情况下，农村剩余劳动力的转移需求会在农村剩余劳动力产生一段时间以后才产生，这与人本身作为一个系统的内外部因素变化情况有关。三种转移需求可能会同时存在，但是在某一阶段只有一种转移需求会成为"优势转移需求"，以显性方式存在，而其他转移需求以隐性方式存在。在现实中，农村剩余劳动力三个层次的转移需求不一定都是从最低层次——个人转移需求开始的，也有些农村剩余劳动力在该层次转移需求没有被完全满足的状态下产生了较高层次的转移需求，并且这些农村剩余劳动力为满足较高层次的转移需求付出了行动，但结果是，种种现实问题使其自动调节转移需求层次，有可能他们能够满足低层次的需求并产生更高层次的转移需求，这与他们在较低层次积累的能力和条件有关，但大部分会退回较低层次的转移需求，回到我们刚才所描述的层级递进模式体系中。这些"现实问题"就

第四章 农村剩余劳动力转移需求层次系统分析

是我们所说的需求层次系统内外部因素的具体表现，而这种"自动调节"就是我们所说的自组织。所以，请注意，我们说的层级递进是一个逻辑上的顺序关系，在大多数情况下，转移需求层次仍然是很难超越的。

(三) 农村剩余劳动力转移需求层次系统各层次需求特征分析

1. 个人转移需求层

农村剩余劳动力最容易产生也是最先产生的转移需求就是个人转移需求。这是一种以个人的方式进行分散转移，而家庭其他成员留在农村的转移需求。新迁移经济理论为解释这种情况提供了有力的理论支撑。家庭做出迁移决策时最主要考虑的就是该迁移是否会增加家庭预期收入，同时控制风险。家庭为了获取更多的资源（比如资本），同时规避收入方面的风险，会决定让家庭的某一成员率先进入城市工作获得报酬。这样能最大限度减少固有收入来源的束缚，降低单一的收入来源所导致的风险，增加收入来源渠道，从而打破家庭发展的各种约束。经济和制度约束主要包括资金和技术约束、信贷支持缺乏、社会保障制度缺失等。家庭在这些约束下产生将部分成员送出去打工的需求。但同时，进入城市后的风险又会使得他们更为谨慎。于是，个人外出打工就成了一种带有强烈试探性的转移需求。由于自身人力资本的限制，农村剩余劳动力转移后工资较低，不可能维持全家在迁入地的生活，他们更倾向于将其他家庭成员留在家中，自己出去打工，将一部分收入寄回家中，留一部分维持自己在迁入地的基本生活。

如果个人转移需求的产生是为了贴补家庭开支，无疑该农村剩余劳动力会与迁出地保持密切的联系。农村剩余劳动力流入城市，但是受户籍制度、土地制度和相关社会福利制度等方面的制约，他们的"家"仍在农村，部分人在农忙时节会回家务农，他们持有保留土地的态度。农民工会把在城市获得的大部分打工收入寄回农村家中，这些收入是农村家庭收入的重要来源，甚至在自然灾害造成农业歉收时，农村家庭消费只能完全依靠其家庭成员的打工收入。而且，从情感上来讲，农民工长期独自在外，内心备受思念家人的煎熬，孤独感非常强烈，同时城市融入度又非常有限，更增强了他们对家的渴望，春节等就成了他们回家探望亲人一解相思之苦的时刻。农村是他们的根，当家庭经济发展到一定程度的时候，他们很可能会选择回归农村，外出务工只是他们增加家庭收入的一种手段。

当前，新生代农民工数量不断增长，正在逐渐成为农村剩余劳动力的生力军，他们较传统农民工有相对较高的受教育水平，更容易产生趁着年轻出去闯荡一番、见识一下的想法，也希望通过进城打工找到更多发展机会改变自己的命运，他们容易产生单个人迁出农村，进城寻找机会的转移需求，有时在农村一个家庭中会有多个年轻人产生这种个人转移需求，那么他们有可能以结伴的形式进入城市，这就形成了我们看到的兄弟姐妹一起外出打工的情况，但他们并没有成家，所以从本质上讲，仍然属于个人转移需求，而不属于家庭转移需求的范畴。他们与以增加家庭收入为目的的农村剩余劳动力对城市的憧憬不同，他们中的一部分或许会产生定居需求，但是这种需求不一定会显性化，正如我们前面分析过的，"现实问题"会使其自动调整转移需求以达到一种

第四章 农村剩余劳动力转移需求层次系统分析

与现实相符合的状态。那么，在他们没有足够能力定居城市之前，他们仍然与农村有着千丝万缕的联系。

2. 夫妻转移需求层

产生农村剩余劳动力夫妻转移需求的一种情况是其中一方先转移出来，稳定后另一方再转移出来。农村剩余劳动力单个人在外打工一方面要承受身处陌生城市带来的孤独感，另一方面又要面对与自己原有价值观体系完全不同的城市文明，想要融入城市并非一件轻而易举的事情，所以他们内心就更加渴望能得到家人的关怀。当农村剩余劳动力的个人转移需求被满足后，打工者对迁入地也有了一定的了解，逐渐会产生夫妻共同到迁入地打工的需求，这样双方可以在生活上相互照应、彼此依靠，同时可以使家庭收入更加稳定，当一方收入欠佳或找不到工作时，另一方的收入还可以平衡开支。夫妻在城市打工最希望的就是提高收入，可以把孩子接到自己的身边，接受城市教育。但是在此阶段，接孩子来自己身边只是他们的一种潜在需求，只有当条件达到一定程度时，这种需求才能转化为显性需求。

有些夫妻转移需求的产生是由于农村剩余劳动力在流动过程中组建了家庭，他们希望夫妻双方共同打工，一方面生活上有照应，能够过上正常的夫妻生活，另一方面用人单位比较欢迎夫妻共同打工的农村剩余劳动力，因为这样他们能更安心地工作，稳定性比较强，这也促进了夫妻转移需求的产生。当他们有了孩子以后，会根据自己的情况产生将孩子送回迁出地或将孩子带在身边的需求。如果由于各方面原因，他们选择将孩子送回迁出地，那么他们的转移需求仍然属于夫妻转移需求，留在迁出地的孩子是他们最大的牵挂，

99

他们与迁出地的联系会更为频繁和紧密；如果他们选择将孩子带在身边，那么说明他们的转移需求已经进入更高的一个层次——家庭转移需求层，作为一个核心家庭，他们与农村的联系会逐渐减少，如果父母已经不在农村，那么这种联系就会更少。

还有一种情况是一开始夫妻双方就希望同时转移出来打工。但如果夫妻双方不在同一个地方打工，双方没有生活和工作上的接触，那么这仍属于个人转移需求层；如果是夫妻双方在同一个地方打工并且共同生活，这属于夫妻转移需求层。

面对与农村迥异的城市文化，夫妻双方共同流动，使得农村剩余劳动力的城市适应能力增强。夫妻双方会在流动生活中相互扶助，给予对方生活上的照顾和情感上的抚慰，使夫妻关系更加亲密，满足了农民工对生活稳定性的渴望。夫妻转移需求的产生，正是基于此。夫妻双方离开农村后，大都希望把子女带在身边，但是因为无法解决子女入学问题、没有时间照顾子女生活或者经济条件不允许，只好与子女分居。他们中一部分人的子女在农村就学，还有一部分人的子女不在农村就学而是在迁出地附近的城镇就学。总之，只要是夫妻二人一同出来打工，孩子没有在身边一同生活的，我们就将其列入夫妻转移需求的范畴内。洪小良在对北京市农民工的调查中发现，夫妻共同来京打工的占到30.3%，其中有20.7%是有子女并将子女留在老家接受教育；夫妻携子女来京打工的占到34.7%。①

农村剩余劳动力位于夫妻转移需求层时，他们对土地

---

① 洪小良：《城市农民工的家庭迁移行为及影响因素研究——以北京市为例》，《中国人口科学》2007年第6期，第42~50、96页。

第四章　农村剩余劳动力转移需求层次系统分析

仍有强烈的持有需求。一方面这与农民恋地情结比较强烈有关；另一方面，因为土地的承包无偿获利性和拥有土地的低成本，加上没有上缴税费的压力，还能得到一些种地补贴，相当一部分农村剩余劳动力夫妻在外出打工时，往往选择粗放种植、请人代耕，甚至撂荒，把土地作为他们在迁入地无法经营谋生时的一条退路。可能会有部分农民工愿意放弃土地，其原因在于这部分人其实已经产生潜在的家庭转移需求甚至是定居落户需求，所以对土地的保有意愿会有所降低。

3. 家庭转移需求层

家庭转移需求包括核心家庭转移需求和主干家庭转移需求两种类型。农村剩余劳动力家庭转移需求的产生是在夫妻转移需求被满足后产生的，或者说家庭转移需求是在夫妻转移需求被满足后才显性化，成为优势转移需求的。夫妻一同进入迁入地打工，当条件达到一定程度时，夫妻一方或双方就会产生将孩子接到身边共同生活并接受城市教育的想法。中国几千年来以"家"为生活中心的观念深入人心，农村剩余劳动力希望通过自己的努力，使其他家庭成员，尤其是子女获得向上流动的机会，最终带动整个家庭的转移。他们希望作为一个核心家庭共同生活、工作在一个城市，这种转移需求的产生会减少他们与迁出地的联系，使整个家庭事实上定居于迁入地。有的甚至会产生将老人接到迁入地共同生活的需求，即主干家庭转移需求，其中大多数老人年事已高，而家中又无人照顾，但这种需求仅是以隐性需求的形式存在还是会转化为显性需求，由夫妻的各种条件决定。

就经济方面而言，当夫妻双方在迁入地的生产大于消费时，自然就促进了家庭转移需求从隐性转移需求向显性转移需求的转化，较好的经济条件对家庭转移起到了正向的推动力；但是当其他家庭成员无法在城市找到工作，提供经济功能时，即便他们还能够提供其他功能，也不会对家庭转移需求产生积极的影响。可见，家庭的经济功能是家庭转移显性化的基础。

面对城乡文化之间的巨大差异，单个的流动主体难免会产生强烈的不安全感，他们需要时间来进行自我调整以适应城市文明，这是一个艰难又漫长的过程。中国历来有"夫妻同心，其利断金"的说法，夫妻双方一起进入城市，成为对方面对生活压力的坚实依靠，提升了在城市的适应能力。尤其是把孩子接到身边后，对家庭的责任感和归属感，更加能够帮助他们适应城市生活。同时，家庭的情感功能和保障功能也有利于提高和稳定农民工的生活质量。农民工在具有"风险"的城市社会中，不管遇到何种困难，能够完全依赖的首先是自己的家庭成员，其次是亲戚、老乡。对情感和安全感的需求是人的本能需求，这也是家庭转移需求产生的根本原因。由于全家都进入城市，家庭转移需求的产生会使得农民工对住房的需求有所上升，并且更为强调工作的稳定性，但对土地的需求并不一定会降低，这要看农民工最终的转移需求是事实定居转移需求还是制度定居转移需求，如果农民工仅仅是要事实上定居在城市，那么土地仍然是他们将来返回农村的最后保障，如果农民工最终希望落户城市，那么他们对土地的需求有可能会降低，但是仍有相当一部分农民工希望既落户城市又仍然能够保有土地。

第二节　农村剩余劳动力转移需求层次系统宏观影响因素分析

当我们将农村剩余劳动力转移需求层次当作一个系统来研究时，除了系统本身，还必须考虑系统赖以生存的环境。农村剩余劳动力转移需求层次系统存在的环境包括宏观和微观两个方面，宏观环境是影响农村剩余劳动力转移需求层次变化的宏观因素的集合，宏观影响因素从总体上来讲就是政治、经济、市场等各方面因素。在本节当中我们将对农村剩余劳动力转移需求层次系统存在的宏观环境进行探讨。首先，对我国城市/城镇化状况进行了分析；其次，对当前有关推进转移需求层级递进的政策状况进行了分析；再次，从三个方面对城乡经济差距进行了分析；最后，从产业结构、城镇就业环境、劳动力市场几个方面分别进行了分析，为进一步深入研究农村剩余劳动力转移需求层次系统奠定了坚实的基础。

（一）城市化进程

1. 城市/城镇化水平

中国的城市化进程中存在着区别于西方国家的过渡阶段，即城镇化阶段。城镇化不同于城市化，它是一个发展中的概念，反映了农业人口向非农业人口、传统农耕文明社会向现代文明社会的转变。改革开放以来，我国的城镇数量不断增加，城镇规模持续扩大，城镇化水平逐年提高，大城市的规模不断扩张，逐渐形成了长三角、珠三角和环渤海三大城市群。国家统计局统计数据显示，1978 年，我国城镇人口为 1.72 亿人，占全国人口总数的17.92%。① 2020年中国第七次全国人口普查结果显示，城镇人口约为9.02亿人，占全国人口总数的63.89%。42年间城镇人口的绝对数量增加了近7.3亿人，增长了45.97个百分点。② 党的十六大召开以来，以大城市为中心的城市群逐渐成为带动区域经济发展的主要力量。我国的城市发展体系逐步走向成熟。城市化发展集中化特征明显，日益显现出以大城市为代表、以区域发展为主体的新的城市化格局。我国当前的城市化正以一种稳健的态势迅速发展，形成了城市群、城市圈、城市带这样一个有层次的系统结构，其中大城市是核心，城市群内包括由各中心城市一体化整合成的城市圈，城市圈内包括由中小城市构成的城市带，城市带内包括以特色化产业中心城镇为支撑的多层次的城市体系。

尽管如此，我国的城市化水平仍滞后于发达国家。世界银行WDI数据库数据显示，2020年世界上城市化水平最高的国家是新加坡，城市人口比重为100%，其次是以色列，城市人口比重为92.59%，世界城市人口平均比重为56.06%，同时期我国城市化率为61.43%，而户籍人口城市化率为45.4%。③ 我国与发达国家的城市人口比重相差甚

---

① 《常住人口城镇化率如何测算》，国家统计局，2023年1月1日，http://www.stats.gov.cn/zs/tjws/tjzb/202301/t20230101_1903783.html，最后访问日期：2023年5月6日。
② 《第七次全国人口普查公报（第七号）》，国家统计局，2021年6月28日，http://www.stats.gov.cn/tjsj/rkpcgb/qgrkpcgb/202106/t20210628_1818826.html，最后访问日期：2023年5月6日。
③ 世界银行WDI数据库，https://databank.worldbank.org/source/world-development-indicators；《第七次全国人口普查公报（第七号）》，2021年5月11日，http://www.stats.gov.cn/sj/zxfb/202302/t20230203_1901087.html，最后访问日期：2023年5月9日。

第四章　农村剩余劳动力转移需求层次系统分析

远，同时在常住人口比重上我国略高于世界平均水平，但在户籍人口城市化水平上，我国仍低于世界平均水平。一个国家的经济发展程度可以从其城镇化水平的高低体现出来，城镇化水平也标志着一个国家的现代化程度。

2. 城市化进程与转移需求层次系统的关系

美国地理学家 R. M. 诺瑟姆（R. M. Northam）将城市化划分为三个阶段：在城市化发展的初始阶段，城市化水平较低且发展缓慢；在城市化发展的加速阶段，城市化水平上升迅速；在城市化发展终期阶段，城市化水平达到最高且发展平稳。当城市化率低于30%时，处于第一阶段，超过30%时进入第二阶段，发展到大于70%后进入第三阶段。① 据国家统计局统计，我国城镇人口比重由1995年的28.85%提高至2022年的65.22%。② 城镇人口比重快速上升，反映了二十几年中我国的城市化速度很快。我国的城市化处于快速上升时期，但城镇化的水平还有待提高，离实现完全城市化还有一定的距离。城市化包含两个方面，一个是量的方面，即城市及其人口数量的增加和规模的扩大，这有赖于农村剩余劳动力转移进入城市并取得城市户籍，作为城市户籍人口增长不足的有效补充，城市工业化的蓬勃发展需要大量劳动力加入，而进入城市的农民工刚好为其提供了充分

---

① R. M. Northam, *Urban Geography*: 2nd edn , New York: John Wiley & Sons, 1979, pp. 65 - 66.
② 《1995年全国1%人口抽样调查公报》，2001年11月2日，http://www.stats.gov.cn/sj/tjgb/rkpcgb/qgrkpcgb/202302/t20230206_1901995.html，最后访问日期：2023年5月6日；《王萍萍：人口总量略有下降 城镇化水平继续提高》，2023年1月18日，http://www.stats.gov.cn/sj/sjjd/202302/t20230202_1896742.html，最后访问日期：2023年5月6日。

的保证，推动了城市化进程；另一个是质的方面，即转移人口被城市文明同化，从价值观、生活方式等方面转变为城市居民，这就需要满足转移过程中农民工产生的经济、社会等方面的多种需求，让农民工能够认同自身身份，并在满足低层次转移需求的基础上逐渐转变优势需求，显性化更高层次的转移需求，从而完成转移需求层次的递进，最终实现落户并真正成为一名城市居民。由此可见，城市化进程的推动与农村剩余劳动力转移需求层级递进之间具有相互促进的密切关系。

（二）政策环境

1. 户籍制度

（1）户籍制度的变迁

1995 年，中共中央办公厅、国务院办公厅颁布关于流动人口管理的文件——《中央社会治安综合治理委员会关于加强活动人口管理工作的意见》，指出要加强对流动人口流动方向的管理，鼓励和引导劳动力就近转移，提出"采取有力措施鼓励和促进小城镇的发展，在充分保证农业发展和农村建设的前提下，允许农民进城务工经商，兴办企业，并根据一定条件，允许农民在小城镇落户"的流动原则。此外，暂住证制度在该文件中被宣布取消，国家对流动人口实施统一管理。此文件是我国二元户籍制度"破冰"的标志，促进了农村剩余劳动力的转移。

1997 年 6 月 10 日发布的《国务院批转公安部〈小城镇户籍管理制度改革试点方案〉和〈关于完善农村户籍管理制度意见〉的通知》（国发〔1997〕20 号）规定和明确了农村剩余劳动力在城市应该享有的权利。这一通知的颁发，标

第四章　农村剩余劳动力转移需求层次系统分析

志着我国城乡二元的户籍制度开始松动，农村剩余劳动力制度定居需求开始得以有条件地实现。该通知指出，国家鼓励农村剩余劳动力迁入小城镇；"在小城镇就业、居住并符合一定条件的农村人口可以办理城镇常住户口"；明确划分了符合该项通知规定的人群范围；明确指出要实现"落户人员与当地城镇居民享有同等待遇。当地政府及有关部门在入学、就业、粮油供应、社会保障等方面一视同仁"。

2001年3月19日发布的《国务院批转公安部〈关于推进小城镇户籍管理制度改革意见〉的通知》（国发〔2001〕6号）提出"既要积极，又要稳妥；总体把握，政策配套；因地制宜，协调发展"三原则。明确将小城镇作为农村人口转移的目的地，要求"根据本人意愿，可以保留承包土地的经营权，也可以依法有偿转让"。此文件对转移劳动力的权利保障尤其是对落户人员最关心的承包土地问题做出了明确的规定。

2011年2月26日国务院办公厅颁布了《关于积极稳妥推进户籍管理制度改革的通知》（国办发〔2011〕9号），该通知在第二部分和第三部分分别对落户条件和落户人员权益进行了规定。放宽了农民进城落户的条件，为农民进城落户提供了政策保证。该文件明确了"继续探索建立城乡统一的户口登记制度，逐步实行暂住人口居住证制度"的户口管理政策改革趋势。由此可见，随着户籍制度改革的不断深入，城乡二元户籍结构将逐渐被打破，保障农村剩余劳动力顺利转移的制度环境逐渐建立起来。

2014年6月30日，中共中央政治局审议通过了《关于进一步推进户籍制度改革的意见》。指出加快户籍制度改革，不搞指标分配，不搞层层加码。优先解决好进城时间长、就业能力强、可以适应城镇和市场竞争环境的人的问题，使他们及其家庭在城镇扎根落户，有序引导人口流向。此次户籍制度改革是涉及亿万农业转移人口的一项重大措施，加快了农业转移人口量上的城镇化进程。

2014年7月30日，国务院公布《关于进一步推进户籍制度改革的意见》（国发〔2014〕25号），明确了建立城乡统一的户口登记制度。这标志着我国实行了半个多世纪的"农业"和"非农业"二元户籍管理模式将退出历史舞台。

2017年，陆续有省市出台推动非户籍人口在城市落户的实施方案，允许农业转移人口进城落户，只要其本人或配偶在农村原籍（小城市或建制镇）仍然具有土地承包经营权和宅基地使用权，并且现实中仍然长期居住于其中的，其户籍就可以迁回农村。由此，户籍制度改革开始与土地制度改革联系在一起。

（2）户籍制度与转移需求层次系统的关系

传统的计划经济体制下的二元户籍制度限制了农村剩余劳动力的自由流动。他们被长期"封闭"在农村，在"狭窄"的土地上劳作，不能自由流动，这就在很大程度上阻碍了个人转移需求的产生。此外，这种制度把一个社会分割为两个封闭的"社会"，一个是由城市居民组成的"社会"，一个是由农民组成的"社会"。在这种城乡分割的二元户籍制度下，农民很难享受到与城市居民同等的社会保障和社会福利。即便农村剩余劳动力实现了个人转移需求，进入了城市，也游离于城市社会保障制度之外，种种转移需求无法得到满足，限制了转移需求向更高层次上升。

第四章　农村剩余劳动力转移需求层次系统分析

改革开放以来，我国逐步推进了户籍制度改革，实行居住证制度，使得农民工在城市的居民身份逐渐得到了认可，但是从根本上讲，这种非市民化的状态仍然没有改变，他们的收入和经济地位依然较低，在城市的社会福利仍然得不到保障。当农村剩余劳动力实现低层次转移需求并进入城市后，他们无法获得和当地居民同等的待遇和平等竞争的权利。此外，子女入学等方面的困难，也使得位于某一转移需求层次之上的农民工在满足本层次转移需求方面障碍重重，加大了农村剩余劳动力在城乡就业的成本，致使相当一部分农村剩余劳动力不能长期稳定就业，几年后又回流到农村，形成逆向转移，转移需求层次无法继续上升，农村剩余劳动力没有最终完成转移。

由此可见，户籍制度改革的成败关系到农村剩余劳动力转移需求是否能够在不同转移层次得到满足，关系到农村剩余劳动力转移需求层级递进是否能够实现。

2. 土地制度

（1）土地制度的变迁

新中国成立后土地制度大致经历了三个阶段：第一个阶段，个体农民所有、家庭分散经营的土地制度（1949～1952年）；第二个阶段，集体所有、集体统一经营的土地制度（1953～1978年）；第三个阶段，集体所有、家庭承包经营的土地制度（1979年至今）。其中，第三个阶段又可划分为三个小的阶段：1983年以前，土地的所有权和经营权均归集体所有；1983年以后家庭拥有了承包经营权，土地承包期是15年，从此确立了新土地制度的雏形；1993年，在土地的承包期延长到30年的基础上，对农村土地流转的问题做了规定，即在承包权不变的基础上，允许土地使用权的依法有偿转让。①

"土地流转"概念的正式提出，为我国农业经济生产的调整注入新的动力。随着城市化进程的加快，城市对劳动力的需求不断增加，农村剩余劳动力的就业机会增多，于是越来越多的年轻人选择进城务工，这就为农村土地流转提供了现实的基础。但是外出打工并不代表放弃土地使用权。②2002年颁布的《中华人民共和国农村土地承包法》体现了国家对农村土地承包关系长期稳定的重视，也从法律上规定了未来一段时期内农村土地制度的基本方向。2018年中央1号文件《中共中央国务院关于实施乡村振兴战略的意见》在"深化农村土地制度改革"中提出，探索宅基地所有权、资格权、使用权"三权分置"，落实宅基地集体所有权，保障宅基地农户资格权和农民房屋财产权，适度放活宅基地和农民房屋使用权，标志着中国农村土地制度改革又向前迈了一大步。

（2）土地制度与转移需求层次系统的关系

旧有的土地制度是农村剩余劳动力产生转移需求的最大阻碍。在家庭联产承包责任制中，集体拥有土地的所有权，土地的承包经营权则归农民享有。农民享有自主决策的权利，可以通过自己的经营来获得收益。这就为农村剩余劳动力的转移创造了有利条件。家庭联产承包责任制赋予了农民独立经营的权利，他们可以自由安排劳动时间，这就使农村

---

① 郑子青：《土地制度变迁对农村人口流动的影响研究——以湖南省平江县某村民小组为例》，《中国人民大学学报》2014年第2期，第73~82页。
② 陈思凡：《建国以来的农村土地制度变迁探析》，硕士学位论文，厦门大学，2014，第5页。

第四章　农村剩余劳动力转移需求层次系统分析

剩余劳动力逐渐出现显性化转移需求。农民获得额外的经济收益的重要条件之一是剩余劳动力的自由流动。当无法继续从土地中扩大收益时,他们便产生了转移的需求。如果只允许土地承包而不允许土地流转,那么农村剩余劳动力转移需求层次的上升还是会受到相应的束缚,农民会被有限的承包田所束缚,只能利用农闲时节外出打工,夫妻转移需求的产生受到阻碍,家庭转移需求的产生还很遥远。因此,土地承包并不能解除限制农村剩余劳动力转移的所有约束,而他们产生的也只是部分低层次的转移需求。只有允许土地依法转让,农村剩余劳动力高层次的转移需求才会产生。1993年,国家允许土地使用权依法有偿转让,使得农民能够较为准确地预测土地经营的收益,如此就能够更好地安排家庭经营活动以及家庭的中长期发展规划,更高层次的转移需求开始产生。越来越多的女性及儿童、老年人也开始产生转移进入城市的需求。有学者研究发现,将土地转包出去的农户基本上举家流向了城镇。2017年,陆续有省市出台推动非户籍人口在城市落户的实施方案,明确了农民工进城落户可同时保有土地一定时期。虽然该政策缓解了有进城落户意愿的农民工对一旦在城市无法达到预期生活状况而又无法退回原籍农村的顾虑,给予进城落户农民工一定的"犹豫期",能够推动有进城落户意愿的农民工完成落户行为;但同时,该政策也降低了农民工退出承包土地和宅基地的意愿。这种改革看似分离了户籍与土地的关系,但只能是暂时的过渡,土地并没有变为"财产"被带进城,反而强化了农民工对土地的保有行为,抓住返回农村的可能性。同时,政策规定"本人或配偶"一方在农村的均可将户籍迁回,这会导致夫妻二人其中之一留守家中,从而影响夫妻转移和家庭转移需求的产生。

可见,虽然土地制度的变迁为农村剩余劳动力转移需求层次的产生和递进提供了条件,但是,现行土地制度仍然对农村剩余劳动力转移需求层次的产生和递进有一定限制作用。比如,在现行的土地制度下实行平均分配,导致了农村土地规模小且分散,加上农村不完善的土地流转机制,土地仍然束缚着相当数量的农民。此外,土地本身带有的保障性以及城乡分割的社会保障制度体系也使得农民不能够安心放弃土地,从而使农村剩余劳动力无法彻底从农村脱离出来,不能实现转移需求层次的最终状态——家庭落户城市。

3. 农民工社会保障制度

(1) 农民工社会保障制度的变迁

我国农民工自产生到现在已经有四十余年历史,农民工社会保障制度可以划分为三个阶段。①

萌芽阶段:1978~1992年。在此阶段只是将农民工视为离开土地的农民,将农民工的问题视为农民问题的延伸,而且国家各项政策实施不畅,最终导致农民工在国家政策管控与市场力驱动的夹缝中生存,所有关于农民工的社会保障政策都只是刚刚起步,还不规范,而且有空白。1984年我国针对矿山企业规定,企业在和农民轮换工签订劳动合同后,应该到相关公证部门办理公证,并报当地劳动部门和企业主管部门备案。1991年,该规定适用于所有全民所有制企业。规定指出劳动合同应该与农民工本人签订,合同一旦签订,便具有法律效力。该项规定对农民工的社会保障做了具体规

---

① 参见徐晶晶《城市化视阈下我国农民工社会保障制度变迁研究(1978-2010)》,硕士学位论文,安徽师范大学,2011,第5页。

第四章 农村剩余劳动力转移需求层次系统分析

定,但是不够完善。1992年国家颁布县级农村社会养老保险的试行方案,规定只有非城镇户口或者不由国家供应商品粮的农村人口才有资格参加农村社会养老保险。同时,养老保险采用户籍制的原则,外出务工人员需要在户籍所在地参加保险。由于不符合农民工的现实需要,这一规定在实施的过程中存在一些问题。

初创阶段:1993~2002年。在该阶段,政府把农民工看作"外来移民",一些经济发达地区开始关注农民工的社会保障问题,将农民工市民化纳入城市建设的规划中,构建起国家与地方两个层面的保障制度,制度体系与制度模式逐渐成形。在国家层面,在此期间颁布的《失业保险条例》规定,企业与农民工签订合同后,由企业为农民工缴纳失业保险,缴纳标准为本单位工资总额的2%,当其失业时,企业将失业补助金一次性发放给农民工。将农民工纳入养老保险体系的政策是,2001年12月劳动和社会保障部颁发的《关于完善城镇职工基本养老保险政策有关问题的通知》(劳社部发〔2001〕20号)。深圳于2000年12月首次将农民工纳入社会保险覆盖范围,《深圳经济特区企业员工社会养老保险条例》由深圳市人民代表大会常务委员会通过,统一了当地城镇户籍企业职工的缴费比例与在特区内企业工作的外来员工(含农民工)缴纳基本养老保险费的比例。1997年之后,浙江、广东、河南、陕西、甘肃等吸纳农民工较多的省将农民工和城镇职工的养老保险制度进行统一,农民工被明确纳入社会保险覆盖范围。1999年北京市将农民工划入失业保险人员中,实行了《北京市失业保险规定》。

快速发展阶段:2003年至今。在该阶段,社会各界尤其是学术界开始审视农民工的社会保障问题，开始注重农民工权利的合法性和平等性，强调"国民待遇"。农民工的社会保障制度更加完善和全面。在工伤保险制度方面，2003年3月20日，劳动和社会保障部办公厅发布《关于农民工适用劳动法律有关问题的复函》，认为凡与用人单位建立劳动关系的农民工（包括农民轮换工）应当适用《劳动法》，发生工伤事故的应适用《企业职工工伤保险试行办法》（劳部发〔1996〕266号）。2003年《关于非全日制用工若干问题的意见》（劳社部发〔2003〕12号）规定，用人单位缴纳工伤保险费的对象应包括按照国家有关规定建立劳动关系的非全日制劳动者。劳动和社会保障部办公厅发布的《关于城镇灵活就业人员参加基本医疗保险的指导意见》（劳社厅发〔2003〕10号）中明确指出，灵活就业人员是指非全日制、临时性、弹性工作等形式的就业人员。2006年5月16日，劳动和社会保障部办公厅发布了《关于开展农民工参加医疗保险专项扩面行动的通知》（劳社厅发〔2006〕11号），要求全面推进农民工参加医疗保险工作。2010年养老保险不能转移的问题开始解决，国家规定农民工在转移就业关系时，其养老保险可随之一同转移。2013年，城镇居民养老保险和新型农村养老保险开始合并实施。2021年北京市首先制定政策统一城乡劳动者失业保险政策，合同制农民工与城镇职工同等缴纳失业保险费，同等享受失业保险待遇，其后各省纷纷出台政策响应。

（2）农民工社会保障制度与转移需求层次系统的关系

农民工社会保障制度的发展在很大程度上是为了满足农村剩余劳动力的转移需求。传统城乡分割的二元社会保障制

第四章 农村剩余劳动力转移需求层次系统分析

度将农民工排除在城市社保体系之外,农民的保障主要来源于土地,但当土地制度的变革推动农村剩余劳动力产生转移需求后,这种城乡分割的社会保障制度无法对转移需求起到促进作用,农民工身在城市却游离于城市保障体系之外,这加剧了农民工对自身身份的不认同和对城市的排斥感,致使农民工长期处于转移需求层次系统的较低层次,无法产生更高层次的转移需求。而逐渐改革的社会保障体系让农民工看到了希望,农民工希望就职于管理规范、依法提供各种社会保障的单位,并乐意介绍自己的家人、朋友进入这样的单位,这就促进了转移需求层次的递进。

但是,我们应该意识到,现有的农民工社会保障体系仍然存在一些问题,比如:异地转移机制难以执行,出现频繁参保、退保、补办现象;制度设计缺乏前瞻性与可得性,各地都有各自的具有地方特色的农民工社会保障实践,致使农民工社会保障呈现"碎片化",而且"便携性"低;现有社会保障体系将注意力集中在农民工社会养老保险项目上,关注农民工未来的收入保障问题,没有注意到农民工务工期间更为需要的工伤、医疗、生育等的保障问题。而实际上,我们通过调查也发现,对于农民工而言,最紧迫的风险往往是失业、疾病等即时性风险。而目前的社会保障体系对养老保险等长期性项目尤为关注,这就要求农民工缴纳相关保险费用必须具有长期性,换句话说,农民工一旦出现工作的断档期,缴费就会停止。现有的农民工社会保障体系仍然没有完全改变这种城乡分割的制度状态,无法满足农民工在城市务工的保障需求,其结果就是他们不愿意全家进入城市或永久定居城市,转移需求层次的上升受到阻碍。大部分农民工仍然将土地视为生存和养老的保障,农民工无法完全放弃由土地带来的生存保障,所以即便他们全家进入城市,宁可让土地撂荒,也不愿意放弃土地,因为放弃土地就相当于放弃了最后的生活保障,因此其转移需求层次无法达到最高的家庭转移需求层。

(三) 城乡经济差距

1. 城乡经济差距现状

根据美国经济学家刘易斯的理论,城乡劳动力在收入上的实际差距是其转移的根本原因,农村剩余劳动力转移需求之所以会产生,根本原因在于城乡之间存在着经济差距。接下来,我们从收入、基尼系数、恩格尔系数三个方面来分析一下城乡差距状态,以及它与农村剩余劳动力转移需求层次系统的关系。

(1) 收入

城乡收入差距可以用一个重要指标来衡量,那就是收入。从图 4 - 3 的数据可见,2011~2021 年我国城乡收入差距持续扩大,2019 年后扩大势头有所减缓。从农民工规模看,2017 年之前农民工规模增速持续增长,2018 年的全球金融危机及 2020 年新冠疫情影响了城镇整体经济环境及就业形势,全国农民工规模增速降低,可见城乡收入差距是农村剩余劳动力转移的拉力,下滑的经济及复杂的就业环境是转移的推力。

(2) 基尼系数

基尼系数反映了居民内部的收入差异情况,居民之间的贫富差距能够通过对基尼系数的监测较为客观和直观地反映出来。政府能够以此为依据,监控国民经济的发展,并及时调整相关政策。0.4 是国际上公认的警戒指标。2003~2018

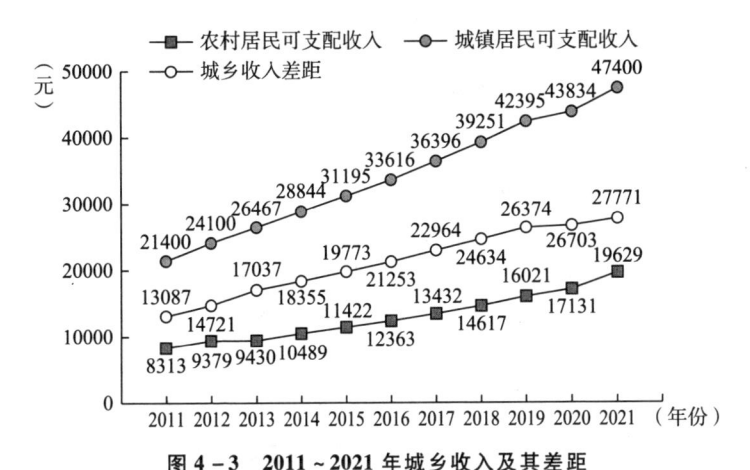

图 4-3 2011~2021 年城乡收入及其差距

资料来源：根据国家统计局历年公布数据整理。

年我国基尼系数一直维持在 0.4 以上，超过了国际警戒线，2008 年更是攀升到 0.491，2008 年后逐步回落，2015 年降至最低点 0.462，此后又有所回弹（见图 4-4）。由此可以看出，我国城乡居民间存在较大的收入差距，表明我国加快收入分配改革、缩小收入差距的任务仍然艰巨。

（3）恩格尔系数

恩格尔系数常被用于衡量家庭生活水平，它是食品的支出总额占个人消费支出总额的比重。当家庭收入减少时，食品支出在家庭总支出中所占的比重一般会上升。国际标准认为，60% 是一个警戒指标，恩格尔系数在 60% 以上就说明家庭是贫穷的。

2000~2020 年全国居民恩格尔系数从 42.2% 下降至 30.2%，2021 年全国居民恩格尔系数为 29.8%。城镇居民恩格尔系数在 2000~2020 年每年平均下降 0.47 个百分点，可以看出城镇居民收入增长比较缓慢；2000 年农村居民恩格

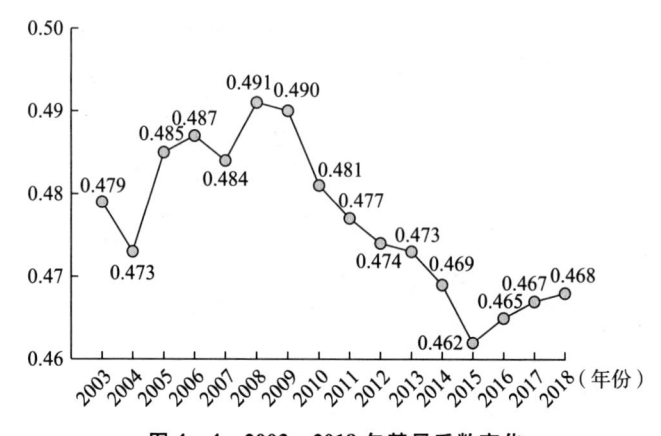

图 4-4　2003~2018 年基尼系数变化

资料来源：2002~2019 年《中国住户调查统计年鉴》。

尔系数为 48.3%，到 2020 年为 32.7%，下降了 15.6 个百分点，说明农村居民生活水平有了大幅度提高。2012 年农村居民恩格尔系数降至 40% 以下，说明中国农村居民生活水平进一步提高。农村居民恩格尔系数 2000~2020 年每年平均下降 0.78 个百分点，说明农村居民收入以较快速度增长（见图 4-5）。以上数据说明，城乡居民收入的绝对差距仍然存在，但是这个差距正在不断缩小。

2. 城乡经济差距与转移需求层次系统的关系

根据刘易斯的理论，扩大的城乡收入差距会促进农村剩余劳动力转移需求的产生，而自 2010 年后，城乡收入差距的缩小会减弱对转移需求的刺激作用，基尼系数在 2008 年达到最高值后开始回落也说明了这一点。从恩格尔系数可以看出农村生活水平逐渐提高，这说明农村剩余劳动力转移需求的强烈程度在降低，农民举家进入城市落户的需求并不强烈，这在政府推进农民进城落户的工作中明显地表现了出

第四章 农村剩余劳动力转移需求层次系统分析

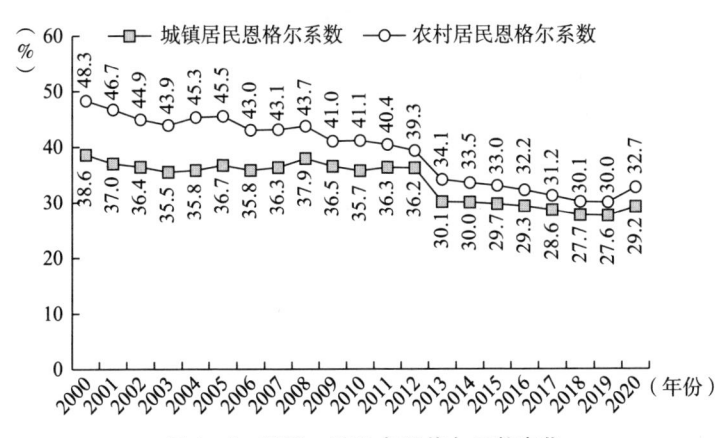

图 4-5 2000~2020 年恩格尔系数变化
资料来源：历年《国民经济和社会发展统计公报》。

来，而且我们后续的研究也证实了这一点。但是，需要注意，我国的农村发展呈现明显的地域差异，在东部地区农村经济发展较快，与城市之间的差距较小，但是在西部地区，这个差距还是比较大的，而且从恩格尔系数的绝对数据上看，这个差距还是客观存在的，这说明农村剩余劳动力转移需求的产生仍然有着现实的土壤。

（四）产业结构

1. 产业结构现状

1986 年改革以来，我国产业结构不断调整，这是为了适应经济迅猛发展的需要。1986 年我国第一、第二、第三产业的比重分别为 27.15%、43.72% 和 29.13%，国民经济中比重最大的是第二产业，第三产业的比重刚刚超过第一产业；2010 年第一、第二、第三产业的比重分别为 10.17%、46.86% 和 42.97%，此时第三产业的比重已经远远超过第一产业，第三产业比重比 1986 年上升了 13.84 个百分点，第二

119

产业在三大产业中的比重仍然最大，第三产业的产值与第二产业的产值已经相差很小了。①

自1986年以来，我国第二产业一直保持着较大的占比，发展相对稳定并保持了国民经济主导产业地位，而第一、第三产业发展在1998年以后尤其是2004年以后出现了明显的两极分化的趋势（见图4-6）。服务于生活的部门和服务于生产的部门快速成长，有效推动了第三产业比重的提升。

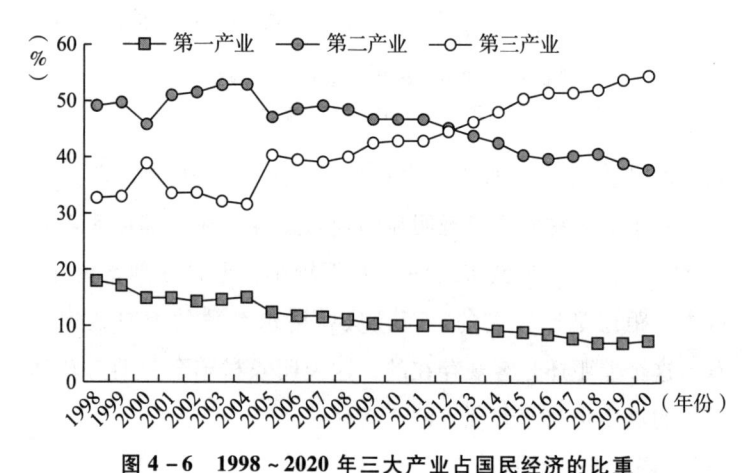

图4-6　1998~2020年三大产业占国民经济的比重
资料来源：根据国家统计局公布数据整理。

1986年第一产业增加值为2789亿元，2010年为40498亿元，是1986年的14.5倍。第一产业虽比重在不断下降，却保持了较高的产出，反映出我国农业机械化、规模化生产势头迅猛。1986年以来第二产业一直是国民经济的支柱产

---

① 王宁：《我国产业结构现状及变动趋势分析》，硕士学位论文，大连海事大学，2011，第36~45页。

第四章　农村剩余劳动力转移需求层次系统分析

业,1986年第二产业增加值为4492.7亿元,2010年是1986年的41.5倍,远高于第一产业增加值的增速,这表明我国的工业化仍然发展迅速。与第一、第二产业相比,1986年以来我国第三产业发展速度惊人,1986年产业增加值为2994亿元,2010年为171005亿元,与第一、第二产业相比,发展速度最快。2013年第三产业比重超过第二产业成为推动我国经济发展的最重要产业。

在此期间,我国三大产业的从业人员比例也有了明显的变化,1986年三大产业的从业人员比例依次为60.9%、21.9%、17.2%,到了2008年变为39.6%、27.2%、33.2%。22年间,第一产业从业人员比例下降了21.3个百分点,第二产业小幅上涨5.3个百分点,第三产业增长显著,上涨了16个百分点。2021年第一产业从业人员占从业总人数的22.9%,第二产业从业人员占29.1%,第三产业从业人员占48%。可见,大量的农村剩余劳动力解放出来转移到了第二产业和第三产业。

2. 产业结构与转移需求层次系统的关系

由库兹涅茨产业结构演进理论和霍夫曼定律可知,随着经济总量以及人均收入水平的不断提高,消费者对各种商品和劳务的需求结构也会发生变化。[1] 产出最大化原则告诉我们,一旦需求出现变化,整个社会的产出结构也随之调整。产出结构的调整,主要依靠生产要素在三大产业间的再配置来实现。劳动力是各种生产要素当中最重要、最活跃的部分,因此,生产要素在三大产业间的再配置最终都是通过劳

---

[1] 〔美〕西蒙·库兹涅茨:《各国的经济增长》,常勋等译,商务印书馆,2009,第66~67页。

动力的转移来实现的。①

俄林的要素禀赋论认为，随着经济产业结构的不断调整，各区域内的资本积累增多，同时人力资本的比重在资本结构中逐渐增加，主导产业逐渐向资本密集型和技术密集型产业转移，在产业转移的过程中，必然出现就业的变化，这一变化主要表现在两个方面，即劳动力的需求总量和劳动力在产业之间转移的路径。②

从三大产业从业人员的结构变化看，经济的腾飞带来收入增加，劳动力首先由第一产业向第二产业转移，当人均国民收入进一步增加时，劳动力开始向第三产业转移。这充分说明我们按照产业标准对农村剩余劳动力转移需求进行层次划分是符合客观现实的。而且，第二、第三产业尤其是第三产业的蓬勃发展为农民工提供了更多的就业岗位，使得农民工在城市就业的需求得以满足，就业岗位更容易获得且农民工能够获得相对稳定的经济收入，促使他们产生让配偶进城共同务工的需求，进而产生将全家人带进城的需求，转移需求层次递进得以实现。反过来，农村剩余劳动力转移需求层次的产生和实现又为第二、第三产业的发展提供了充足的劳动力，促进其进一步繁荣。如果第二、第三产业发展停滞不前，城市无法给予农民工就业收入，那么不管是在现实收入还是在预期收入方面，农民工都无法认为自己能够获得较高收益，转移需求层次的递进将停止，他们甚至会返回农村。

---

① 吴峰华：《江西产业结构调整与农村剩余劳动力转移问题研究》，硕士学位论文，南昌大学，2007，第23~28页。
② 〔瑞典〕伯特尔·俄林：《区际贸易与国际贸易》，逯宇铎等译，华夏出版社，2008。

（五）城镇就业环境

1. 城镇就业环境现状

从人力资源和社会保障部公布的数据看，2001～2020年我国城镇登记失业率一直在3%到5%之间波动（见图4-7）。我国2018年开始发布的城镇调查失业率波动非常小，基本维持在5.0%上下的窄幅区间，2021年为5.7%。但实际失业率要比这个数据高上一倍甚至更高。据中国社会科学院公布的数据，2009年中国城镇实际失业率高达9.4%，这一数据是截至第三季度末登记的城镇失业率的两倍多。①

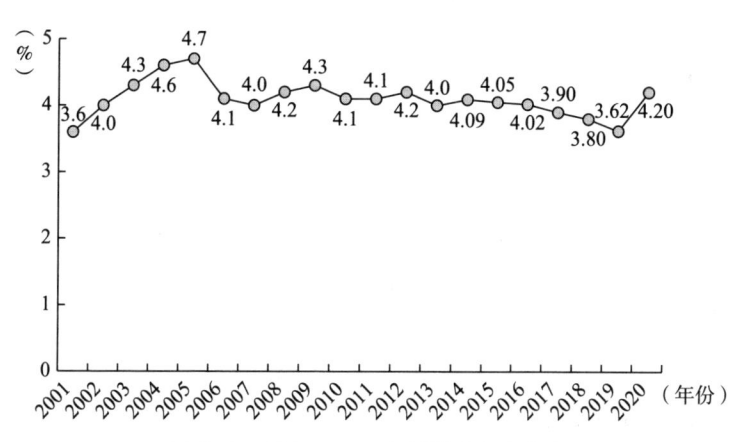

图4-7　2001～2020年城镇登记失业率

资料来源：根据人力资源和社会保障部公布的数据整理。

改革开放之初，由于国家政策的扶持，加上机动灵活的自身优势，乡镇企业的数量和规模均实现了迅猛的增长，逐渐发展成为农村经济的主体力量。这些企业的技术含量不

---

① 《我国城镇失业率升至9.4% 农民工失业问题凸显》，新浪财经，2009年1月5日，http://finance.sina.com.cn/roll/20090105/00175712630.shtml?from=wap，最后访问日期：2023年5月15日。

高，但需要大量的劳动力，这就为农村剩余劳动力向非农产业转移提供了广阔的就业渠道。相关数据显示，在改革开放后的20年中，乡镇企业每年提供近600万个就业岗位，累积为将近1亿名农民工提供了就业机会。20世纪90年代末，随着国有企业股份制改革的推进，受市场需求有限、资金紧张、原材料短缺等因素的制约，乡镇企业本身所固有的缺陷，诸如产权不清、人才匮乏和管理落后等逐渐暴露出来，乡镇企业与国有企业在技术水平上的差距进一步拉大。我国加入WTO后，乡镇企业更是面临着前所未有的冲击，亟待改变粗放经营的模式，向集约经营转变。在这样的背景下，乡镇企业吸纳农村剩余劳动力的能力显著减弱。在2008年全球金融危机背景下，我国一年约有67万家小企业被迫关门，约有670万个就业岗位蒸发，而这些岗位的员工原本大部分是来自全国各地的农民工，农民工就业形势严峻。①2018年的金融危机和2020年的新冠疫情无疑对全国经济造成影响，城镇失业人口增加。2015~2017年农民工规模的增速为1.3%~1.7%，而2018~2019年降至0.6%~0.8%，可见城镇就业环境对农村剩余劳动力转移影响明显。②

2. 城镇就业环境与转移需求层次系统的关系

影响农村剩余劳动力转移的主要因素有两个：第一，城市工资水平；第二，城市能够提供的就业机会。当农村的实际收入水平变化不大时，城市的工资水平决定了两者收入差

---

① 《中国2009年上半年失业率可能升至11%》，新浪财经，2008年12月29日，http://finance.sina.com.cn/g/20081229/13055696825.shtml，最后访问日期：2023年5月6日。

② 笔者根据2015~2019年农民工监测调查报告数据整理。

第四章　农村剩余劳动力转移需求层次系统分析

距的大小。托达罗认为，预期收入与实际收入的差距大小最终决定了农村剩余劳动力是否进行转移，而不是农业、非农业两个领域间的实际收入差距决定的。与预期收入差距关系密切的另外一个因素是农村剩余劳动力进入城市后就业的概率。[①]

城镇劳动力市场供求关系紧张，能够提供的工作岗位有限，会降低农村剩余劳动力对转移的预期收入，而国家近年来惠农政策的力度不断加大，会在很大程度上抑制转移需求的产生。对那些已经实现个人转移需求或夫妻转移需求的农民工而言，就业岗位的减少会增加已经实现低层次转移需求的农民工寻找工作的成本，并使其对未来能够获得稳定工作产生怀疑，对继续转移产生观望态度，转移需求层次将会延迟递进，甚至停滞不前，甚至有人会选择回流，致使转移需求全部隐性化，最终转移失败。2008年金融危机爆发，农民工在较短时间内出现了大规模的回流，近几年全国农民工监测调查数据显示，省内流动农民工和本地（本乡镇）流动农民工从规模和增速上都高于省际流动农民工。由于农民工返乡停留时间、返乡后是否再次流动等情况无法确定，各机构难以精确统计回流农民工的具体数据，但总体上看，2009年以来农民工流动呈现总量增多，总增速趋缓，向中西部流动、省内流动和本地流动的增速不断加快，向原来流出地回流的态势。相关统计数据显示，2009年我国五个劳动力大省（河南、四川、湖北、安徽和湖南）中提前回流的农民工占

[①] Michael P. Todaro, "A Model of Labor Migration and Urban Unemployment in Less Developed Countries," *American Economic Review*, Vol. 59, No. 1, 1969, pp. 138-148.

外出农民工总数的5%~7%。① 所以，农民工的流动并非单向不可逆，会根据具体推力和拉力的变化而改变方向，这是理性选择之下对风险规避的结果。

（六）劳动力市场

1. 劳动力市场现状

（1）全国统一的劳动力市场机制尚未形成

我国劳动力市场存在城市和农村两个市场。农村的工作岗位完全向农民开放，是单一的完全竞争劳动力市场，但是城市的劳动力市场却被分成了两部分，工作岗位中向农民工开放的那部分市场是城市完全竞争劳动力市场，不向农民工开放的那部分市场是城市不完全竞争劳动力市场。一些国有企业自主用人权限尚未真正彻底落实到位，还没有完全形成以市场为主要调节手段的用工机制，存在地方保护和市场分割现象，尚未建立全国统一的市场制度规则。

（2）劳动力市场服务不均衡

城乡劳动力在就业信息获取上存在较大差异。城镇劳动力获取就业信息的渠道比较多元，包括劳动力市场以及网络电视和各种新媒介；而农村剩余劳动力就业信息获取的途径主要是家人、朋友的介绍。2018~2020年，中央政治局陆续提出"六稳""六保"，将就业工作置于首位，国家逐渐重视农民工群体就业创业工作，各级政府相继出台政策，多部门合作稳定农民工就业创业，但就整体工作状况看，政府劳动部门、工程承包商和其他相关中介机构在提供就业信息方

---

① 《全国估计已有780万农民工提前返乡》，凤凰网，2009年1月19日，https://news.ifeng.com/mainland/200901/0119_17_976054.shtml，最后访问日期：2023年5月6日。

第四章　农村剩余劳动力转移需求层次系统分析

面的作用发挥得还不够充分。关于农民工的公共就业信息服务相对有限，且缺乏有效的信息供给及共享机制，精准就业服务不足，外出农民工享受到的信息导向服务十分有限。相较于起步较早、形态丰富且较为成熟的城镇劳动力就业服务，农民工就业服务仍存在不足，无法发挥信息服务的优势，以及在配置跨区域劳动力资源方面的导向作用。

（3）农民工合法权益被侵蚀

在农村剩余劳动力实现转移就业的过程中，由于各部门之间管理和衔接不足，加之农民工对城市较陌生和缺乏法律常识，农民工权益存在被侵蚀问题。比如，个别企业为了节约人力成本，逃避缴纳农民工养老保险费用，以各种方式拖延签订或不签订劳动合同，农民工无法享受到应有的各项待遇；为降低成本，个别企业违反《劳动法》的规定，随意延长劳动时间或者加大劳动强度，无故拖欠甚至克扣农民工工资；还有一些危险行业的企业为了缩减成本，不遵守国家在安全保护方面的相关规定，缺乏对员工基本的保护措施，导致安全事故发生。

2. 劳动力市场与转移需求层次系统的关系

劳动力市场化让农村剩余劳动力进城务工成为现实，是转移需求产生的基本条件。但是，当前城乡不统一的劳动力市场机制使农民工通常被排除在政府的就业服务体系之外，他们无法在不完全竞争的劳动力市场求职，缺乏与城镇劳动力进行公平竞争的机会，最终只能在城市的完全竞争劳动力市场寻找就业机会。这在很大程度上制约了转移需求的产生，使农民工失去了大量的能够满足转移需求的途径；滞后的劳动力市场服务使得农村剩余劳动力处在信息不对称的弱势端，无法及时获取用工信息，即便进入城市也不能很快就业，这就加大了转移过程中的就业成本,抑制了高层次转移需求的产生;农民工合法权益得不到保护,致使农民工满足低层次转移需求的难度加大、时间拉长,势必会减缓转移需求层次递进的速度。可见,城乡统一、服务完善的劳动力市场是转移需求层次得以产生和递进的重要条件。

第三节 农村剩余劳动力转移需求层次系统微观影响因素分析

在本节中我们将从微观角度出发探讨农村剩余劳动力转移需求层次系统。探讨微观影响因素对农村剩余劳动力转移需求的影响,为我们进一步从实证角度分析微观影响因素对转移需求层次系统的影响奠定理论基础,进而为制定引导农村剩余劳动力有序合理转移的政策提供有力支撑。学者们的研究成果为我们寻找这些关键影响因素奠定了坚实的基础。综观学者们的研究,我们从个体、经济、社会三个方面对农村剩余劳动力转移需求层次系统的微观影响因素进行分析,提取实证分析的变量,具体如表4-1所示。

表4-1 农村剩余劳动力转移需求层次系统微观影响因素

影响因素	客观	主观
个体因素	性别	态度倾向
	年龄	主观规范
	婚姻状况	控制认知
	文化程度	
	打工时间	
	是否有老人需要赡养	

第四章 农村剩余劳动力转移需求层次系统分析

续表

影响因素	客观	主观
经济因素	打工收入	子女教育费用承载度
	耕地面积	城市买房意愿
	子女教育费用	责任田放弃意愿
	人均住房面积	宅基地置换城市房产意愿
社会因素	社会资本	城市归属度
	政策	制度压力
	合同签订	就业认知
	社保参办	家庭认知
	就业	

（一）个体因素

1. 个体客观因素

我们从个人特征、人力资本、家庭结构三个方面来选取变量。我国学者对其中的个人特征和人力资本所包含的内容基本有一致的观点。比如，卫龙宝等选择了一系列个人特征变量，包括年龄、性别、职业、婚姻状况、年收入、受教育年限等[1]；马广贵选择的个体内在因素变量包括年龄、性别、技能情况、文化程度、家庭构成情况等[2]；王华和彭华选择的个人特征因素变量包括性别、年龄、文化程度、就业类型等，家庭结构主要包括家庭类型、家庭主业、农业收入、人

---

[1] 卫龙宝、胡慧洪、钱文荣等：《城镇化过程中相关行为主体迁移意愿的分析——对浙江省海宁市农村居民的调查》，《中国社会科学》2003 年第 5 期，第 39~48、206 页。

[2] 马广贵：《农村劳动力转移的影响因素研究——以江苏省中部及北部的两个村为例》，硕士学位论文，中国农业大学，2004，第 46~49 页。

均耕地、人均纯收入等。① 根据本研究需要,结合学者们的研究成果,我们选择性别、年龄、婚姻状况、文化程度、打工时间、是否有老人需要赡养六个变量作为个体客观因素。

2. 个体主观因素

个体主观因素是指农村剩余劳动力的主观意向。计划行为理论将其概括为三个方面:态度倾向、主观规范和控制认知。

第一,确定态度倾向因素变量。态度由欲望、需求和信念三个部分组成,它是个人基于自身的道德价值观念对某项行为表现出的正面或负面的行为倾向。根据马斯洛的需要层次理论,我们将态度的倾向因素分解成追求更高经济收入、追求子女优质教育、寻求更多发展机会三个因素。根据理性选择理论,追求更高经济收入、追求子女优质教育可以归结为经济理性,寻求更多发展机会可以归结为价值理性。

在经济理性方面许多学者进行了研究,美国经济学家托达罗研究得出,预期收入的最大化是农村剩余劳动力向城市迁移的根本动力;莎莉·芬德利研究得出,发展中国家人口流动的重要原因是让其子女能够受到更好的教育;张翼研究发现,少数农民工愿意落户城市是为了孩子的教育与升学。②

关于价值理性,新迁移经济理论认为,"相对剥夺感"是农民决定迁移与否的重要影响因素,农民进城务工更多的是考虑与自身的身份、学历、能力等是否相匹配,当个体及

---

① 王华、彭华:《城市化进程中郊区农民迁移意愿模型——对广州的实证研究》,《地理科学》2009年第1期,第50~55页。
② 张翼:《农民工"进城落户"意愿与中国近期城镇化道路的选择》,《中国人口科学》2011年第2期,第14~26、111页。

第四章　农村剩余劳动力转移需求层次系统分析

家庭在对比参照者时如果出现"相对剥夺感",那么他们一样会选择进城务工。① 我们的调研结果也显示,一部分农民进城务工更多的是追求更大的发展空间。

第二,确定主观规范因素变量。主观规范指个人在决定某项特定行为实施与否时,受到他人或团体的影响程度以及个体感受到的社会压力。根据新迁移经济理论,迁移与否的决定来自家庭成员的共同参与,而非个体选择,而且周围的社会环境也会影响到迁移决策的做出。一般来讲,家人亲朋的建议会影响农村剩余劳动力转移需求产生和递进的过程。所以,本研究选择的反映主观规范的观察变量为家人亲朋赞同态度这个因素。

第三,确定控制认知因素变量。控制认知是指个体能够辨别和判断的在做出某项行为时的难易程度,包括两个方面,一方面是个体能否正确判断自身所具备的条件,另一方面是个体的认知能力和信心。所以我们选择的反映控制认知因素的观察变量为进城具备条件判断这个因素。

(二) 经济因素

1. 经济客观因素

经济客观因素由打工收入、耕地面积、子女教育费用、人均住房面积四个变量构成。大多数学者在经济层面进行研究时都倾向于将打工收入、农业收入、人均耕地面积三个指标纳入变量范围。农民占有耕地的多少会影响其转移需求的产生和转移需求层次的递进,比如,赵耀辉认为,增加一亩耕地可以降低个人 4.4% 的迁移概率,可以降低家庭 2.8%

---

① O. Stark, D. E. Bloom, "The New Economics of Labor Migration," *American Economic Review*, Vol. 75, 1985, pp. 173–178.

的迁移概率。在对经济层面进行研究时，只有少数学者注意到一个问题，就是在城市生活收入是一个方面，而更重要的方面是农民工在城市的开销，如果农民工从主观上认为自己能够承担在城市的开销，那么他或许会继续留在城市，如果认为无力承担，或许就会返回农村，这就引出了在城市中最大的两项开销：住房和教育费用。比如，叶鹏飞在研究中指出，是否有定居意愿主要依据农民工是否能够在城市购置住房等市场因素。所以，我们加入子女教育费用、人均住房面积这两个变量。

2. 经济主观因素

经济主观因素包括子女教育费用承载度、城市买房意愿、责任田放弃意愿、宅基地置换城市房产意愿四个变量。它们反映了农民工在城市对经济负担的感知以及对经济负担承载力的自我判断，是农民工在经济方面的主观意向。比如，张翼研究发现，农民工不愿意在城镇落户的主要原因是他们不愿意交回土地，在令其交回土地的情况下，大约只有10%的农民工愿意获得城镇户口。

（三）社会因素

1. 社会客观因素

赵延东、王奋宇认为，社会资本可以降低农民工的信息成本和使用正式制度的成本。社会资源的拥有量在很大程度上决定着他们在城市的收入和地位。[①] 续田曾认为，除经济地位之外，社会网络也给予了农民工必要的情感支持，降低了他们的心理成本。所以，社会资本可以对农民工的定居意愿

---

① 赵延东、王奋宇：《城乡流动人口的经济地位获得及决定因素》，《中国人口科学》2002年第4期，第8~15页。

第四章　农村剩余劳动力转移需求层次系统分析

起到显著的正面影响。[①] 关于制度对农村剩余劳动力转移影响的研究比较多，比如，马小均认为影响农村剩余劳动力转移的主要障碍包括户籍制度、土地制度和社会保障制度。[②] 关信平认为农民工进入城市，由传统农业社会进入工业化社会，难免面临一些社会风险，包括失业、养老、工伤、疾病等。[③] 绫田曾认为，政府以及企业对农民工社会保险的供给可以在很大程度上提高农民工在城市抵抗风险的能力，从而增强其留城意愿。叶鹏飞在其研究中纳入社会交往因素，它包括工具性交往因子、互助交往因子、情感交往因子。因此，社会客观因素包括社会资本、政策、合同签订、社保参办、就业。

2. 社会主观因素

社会主观因素包括城市归属度、制度压力、就业认知、家庭认知四种。城市归属度在很多学者的研究中都有出现，蔡禾、王进在其研究中加入了农民工主观的社会心理因素，如对城市的适应、心理压力、受歧视感等，并且指出农民工在城市感受到的制度合法性压力是促进农民工进行制度性永久迁移的重要因素。[④] 李珍珍、陈琳在 2008 年对浙江和江苏农民工的留城意愿研究中引入了社会融合度和从业经历。洪小良研究得出，迁移行为受到诸多非理性因素的影响，这些因素包括情感、社会心理、生活习惯、价值观念等，迁移从

[①] 绫田曾：《农民工定居性迁移的意愿分析——基于北京地区的实证研究》，《经济科学》2010 年第 3 期，第 120～128 页。

[②] 马小均：《我国小城镇建设的障碍因素及相关问题研究》，硕士学位论文，重庆大学，2008，第 30～34 页。

[③] 关信平：《现阶段我国农村劳动力转移就业背景下社会政策的主要议题及模式选择》，《江苏社会科学》2005 年第 5 期，第 9～14 页。

[④] 蔡禾、王进：《"农民工"永久迁移意愿研究》，《社会学研究》2007 年第 6 期，第 86～113、243 页。

来就不是一个完全理性的问题。家庭认知表征配偶同在城市对婚姻的维系程度、配偶对打工生活和农民工心理起到的作用，以及农民工对子女未来的期望。

（四）微观调研数据特征

在本次对西安市"城六区"农民工的调研中，性别方面，男性812人，占70.9%，女性334人，占29.1%；年龄方面，18岁以下的18人，占1.6%，18~25岁的284人，占24.8%，26~35岁的326人，占28.4%，36~45岁的394人，占34.4%，46~55岁的106人，占9.2%，56岁及以上的18人，占1.6%；婚姻状况方面，未婚的288人，占25.1%，已婚的858人，占74.9%；文化程度方面，小学及以下78人，占6.8%，初中502人，占43.8%，高中378人，占33.0%，大专100人，占8.7%，大专以上88人，占7.7%；打工时间方面，1年以下56人，占4.9%，1~3年260人，占22.7%，4~5年252人，占22.0%，6~10年270人，占23.6%，10年以上308人，占26.9%；是否有老人需要赡养方面，有老人需要赡养的918人，占80.1%，没有老人需要赡养的228人，占19.9%。

我们将所有样本按照转移状态分为三类：个人转移、夫妻转移、家庭转移。其中，个人转移样本588份，夫妻转移样本350份，家庭转移样本208份。我们认为位于各转移状态下的农民工是具有并已经实现该转移需求层的主体，即个人转移需求层样本588份，夫妻转移需求层样本350份，家庭转移需求层样本208份。从样本分类的数量可以看出，转移需求大致呈"金字塔型"，最低层也是数量最多的一层为个人转移需求层，第二层为夫妻转移需求层，最高层数量最少，为家庭转移需求层（具体数据特征见表4-2）。

第四章 农村剩余劳动力转移需求层次系统分析

表 4-2 转移需求各层次样本特征描述

单位：人，%

特征		个人转移需求层		夫妻转移需求层		家庭转移需求层		合计	
		人数	占比	人数	占比	人数	占比	人数	占比
性别	男性	446	75.9	206	58.9	160	76.9	812	70.9
	女性	142	24.1	144	41.1	48	23.1	334	29.1
年龄	18岁以下	18	3.1	0	0	0	0	18	1.6
	18~25岁	232	39.5	32	9.1	20	9.6	284	24.8
	26~35岁	154	26.2	118	33.7	54	26.0	326	28.4
	36~45岁	132	22.4	152	43.4	110	52.9	394	34.4
	46~55岁	40	6.8	46	13.1	20	9.6	106	9.2
	56岁及以上	12	2.0	2	0.6	4	1.9	18	1.6
婚姻状况	已婚	300	51.0	350	100	208	100	858	74.9
	未婚	288	49.0	0	0	0	0	288	25.1
文化程度	小学及以下	36	6.1	24	6.9	18	8.7	78	6.8
	初中	264	44.9	162	46.3	76	36.5	502	43.8

续表

特征		个人转移需求层		夫妻转移需求层		家庭转移需求层		合计	
		人数	占比	人数	占比	人数	占比	人数	占比
文化程度	高中	176	29.9	132	37.7	70	33.7	378	33.0
	大专	66	11.2	12	3.4	22	10.6	100	8.7
	大专以上	46	7.8	20	5.7	22	10.6	88	7.7
打工时间	1年以下	44	7.5	8	2.3	4	1.9	56	4.9
	1~3年	184	31.3	34	9.7	42	20.2	260	22.7
	4~5年	156	26.5	72	20.6	24	11.5	252	22.0
	6~10年	116	19.7	106	30.3	48	23.1	270	23.6
	10年以上	88	15.0	130	37.1	90	43.3	308	26.9
是否有老人需要赡养	是	432	73.5	304	86.9	182	87.5	918	80.1
	否	156	26.5	46	13.1	26	12.5	228	19.9
合计		588	51.3	350	30.5	208	18.2	1146	—

资料来源：笔者调研所得。

第四章　农村剩余劳动力转移需求层次系统分析

后续章节的计量分析需要对位于各转移需求层上农民工的转移需求进行分析，并甄别出位于个人转移需求层的农民工向夫妻转移需求层递进的影响因素、位于夫妻转移需求层的农民工向家庭转移需求层递进的影响因素、位于家庭转移需求层的农民工向定居需求和落户需求递进的影响因素，并通过对影响因素的综合分析，总结出影响转移需求层次系统变化的关键因素。

本章小结

首先，我们在上一章对农村剩余劳动力转移需求层次分类的基础上构建以家庭结构转移需求为主线并融入定居和落户转移需求的农村剩余劳动力转移需求层次系统。转移需求层次系统是一个金字塔型的层级结构，由低到高依次为个人转移需求层、夫妻转移需求层、家庭转移需求层。农村剩余劳动力转移需求由低到高逐层上升，当一个层次的转移需求被满足后就会产生更高一个层次的转移需求，农村剩余劳动力可能停留在某一个转移需求层次之上而无法向上递进，三个转移需求层次可能同时出现，但在某一个阶段总会有一个优势转移需求作为主导并呈现显性状态，而其他转移需求呈现隐性状态。当前形势下跨越转移需求层次递进关系的转移需求的满足要求农村剩余劳动力具有更强的实力，这种跨越式的转移需求会由于现实问题而进行自我调节从而重新进入转移需求层次递进过程中，大多数情况下，转移需求层次是无法超越的。

其次，我们对影响农村剩余劳动力转移需求层次系统的宏观因素进行了分析。从城市/城镇化进程、政策环境、城乡经济差距、产业结构、城镇就业环境、劳动力市场六个方面对农村剩余劳动力转移需求层次系统宏观影响因素进行了研究。当前我国的城市化正处于快速发展阶段，城市人口数量的增加和城市数量的增加及规模的扩大，有赖于农村剩余劳动力转移进入城市并取得城市户籍，以此作为城市户籍人口自然增长的补充，农村剩余劳动力转移需求的实现为城市提供了充足的劳动力，城市化进程的加快反过来又为农村剩余劳动力转移需求层次递进过程中的需求满足提供了充分的条件，促进转移需求层次的递进并最终达到最高层次，使农民工完成从农民到城市居民的转变。

虽然我国当前二元户籍制度的松动使农村剩余劳动力转移需求得以产生并实现低层次的转移需求，但是二元户籍制度之下的社会保障和福利仍然存在着巨大差别，致使农村剩余劳动力低层次转移需求实现后，无法取得与城市居民平等竞争的权利和同等待遇，无法满足位于低层次转移需求之上的众多需求，阻碍了高层次转移需求的产生和实现。土地承包解除了农村剩余劳动力转移需求层次中较低层次的重大束缚；土地依法转让，进一步促进了农村剩余劳动力高层次转移需求的产生和实现。但是，现行土地制度的平均分配原则造成了农村土地的小规模与分散经营；土地产权不够清晰，流转机制不够完善，仍然将一定数量的农民束缚在土地之上；土地所承载的社会保障功能以及城乡分割的社会保障制度体系也使得农民不能够安心放弃土地，阻碍了家庭化落户城市需求的产生和实现。

逐渐改革的城市农民工社会保障体系为农村剩余劳动力

第四章 农村剩余劳动力转移需求层次系统分析

转移需求层次的递进提供了越来越多的保障，但是现有的农民工社会保障体系存在诸多问题，仍然没有完全改变城乡分割的制度状态，无法为农民工提供足够的城市就业机会、生活保障，不能满足农民工在城市务工的保障需求，致使农民工转移需求层次的上升受到阻碍。大部分农民工仍然将土地视为其生存和养老的保障，转移需求层次无法达到家庭落户城市状态。

城乡收入差距缩小会减弱对转移需求的刺激作用，当前农村剩余劳动力举家进入城市落户的需求并不强烈，但是我国农村发展的地域化差异使得城乡经济差距仍然客观存在，所以农村剩余劳动力转移需求的产生和实现仍然有着现实的土壤。

第二、第三产业尤其是第三产业的蓬勃发展需要大量的农村剩余劳动力，这就为农村剩余劳动力向非农产业的转移提供了条件。反过来，农村剩余劳动力转移需求的产生和实现又为第二、第三产业的发展提供了充足的劳动力，促进其进一步繁荣发展。

城镇用工供给关系失衡，无法提供充足的工作岗位，会降低农村剩余劳动力对转移的预期收入，国家近年来惠农政策的力度不断加大，会在很大程度上抑制转移需求的产生和层次递进的实现。

劳动力市场化让农民工进城务工成为现实，是转移需求产生的基本条件。但是，当前城乡不统一的劳动力市场机制使得农村剩余劳动力进城后无法获得与城镇劳动力公平竞争的机会，阻碍了转移需求的产生，使农民工丧失了大量能够满足转移需求的途径；不均衡的劳动力市场服务加大了农村剩余劳动力转移过程中的就业成本，抑制了高层次转移需求的产生；农民工合法权益得不到保护，致使农民工满足低层次转移需求的难度加大，从而延缓转移需求层次递进的速度。

最后，从个体、经济、社会三个方面对农村剩余劳动力转移需求层次系统的微观影响因素进行了分析。对三类因素均从客观和主观两个维度进行相关变量提取，并对调研获得的数据特征进行描述，为后面进行实证分析奠定了基础。

通过综合学者们的研究成果，个体客观因素从个体特征、人力资本、家庭结构三个方面来选取变量。根据本研究需要，最终选择性别、年龄、婚姻状况、文化程度、打工时间、是否有老人需要赡养六个变量作为个体客观因素。个体主观因素是指农村剩余劳动力的主观意向，包括态度倾向、主观规范、控制认知三个方面。根据需要层次理论，可以将态度倾向因素分解为追求更高经济收入、追求子女优质教育、寻求更多发展机会三个因素。根据新迁移经济理论，本研究的观察变量选择了家人亲朋赞同态度，以此反映主观规范。选择进城具备条件判断这个因素作为反映控制认知因素的观察变量。

经济客观因素由打工收入、耕地面积、子女教育费用、人均住房面积四个变量构成，其中子女教育费用、人均住房面积两个变量是我们不同于前人研究之处。经济主观因素包括子女教育费用承载度、城市买房意愿、宅基地置换城市房产意愿、责任田放弃意愿四个变量，反映了农民工在城市对经济负担的感知以及对经济负担承载力的自我判断，是农民工在经济方面的主观意向。

第四章 农村剩余劳动力转移需求层次系统分析

社会客观因素包括社会资本、政策、合同签订、社保参办、就业。社会主观因素包括城市归属度、制度压力、就业认知、家庭认知四种。其中家庭认知是本研究有别于前人研究的变量，家庭认知表征农民工认为配偶同在城市对婚姻的维系程度、配偶对打工生活和农民工心理起到的作用，以及农民工对子女未来的期望。

第五章 个人转移需求层实证分析

第一节 个人转移需求层需求分析

(一) 个人转移需求层需求特征分析

1. 个人转移需求层转移需求特征

(1) 夫妻转移需求

个人转移需求层的样本中,有夫妻转移需求的共326人,占55.4%,没有夫妻转移需求的共262人,占44.6%。由此可见,当前在城市打工的人群中有超过一半的人已经产生了夫妻转移需求。

(2) 家庭转移需求

个人转移需求层样本中,有家庭转移需求的共288人,占49%,没有家庭转移需求的共300人,占51%(见表5-1)。可见,在个人转移需求层有家庭转移需求的人数比有夫妻转移需求的人数要少。我们经过交互分析发现,在有夫妻转移需求的样本中,同时有家庭转移需求的达到60%,而没有夫妻转移需求的样本中有家庭转移需求的占到大概35%,在没有夫妻转移需求的人中有大约65%的人也没有家庭转移需求,这说明,大部分有夫妻转移需求者,已经出现隐性的家庭转移需求,换句话说,他们转移的最终状态是全家进入城市,而想要夫妻转移进入城市仅仅是实现最终目的的一个过渡。在没有夫妻转移需求却有家庭转移需求的人中,我们统计得出其中有近61%是未婚,年龄集中在18~25岁,所以这部分人群对于配偶在实际打工过程中的作用没有概念。

表 5-1 个人转移需求层家庭转移需求与夫妻转移需求交互统计

单位:人

| | | 夫妻转移需求 || 合计 |
		无	有	
家庭转移需求	无	170	130	300
	有	92	196	288
合计		262	326	588

(3) 定居需求

个人转移需求层样本中,有定居需求的共346人,占个人转移需求层总人数的58.8%,其中有夫妻转移需求的共220人,占有夫妻转移需求总人数的67.5%。这说明在有夫妻转移需求的人中大部分有定居需求,只不过当前这种需求还处于隐性状态(见表5-2)。

表 5-2 个人转移需求层定居需求与夫妻转移需求交互统计

单位:人

| | | 夫妻转移需求 || 合计 |
		无	有	
定居需求	无	136	106	242
	有	126	220	346
合计		262	326	588

(4) 落户需求

个人转移需求层的样本中，有落户需求的共 324 人，占个人转移需求层总人数的 55.1%，其中有夫妻转移需求的共 202 人，占有夫妻转移需求总人数的 62.0%。这说明，有夫妻转移需求者中大部分人的最终转移目的是进入城市落户（见表 5-3）。

表 5-3　个人转移需求层落户需求与夫妻转移需求交互统计

单位：人

		夫妻转移需求		合计
		无	有	
落户需求	无	140	124	264
	有	122	202	324
合计		262	326	588

2. 个人转移需求层经济需求特征

(1) 收入需求

位于个人转移需求层上的农民工中，实际打工月收入 1500 元及以下的占 15.9%，1501~3500 元的占 55.8%，3500 元以上的占 28.2%。农民工期望月收入 1500 元及以下的占 3.0%，1501~3500 元的占 65.7%，3500 元以上的占 31.3%（具体情况见表 5-4）。可见，农民工期望月收入水平总体比实际月收入水平要高，说明农民工对当前薪酬并不满意。本次调研结果与 2010 年数据相比有大幅提高，可能是因为近几年农民工工资水平增长迅速，也可能是受到抽样影响。一半以上的农民工位于生活转移需求层。通过相关性测试发现，农民工实际月收入和期望月收入与夫妻转移需求在0.01水平上显著正相关,但与家庭转移需求、定居需求、落户需求的相关性不显著。

表5-4 个人转移需求层农民工收入需求

单位:人,%

打工月收入	实际		期望	
	人数	占比	人数	占比
1000元及以下	12	2.0	2	0.3
1001~1500元	82	13.9	16	2.7
1501~2500元	182	31.0	224	38.1
2501~3500元	146	24.8	162	27.6
3500元以上	166	28.2	184	31.3
合计	588	99.9	588	100

(2)住房需求

个人转移需求层的样本中,现有人均住房情况为:5平方米及以下占45.2%,6~10平方米占24.1%,11~15平方米占7.1%,16~20平方米占6.1%,20平方米以上占17.3%,大部分住房面积在10平方米及以下,占到近70%。

在测试农民工对住房的需求时,我们选取了"住房结构"这个指标,这比面积更能反映农民工在住房上的需求。数据显示,位于个人转移需求层的农民工,对单人宿舍的需求和对两室一厅的需求比较强烈,分别占到了33%和32.7%。我们通过交互分析发现,没有夫妻转移需求的样本对集体宿舍的需求更为强烈,有夫妻转移需求的样本对单人宿舍和两室一厅的需求更为强烈。

我们对夫妻转移需求、定居需求、住房结构进行的交互分析,可以解释为什么具有夫妻转移需求者对两室一厅住房结构的需求如此强烈。那是因为，有夫妻转移需求同时选择两室一厅的农民工有 140 人，其中有 114 人具有定居需求，比重高达 81.4%，说明他们对住房需求的考虑比较长远。这个结果与我们前面分析的转移需求的递进关系是相符的。

在住房来源需求方面，选择政府建经济适用房的占 21.1%，选择政府建廉租房的占 10.5%，选择政府建公共租赁房的占 4.8%，选择政府或单位提供住房补贴的占 9.5%，选择用人单位免费（或象征性收费）提供租房的占 39.8%，选择买商品房的占 11.2%，选择其他的占 3.1%。可见，位于个人转移需求层的农民工更希望用人单位免费（或象征性收费）提供租房，这种住房大多是集体宿舍或单人宿舍；其次是政府建经济适用房。

对于城市买房意愿，统计结果如表 5-5 所示，有买房需求的 256 人占个人转移需求层总样本数的 43.5%，其中有夫妻转移需求的占 60.2%，有家庭转移需求的占 68.8%，有定居需求的占 78.9%，有落户需求的占 73.4%。

表 5-5　个人转移需求层城市买房需求与其他需求交互统计

单位：人

		夫妻转移需求		家庭转移需求		定居需求		落户需求	
		无	有	无	有	无	有	无	有
城市买房需求	无	160	172	220	112	188	144	198	134
	有	102	154	80	176	54	202	68	188
合计		262	326	300	288	242	346	266	322

通过对四项需求进行相关性测试，我们发现，夫妻转移需求与城市买房需求相关性不显著，而家庭转移需求、定居

需求和落户需求与城市买房需求在 0.01 水平上显著正相关，这说明农民工转移的最终需求对城市买房需求的影响非常大（见表 5-6）。

表 5-6　个人转移需求层转移需求与城市买房需求相关性

	城市买房需求	夫妻转移需求	家庭转移需求	定居需求	落户需求
城市买房需求	1	0.083	0.347**	0.358**	0.329**
夫妻转移需求	0.083	1	0.249**	0.196**	0.161**
家庭转移需求	0.347**	0.249**	1	0.640**	0.508**
定居需求	0.358**	0.196**	0.640**	1	0.712**
落户需求	0.329**	0.161**	0.508**	0.712**	1

注：** 表示在 0.01 水平（双侧）上显著相关。

在宅基地置换城市房产需求和宅基地处理方式需求上，我们可以看到，没有置换需求的占 61.6%，置换成城市房产的占 25.5%，置换成城市社保的占 1.7%，置换成子女城市教育费用的占 1.7%，置换成一笔现金的占 9.5%，可知大部分个人转移需求层上的农民工不愿意进行宅基地的置换。在有置换需求的样本中，置换成城市房产的比重最高，其次是置换成一笔现金，置换成城市社保和子女城市教育费用的占比一样。

（3）子女教育需求

位于个人转移需求层的农民工，没有选择该项的有 256 人，占个人转移需求层样本总数的 43.5%，这些人可能是现在还没有孩子或者孩子还没有上学，另外有 38.1% 在农村学校，4.1% 在城市农民工子弟学校，6.8% 在城市普通公办学校，6.1% 在城市重点公办学校，1.4% 在城市民办学校。在期望子女上学学校类型中没有选择的有 106 人，占个人转移需求层样本总数的18.0%,选择农村学校的占4.1%,选择城市农民工子弟学校的占8.5%,选择城市重点公办学校的占53.7%,选择城市普通公办学校的占13.3%,选择城市民办学校的占2.4%,样本有效百分比达到82%,可见,农民工对子女教育非常重视,期望孩子得到更好的教育,这也反映了农民工在子女教育方面希望得到与城市居民同等的待遇。

(4) 城市工作稳定程度需求

位于个人转移需求层的农民工,在城市工作稳定程度需求问题中选择"重要""非常重要"的人数为412人,占个人转移需求层样本总数的70%,说明大部分人希望工作趋于稳定,这与我们大部分人择业心态和当前就业形势是相符的。其中61%有夫妻转移需求,说明大部分有夫妻转移需求者希望工作能够比较稳定(见表5-7)。

我们进一步测试了夫妻转移需求和城市工作稳定程度需求之间的相关性,结果显示二者在0.05水平上有较小相关性,说明城市工作稳定程度对夫妻转移需求产生的影响不大。("非常不重要"赋值为1,"非常重要"赋值为5)

表5-7 个人转移需求层夫妻转移需求与城市工作稳定程度需求交互统计

单位:人

		城市工作稳定程度需求					合计
		非常不重要	不重要	一般	重要	非常重要	
夫妻转移需求	无	12	20	68	88	74	262
	有	14	14	48	132	118	326
合计		26	34	116	220	192	588

对城市工作稳定程度需求比较高的农民工中有39.3%是没有夫妻转移需求的。对于这部分人,我们进一步分析了他们的定居意愿,结果发现,其中有68.0%是具有定居需求的,这说明农民工转移需求的最终目标会对城市工作稳定程度需求有一定影响。通过相关性分析,我们可以看出定居需求和家庭转移需求与城市工作稳定程度需求在0.01水平上呈正相关。也就是说,如果他们的转移需求是递进的并且最终要达到定居的目的,那么他们对城市工作稳定程度的需求会更强烈(见表5-8、表5-9)。

表5-8 个人转移需求层夫妻转移需求、城市工作稳定程度需求与定居需求交互统计

单位:人

定居需求	夫妻转移需求		城市工作稳定程度需求					合计
			非常不重要	不重要	一般	重要	非常重要	
无	夫妻转移需求	无	10	20	52	32	22	136
		有	2	4	22	50	28	106
	合计		12	24	74	82	50	242
有	夫妻转移需求	无	2	0	16	56	52	126
		有	12	10	26	82	90	220
	合计		14	10	42	138	142	346

表5-9 个人转移需求层转移需求与城市工作稳定程度需求相关性

	城市工作稳定程度需求	夫妻转移需求	家庭转移需求	定居需求	落户需求
城市工作稳定程度需求	1	0.124*	0.205**	0.256**	0.129*

续表

	城市工作稳定程度需求	夫妻转移需求	家庭转移需求	定居需求	落户需求
夫妻转移需求	0.124*	1	0.249**	0.196**	0.161**
家庭转移需求	0.205**	0.249**	1	0.640**	0.508**
定居需求	0.256**	0.196**	0.640**	1	0.712**
落户需求	0.129*	0.161**	0.508**	0.712**	1

注：* 表示在 0.05 水平（双侧）上显著相关；** 表示在 0.01 水平（双侧）上显著相关。

另外，我们通过年龄和城市工作稳定程度需求发现，女性比男性对城市工作有着更为强烈的稳定要求，从表 5-10 中我们可以看出，选择"重要""非常重要"的女性，占女性样本总数的 78.9%，而选择这两项的男性占男性样本总数的 67.3%。通过对性别和城市工作稳定程度需求的相关性测试我们发现二者在 0.05 水平上显著相关，这也就解释了为什么无夫妻转移需求但城市工作稳定程度需求较为强烈的农民工中有 33.3% 无定居需求，城市工作稳定程度需求仍然如此强烈，通过计算我们发现，这 33.3% 的农民工中有近 70% 为女性。

表 5-10 个人转移需求层性别与城市工作稳定程度需求交互统计

单位：人

		城市工作稳定程度需求					合计
		非常不重要	不重要	一般	重要	非常重要	
性别	男	22	26	98	168	132	446

续表

		城市工作稳定程度需求					合计
		非常不重要	不重要	一般	重要	非常重要	
性别	女	4	8	18	52	60	142
合计		26	34	116	220	192	588

(5) 土地需求

对于个人转移需求层的农民工，我们测试了其对责任田的放弃需求、对责任田处理方式的需求、对宅基地处理方式的需求。有77.9%的农民工不愿意放弃责任田，大多数农民工对责任田仍然有强烈的保有需求。通过交互分析，我们发现在有放弃责任田需求的样本当中，有夫妻转移需求、定居需求、落户需求的样本数量极为相近，三类人数占到了有责任田放弃需求人数的63%~66%，这说明当前以个人状态进入城市而最终转移需求是在城市定居、落户的农民工中，有超过60%的农民工是愿意放弃责任田的（见表5-11）。

表5-11 个人转移需求层责任田放弃需求与其他需求交互统计

单位：人

		夫妻转移需求		定居需求		落户需求	
		无	有	无	有	无	有
责任田放弃需求	无	214	244	198	260	220	238
	有	48	82	44	86	46	84
合计		262	326	242	346	266	322

相关性检验显示，夫妻转移需求、家庭转移需求、定居需求、落户需求与责任田放弃需求相关性不显著，说明当农民工位于个人转移需求层时，最为显性的需求是夫妻

151

转移需求，但这种需求与责任田放弃与否关系不大。在更高层次的家庭转移需求、定居需求、落户需求方面，虽然有些农民工已经产生这些需求，但只是隐性的，农民工自己的这些需求并不是很强烈，比较模糊，所以责任田作为他们的退路，放弃与否并不会对转移需求产生很大影响（见表5-12）。

表5-12 个人转移需求层责任田放弃需求与其他需求相关性

	责任田放弃需求	夫妻转移需求	家庭转移需求	定居需求	落户需求
责任田放弃需求	1	0.082	0.003	0.079	0.105
夫妻转移需求	0.082	1	0.249**	0.196**	0.161**
家庭转移需求	0.003	0.249**	1	0.640**	0.508**
定居需求	0.079	0.196**	0.640**	1	0.712**
落户需求	0.105	0.161**	0.508**	0.712**	1

注：** 表示在0.01水平（双侧）上显著相关。

在责任田处理方式需求方面，在个人转移需求层中，有43.9%选择自己保留，26.2%选择给亲戚种自己获得一点收益，21.8%选择保留承包权转租出去，5.4%选择集体收回给一次性补偿，2.7%选择其他。可见，70.1%的农民工希望土地仍然在自己人手里面，只有5.4%的人愿意让集体收回土地获得一次性补偿，这仍然反映了农民工对土地的保有态度非常强烈。

3. 个人转移需求层社会需求特征

（1）户籍需求

位于个人转移需求层上的农民工，户籍需求状态如表5-13所示，可以看出，当农民工位于个人转移需求层时对户籍的需求并不强烈,认为户籍重要性是"一般""不重要""非常不重要"的总共占65.6%,在认为户籍"重要"和"非常重要"的样本中,有夫妻转移需求的占56.4%,有家庭转移需求的占65.3%,有定居需求的占78.2%,有落户需求的占83.2%,很明显随着转移需求层次的上升,有户籍需求的人数在增加。

表5-13 个人转移需求层户籍重要性与其他需求交互统计

单位:人,%

户籍重要性	夫妻转移需求 无	夫妻转移需求 有	家庭转移需求 无	家庭转移需求 有	定居需求 无	定居需求 有	落户需求 无	落户需求 有	合计 人数	合计 占比
非常不重要	20	14	30	4	24	10	28	6	34	5.8
不重要	60	76	102	34	96	40	110	26	136	23.1
一般	94	122	98	118	78	138	94	122	216	36.7
重要	66	86	56	96	36	116	30	122	152	25.9
非常重要	22	28	14	36	8	42	4	46	50	8.5
合计	262	326	300	288	242	346	266	322	588	100

接下来,我们对这五项进行相关性检验,发现户籍需求与夫妻转移需求相关性不显著,但是家庭转移需求、定居需求、落户需求与户籍需求在0.01水平上显著正相关(见表5-14)。

表5-14 个人转移需求层户籍需求与其他需求相关性

	户籍需求	夫妻转移需求	家庭转移需求	定居需求	落户需求
户籍需求	1	0.038	0.340**	0.376**	0.498**
夫妻转移需求	0.038	1	0.249**	0.196**	0.161**

续表

	户籍需求	夫妻转移需求	家庭转移需求	定居需求	落户需求
家庭转移需求	0.340**	0.249**	1	0.640**	0.508**
定居需求	0.376**	0.196**	0.640**	1	0.712**
落户需求	0.498**	0.161**	0.508**	0.712**	1

注：** 表示在 0.01 水平（双侧）上显著相关。

（2）社会认同需求

此项需求我们用问题"您认为获得与城市居民同等待遇：①非常不重要；②不重要；③一般；④重要；⑤非常重要"来测度。统计结果显示，认为市民待遇（获得与城市居民同等待遇）"非常不重要"和"不重要"的占 8.5%，认为"非常重要"和"重要"的占 48.3%，认为"一般"的占 43.2%，可见位于个人转移需求层的农民工对于社会认同的需求并不强烈，而且有相当一部分农民工对此并没有什么感觉，所以会选择"一般"。在认为市民待遇"非常重要"和"重要"的样本中，有夫妻转移需求的占到 57.7%，有家庭转移需求的占到 68.3%，有定居需求的占到 78.9%，有落户需求的占到 73.9%，可见有定居需求的农民工的社会认同需求相对要强烈一些（见表 5-15）。

表 5-15　个人转移需求层市民待遇重要性与其他需求交互统计

单位：人，%

市民待遇重要性	夫妻转移需求 无	夫妻转移需求 有	家庭转移需求 无	家庭转移需求 有	定居需求 无	定居需求 有	落户需求 无	落户需求 有	合计 人数	合计 占比
非常不重要	4	6	10	0	8	2	10	0	10	1.7
不重要	18	22	36	4	38	2	38	2	40	6.8

续表

市民待遇重要性	夫妻转移需求 无	夫妻转移需求 有	家庭转移需求 无	家庭转移需求 有	定居需求 无	定居需求 有	落户需求 无	落户需求 有	合计 人数	合计 占比
一般	120	134	164	90	136	118	144	110	254	43.2
重要	72	96	66	102	48	120	50	118	168	28.6
非常重要	48	68	24	92	12	104	24	92	116	19.7
合计	262	326	300	288	242	346	266	322	588	100

对社会认同需求、夫妻转移需求、家庭转移需求、定居需求、落户需求的相关性检验结果显示，社会认同需求与夫妻转移需求没有显著相关性，而与家庭转移需求、定居需求、落户需求均在0.01水平上显著正相关（见表5-16）。

表5-16 个人转移需求层社会认同需求与其他需求相关性

	社会认同需求	夫妻转移需求	家庭转移需求	定居需求	落户需求
社会认同需求	1	0.035	0.420**	0.450**	0.415**
夫妻转移需求	0.035	1	0.249**	0.196**	0.161**
家庭转移需求	0.420**	0.249**	1	0.640**	0.508**
定居需求	0.450**	0.196**	0.640**	1	0.712**
落户需求	0.415**	0.161**	0.508**	0.712**	1

注：** 表示在0.01水平（双侧）上显著相关。

4. 个人转移需求层其他需求

该测试允许被调查者多项选择，在所列的待选需求里面，选择"参加免费技能培训"的占77.6%，选择"进修提升学历"的占28.6%，选择"就业扶持与优惠"的占23.1%，选择"提供政策咨询"的占11.2%，选择"单位文化娱乐活动"

的占 32.7%，选择"其他"的占 5.8%。可见，位于个人转移需求层的农民工对掌握生存技能的需求最强烈，他们首先考虑的是如何才能保证自己职业生涯的继续。

(二) 结论

通过对个人转移需求层的需求分析，我们得出以下四点结论。

第一，在转移需求方面，个人转移需求层上的农民工中55.4%有夫妻转移需求，49%有家庭转移需求，58.8%有定居需求，55.1%有落户需求，有夫妻转移需求又有家庭转移需求的占个人转移需求层总人数的 33.3%，没有夫妻转移需求但有家庭转移需求的占个人转移需求层总人数的 15.6%，这说明我们前面构建的农村剩余劳动力转移需求层次金字塔型结构和农村剩余劳动力转移层次递进结构与客观实际是相符合的。有一部分农民工没有夫妻转移需求但有家庭转移需求，跨过夫妻转移需求层直接进入家庭转移需求层是否能够实现，这与农民工个人能力有直接的关系，但是，正如我们所分析的，现实中城市就业的种种风险会让他们做出合理的选择，而大部分农民工在我国当前形势下会经历夫妻转移需求层而上升到家庭转移需求层。

第二，在经济需求方面，个人转移需求层上的农民工整体住房情况比较差，10 平方米及以下的占到近 70%，没有夫妻转移需求的农民工对集体宿舍的需求比较强烈，有夫妻转移需求的农民工对单人宿舍和两室一厅的需求比较强烈，具有两室一厅住房需求的人员绝大部分是有家庭转移需求的，这更印证了我们对农村剩余劳动力转移需求层次递进的假设。夫妻转移需求与农民工城市买房需求没有明显的相关性，61.6%的农民工不希望进行宅基地的置换，近40%有置换需求的农民工中愿意置换成城市房产的占了一半以上。在子女上学的农民工中，近67.5%的农民工子女在农村上学，而农民工对孩子教育非常重视，80%左右的农民工希望孩子能在城市公办学校读书。个人转移需求层的农民工对土地的保有意愿非常强烈。70%的农民工希望城市工作能够相对稳定一些，但是我们发现，如果农民工的转移需求是递进的，最终要达到定居的目的，那么他们对城市工作稳定程度的需求会更强烈。

第三，在社会需求方面，个人转移需求层的农民工对于户籍和社会认同的需求并不强烈，但是具有更高层次转移需求的农民工对户籍和社会认同需求的强烈程度在上升。

第四，在其他需求方面，个人转移需求层的农民工以增加自身技能的免费培训需求为主。

第二节 个人转移需求层夫妻转移需求影响因素实证分析

（一）研究假设

1. 个体因素研究假设

（1）个体客观因素相关变量及研究假设

目前没有关于夫妻转移影响因素的研究内容，我们在指标选取上只能借鉴转移意愿影响因素研究的相关指标。个体客观因素方面我们选取了性别、年龄、婚姻状况、文化程度、打工时间、是否有老人需要赡养六个变量。

①性别。性别是一项基本指标，在对农村剩余劳动力

的转移意愿进行了研究的学者中，大多数都将此指标纳入其中。有关研究结果表明，男性进城务工工资水平比女性要高得多。① 因此，家庭更有可能先让男性进城务工，以实现家庭收入的最大化，并且由于具有较高收入，男性更有能力将家人迁入打工城市。但是也有研究发现，女性比男性更具有带动全家迁移的意愿，比如洪小良对北京市农民工的研究。通常情况下，女性相对于男性对婚姻的危机感更强，因此，我们假设女性比男性的夫妻转移需求更强烈。

②年龄。年龄是产生不同转移需求层次的一个重要的影响指标。年龄在迁移决策做出时具有最强的选择性，流动性最大的是20~30岁年龄段的人②；哈瑞发现最倾向于迁移的年龄为16~25岁和26~35岁。③ 我们在研究夫妻转移需求时将年龄划分为六个阶段，年龄赋值由小到大，年龄与夫妻转移需求可能呈负相关。

③婚姻状况。与未婚者相比，有配偶者更倾向于带动家人迁移。我们将"未婚"赋值为0，"已婚"赋值为1。"婚姻状况"与夫妻转移需求可能呈正相关。

④文化程度。大多数学者的研究表明，文化程度越高迁移意愿越强烈。所以我们对"文化程度"变量由小到大赋

---

① 蔡昉：《迁移决策中的家庭角色和性别特征》，《人口研究》1997年第2期，第7~12页。
② 袁培：《关于劳动力转移行为的重新认识——基于西方主流微观人口迁移理论的分析》，《改革与战略》2009年第10期，第146~148页。
③ Denise Hare, "'Push' Versus 'Pull' Factors in Migration Outflows and Returns: Determinants of Migration Status and Spell Duration among China's Rural Population," *Journal of Development Studies*, Vol. 35, No. 3, 1999, pp. 45–72.

值，它与夫妻转移需求可能呈正相关。

⑤打工时间。"打工时间"对夫妻转移需求的影响待定。

⑥是否有老人需要赡养。如果家里有老人需要赡养，可能需要留夫妻双方中一方在家照顾，降低夫妻转移需求，但是如果老人身体尚健康，可能对夫妻转移需求没有太大影响，另外，赡养老人对经济上会有更高要求，又可能会促进夫妻转移。所以，"是否有老人需要赡养"对夫妻转移需求的影响待定。

（2）个体主观因素相关变量及研究假设

个体主观因素由五个变量构成：获得更高经济收入、让子女获得更好教育、寻求更多发展机会、家人亲朋赞同态度、进城具备条件判断。我们在测量和评估主观因素的自变量时，选择了 Likerts 5 分量表的形式①，所有指标赋值均从 1 到 5，由小到大赋值。

①获得更高经济收入。学者们的研究显示，追求更高经济收入是许多农民进城务工的首要目标。赵耀辉认为，城乡之间的收入差距是农民进城务工的主要动因。夫妻转移需求的产生，部分是因为两个人外出打工更能增加家庭收入。所以，"获得更高经济收入"可能与夫妻转移需求显著正相关。

②让子女获得更好教育。如今越来越多的农民开始重视子女教育问题，这与农民收入水平和生活水平的不断提高密切相关，农民逐渐认识到良好的教育会使孩子未来有更多的竞争资本，为孩子在激烈的工作竞争中打下一定基础。相对

---

① 张哲、周静、刘启明：《辽北地区农户参与农民专业合作社满意度影响因素实证分析》，《农业经济》2012 年第 2 期，第 42~43 页。

于农村，城市的教育资源以及教育质量要更加优越，这是很多家长的一个固有认知。在这样的认知引导下，为了让子女接受更好的城市教育，一部分夫妻会共同进城务工为孩子创造学习的基本经济环境。所以，"让子女获得更好教育"可能与夫妻转移需求显著正相关。

③寻求更多发展机会。一部分农民出来打工并不仅仅是为了经济上的收益，尤其是对于新生代农民工而言。比如，刘燕在对西安市新生代农民工的调研中发现，大多数新生代农民工外出务工的动机兼具经济型和发展型。[①] 所以，当个人有了伴侣的陪伴和支持时能够有更大的动力和精力来寻求更多的发展机会。因此，"寻求更多发展机会"与夫妻转移需求可能呈正相关。

④家人亲朋赞同态度。新迁移经济理论认为，家庭是做出个体转移决策的主体。家人亲朋的意见对农民工转移需求会产生一定的影响，尤其是具有较高文化程度和较丰富阅历的亲友会对农民工是否进行家庭化转移产生较大的影响。因此，"家人亲朋赞同态度"可能与夫妻转移需求显著正相关。

⑤进城具备条件判断。农民工能否对自身条件和能力客观准确地进行判断关系到农民工家庭转移需求是否产生及实现的整个过程，农民工个体的认知水平会影响其判断的准确程度。当个体对自己的条件和能力认识越清晰时，越能够正确刺激夫妻转移需求的产生，并在条件具备时付诸行动，带动配偶转移。因此，"进城具备条件判断"与夫妻转移需求

---

① 刘燕：《新生代农民工家庭式迁移城市意愿影响因素研究——以西安市为例》，《统计与信息论坛》2013年第11期，第105~111页。

可能呈正相关。

2. 经济因素研究假设

（1）经济客观因素相关变量及研究假设

我们选择了打工月收入、耕地面积、子女教育费用三个变量。

①打工月收入。学者们研究发现，迁入地家庭收入越高，发生家庭迁移的可能性越大，工资收入水平的提高是农民外出的动力。[1] 但也有学者研究表明，外出务工月收入对转移意愿没有显著影响。因此，"打工月收入"对夫妻转移需求的影响待定。

②耕地面积。现有研究表明，人均耕地面积与农村剩余劳动力转移数量呈负相关，即如果人均耕地面积增加，农村剩余劳动力转移数量会降低。但也有学者研究发现，人均耕地面积与后继迁移没有显著关系。因此，"耕地面积"对夫妻转移需求的影响待定。

③子女教育费用。子女教育费用越高，则需要越多资金支持，夫妻可能会为了孩子能持续得到好的教育而一同进入城市打工。因此，该变量与夫妻转移需求可能呈正相关。

（2）经济主观因素相关变量及研究假设

经济主观因素包括责任田放弃意愿和子女教育费用承载度两项指标，它们用来反映个体对城市经济负担的主观认知。

①责任田放弃意愿。农民工一旦愿意放弃责任田，那么他们的生存问题就只能靠外出打工来解决，所以该变量与夫

---

[1] 杨敏：《影响农村剩余劳动力转移因素的实证分析》，《宁夏社会科学》2007年第6期，第63~65页。

妻转移需求可能呈正相关。

②子女教育费用承载度。如果农民工认为一个人打工无法承担孩子上学的费用，那么他有可能将配偶也接到城里一同打工，增加收入以供孩子上学。所以，"子女教育费用承载度"与夫妻转移需求可能呈负相关。

3. 社会因素研究假设

（1）社会客观因素相关变量及研究假设

我们选取了合同签订、社保参办两个变量。

①合同签订。一般而言，已签订劳动合同的农民工，会认为就业单位比较正规，就业过程有一定保障，愿意将配偶接到城里一同打工。"是"赋值为"1"，"否"赋值为"0"，该变量可能与夫妻转移需求呈正相关。

②社保参办。社保制度关系到农村剩余劳动力进入城市务工后的保障问题，已参加社会保险会相应觉得自己在城市有一定保障，安全感更强，愿意将配偶带入城市。因此，我们列出"城镇基本养老保险""城镇基本医疗保险""工伤保险""失业保险""生育保险"五个项目，由调研人员计算出转移主体已参办社保的数量，"没参加"赋值为"0"，参加了一项赋值为"1"，参加了两项赋值为2，依次类推，该变量可能与夫妻转移需求呈正相关。

（2）社会主观因素相关变量及研究假设

社会主观因素包括就业认知、家庭认知两个变量，其中家庭认知由四项指标构成。

①就业认知。该变量由"在城市找工作难易程度"来测度。如果转移主体主观认为在城市找工作很困难，那么会降低其夫妻转移需求，该指标中"非常困难"赋值为

"1"，故"在城市找工作难易程度"与夫妻转移需求可能呈正相关。

②家庭认知。家庭认知变量由夫妻共处对维系婚姻的作用、配偶对方便生活的作用、配偶对缓解压力的作用、希望子女将来留在城市四项指标构成。四项指标赋值均由小到大，均可能与夫妻转移需求呈正相关。

夫妻转移需求影响因素变量赋值、作用方向假设如表5-17所示。

(二) 模型选取

本研究的因变量为二分变量，因此适合选用 Logistic 函数对本书研究的问题进行分析。Logistic 函数也称作增长函数，是在拥有一个因变量和多个自变量的情况下的常用函数。在本书的研究中，因变量为夫妻转移需求，自变量是影响夫妻转移需求产生的各种个体、经济和社会因素，根据自变量对因变量的影响效应预测，建立夫妻转移需求实证模型。即：

$$夫妻转移需求 = f(个体因素, 经济因素, 社会因素, 其他) \quad (5.1)$$

将"有夫妻转移需求"定义为 $y=1$，将"没有夫妻转移需求"定义为 $y=0$。p 表示 $y=1$ 时的概率，设 y 的概率分布函数是：

$$f(y) = py(1-p)(1-y); y = 0, 1 \quad (5.2)$$

农民在"有夫妻共同务工打算"与"没有夫妻共同务工打算"之间进行选择的概率由三方面因素决定，因此，采用二元 Logistic 回归模型比较理想。模型基本形式为：

表 5-17 夫妻转移需求影响因素变量赋值、作用方向假设

变量名	指标变量	变量赋值	作用方向假设	极小值/极大值
因变量				
夫妻转移需求	y	有=1；无=0		0/1
自变量				
性别	x_1	男=0；女=1	+	0/1
年龄	x_2	18岁以下=1；18~25岁=2；26~35岁=3；36~45岁=4；46~55岁=5；56岁及以上=6	−	1/6
婚姻状况	x_3	未婚=0；已婚=1	+	0/1
文化程度	x_4	小学及以下=1；初中=2；高中及以上=3	+	1/3
打工时间	x_5	3年及以下=1；4~5年=2；6~10年=3；10年以上=4	+/−	1/4
是否有老人需要赡养	x_6	是=1；否=0	+/−	0/1
获得更高经济收入	x_7	非常不重要=1；不重要=2；一般=3；重要=4；非常重要=5	+	1/5
让子女获得更好教育	x_8	非常不重要=1；不重要=2；一般=3；重要=4；非常重要=5	+	1/5

第五章 个人转移需求层实证分析

续表

变量名	指标变量	变量赋值	作用方向假设	极小值/极大值
寻求更多发展机会	x_9	非常不重要=1；不重要=2；一般=3；重要=4；非常重要=5	+	1/5
家人亲朋赞同态度	x_{10}	非常不重要=1；不重要=2；一般=3；重要=4；非常重要=5	+	1/5
进城具备条件判断	x_{11}	非常不重要=1；不重要=2；一般=3；重要=4；非常重要=5	+	1/5
打工月收入	x_{12}	1000元及以下=1；1001~1500元=2；1501~2500元=3；2501~3500元=4；3500元以上=5	+/−	1/5
耕地面积	x_{13}	1亩及以下=1；1~2亩=2；2~3亩=3；3~4亩=4；4亩以上=5	+/−	1/5
子女教育费用	x_{14}	2000元及以下=1；2001~5000元=2；5001~7000元=3；7001~10000元=4；10000元以上=5	+	1/5
责任田放弃意愿	x_{15}	有=1；无=0	+	0/1
子女教育费用承载度	x_{16}	非常困难=1；困难=2；一般=3；不困难=4；非常不困难=5	−	1/5
合同签订	x_{17}	是=1；否=0	+	0/1

165

续表

变量名	指标变量	变量赋值	作用方向假设	极小值/极大值
社保参办	x_{18}	没有办理=0；办理了1项=1；办理了2项=2；办理了3项=3；办理了4项=4；办理了5项=5	+	1/5
在城市找工作难易程度	x_{19}	非常困难=1；困难=2；一般=3；不困难=4；非常不困难=5	+	1/5
夫妻共处对维系婚姻的作用	x_{20}	非常不重要=1；不重要=2；一般=3；重要=4；非常重要=5	+	1/5
配偶对方便生活的作用	x_{21}	非常不重要=1；不重要=2；一般=3；重要=4；非常重要=5	+	1/5
配偶对缓解压力的作用	x_{22}	非常不重要=1；不重要=2；一般=3；重要=4；非常重要=5	+	1/5
希望子女将来留在城市	x_{23}	非常不重要=1；不重要=2；一般=3；重要=4；非常重要=5	+	1/5

第五章　个人转移需求层实证分析

$$p_i = f(\alpha + \sum_{j=1}^{m} \beta_j x_{ij})$$
$$= 1/[1 + \exp(-\alpha + \sum_{j=1}^{m} \beta_j x_{ij})] \quad (5.3)①$$

在式（5.3）中，p_i、i 分别表示农民工夫妻转移需求概率、农民工标号；影响农民工夫妻转移需求的回归系数、影响因素的标号分别用 β_j、j 表示；m、α 分别表示影响农民工夫妻转移需求概率因素数量、回归截距；自变量 x_{ij} 表示第 i 个样本的第 j 种影响因素。后面第六、七章均选用该模型进行实证研究。

（三）数据计算

数据处理采用 SPSS·Statistics17 进行，将 588 份调查问卷数据输入系统进行 Logistic 回归处理。夫妻转移需求为因变量，用 y 表示，将性别（x_1）、年龄（x_2）、婚姻状况（x_3）、文化程度（x_4）、打工时间（x_5）、是否有老人需要赡养（x_6）、获得更高经济收入（x_7）、让子女获得更好教育（x_8）、寻求更多发展机会（x_9）、家人亲朋赞同态度（x_{10}）、进城具备条件判断（x_{11}）、打工月收入（x_{12}）、耕地面积（x_{13}）、子女教育费用（x_{14}）、责任田放弃意愿（x_{15}）、子女教育费用承载度（x_{16}）、合同签订（x_{17}）、社保参办（x_{18}）、在城市找工作难易程度（x_{19}）、夫妻共处对维系婚姻的作用（x_{20}）、配偶对方便生活的作用（x_{21}）、配偶对缓解压力的作用（x_{22}）、希望子女将来留在城市（x_{23}）作为自变量，全部引入 Logistic 回归方程，获得模型 1。接下来，将进入和删除

---

① 吴罗发：《中部地区农民社会养老保险参与意愿分析——以江西省为例》，《农业经济问题》2008 年第 4 期，第 63~66 页。

标准设为 0.05 和 0.10 水平①，采用 Wald 向后统计法进行回归处理，系统将最终保留在既定水平上呈现出显著性的自变量，删除不符合显著水平保留要求的自变量，由此获得模型 15。

（四）模型回归结果的模拟分析

模型 15 的显著性通过观察模型的 Wald 检验值可以看出，相比其他模型，本研究的模型具有明显的优势。-2 Log Likelihood $=119.117$，Cox & Snell $R^2 > 0.4$，说明模型的拟合优度和科学分析的要求符合，可以分析因变量夫妻转移需求的变化。本研究对影响农民工夫妻转移需求的主要因素及其显著性的模拟分析以模型 15 为主。根据表 5-18 的统计结果，文化程度（x_4）、获得更高经济收入（x_7）、让子女获得更好教育（x_8）、家人亲朋赞同态度（x_{10}）、打工月收入（x_{12}）、合同签订（x_{17}）、社保参加（x_{18}）、在城市找工作难易程度（x_{19}）、配偶对方便生活的作用（x_{21}）9 个变量的回归系数均达到显著性水平。

表 5-18 二元 Logistic 回归模型 15 的统计分析结果

解释变量	B	SE	Wald	df	Siq.	exp(B)
文化程度	-0.434*	0.235	3.408	1	0.065	0.648
获得更高经济收入	-0.691**	0.335	4.251	1	0.039	0.501
让子女获得更好教育	0.665**	0.296	5.047	1	0.025	1.945
家人亲朋赞同态度	1.639***	0.348	22.219	1	0.000	5.148
打工月收入	0.432**	0.187	5.338	1	0.021	1.540

---

① 一般是 SPSS 模型自动设置好的，显著性水平小于 0.05 说明符合要求，能够进入最后模型，小于 0.01 说明显著性非常高。

续表

解释变量	B	SE	Wald	df	Siq.	exp(B)
合同签订	0.850*	0.454	3.516	1	0.061	2.341
社保参办	-0.416**	0.173	5.769	1	0.016	0.660
在城市找工作难易程度	0.431*	0.244	3.110	1	0.078	1.539
配偶对方便生活的作用	0.569**	0.227	6.290	1	0.012	1.767

-2 Log Likelihood = 119.117　　Cox & Snell R^2 = 0.414　　Nagelkerke R^2 = 0.566

注：***、**、* 分别表示在 0.01、0.05、0.10 水平（双侧）上显著相关。

第一，文化程度与夫妻转移需求呈负相关。文化程度在 0.065 水平上与夫妻转移需求呈显著负相关。这个统计结果与以往的研究结果刚好相反，以往的结论是文化程度与农村剩余劳动力转移意愿呈显著正相关。但是，我们在此的样本是个人已经进入城市打工的农民工，所测度的是这些以个人状态在城市打工的农民工是否具有将配偶接入城市的需求，这与其他学者研究的内容是有区别的。二者呈现负相关的原因可能是进入城市打工的农民工需要一个人面对陌生的环境，文化程度较高者在择业方面具有一定优势，个体成熟度比较高，抵御城市就业生活压力和风险的能力要高于文化程度较低的农民工，如果配偶能在身边共同工作生活，不管是从心理上还是经济上都有一定的支持作用。所以，为了减轻这种风险和压力，文化程度较低的农民工相比文化程度较高的农民工有更强的夫妻转移需求。

第二，获得更高经济收入与夫妻转移需求呈显著负相关。"获得更高经济收入"是我们为测度转移目的而设置的指标，该指标与夫妻转移需求在 0.039 水平上呈显著负相关。这一点似乎也与大多数研究劳动力转移的学者所得出的结论相反。但是，仍然要注意的是，我们的研究与以往的研究存在着巨大的差别。这二者呈现出显著负相关的原因可能恰恰是，当农民工一个人在城市打工，产生将配偶接入城市一同打工的想法时，获得更高经济收入并不是他们的目的，相比于子女教育和夫妻共同生活带来的方便，经济已经不是影响夫妻转移需求产生的一个至关重要的方面了，而那些没有夫妻转移需求的农民工可能更多考虑的是两个人在城市的花销要大于一个人，不接配偶进城可以节约开支，他们比有夫妻转移需求的农民工在经济收入方面考虑的要更多一些。

第三，让子女获得更好教育与夫妻转移需求呈显著正相关。"让子女获得更好教育"作为我们测度转移目的而设置的指标，与夫妻转移需求在 0.025 水平上呈显著正相关。这个结果恰好解释了只身在城市打工的农民工将配偶接到城里共同工作的目的是让其子女获得更好的教育。也有学者的研究表明，在对农民进城问题的研究中"追求较高经济收入与追求子女优质教育这两个因素之间存在着相互排斥的特点"[①]。当然，也有可能是被调查者主观上认为两个因素非此即彼。我们前面通过对个人转移需求层的需求分析得知，位于个人转移需求层上的农民工的子女大部分正在农村接受教育，他们期望孩子接受教育的学校类型中城市公办学校占了大部分，夫妻一同进城可以为孩子将来进城接受教育打下一定基础。

第四，家人亲朋赞同态度与夫妻转移需求呈显著正相关。家人亲朋赞同态度与夫妻转移需求在 0.000 水平上呈显

---

① 虞小强：《城镇化进程中农民进城行为研究》，博士学位论文，西北农林科技大学，2012，第 167~170 页。

著正相关,这说明在农村以血缘关系为主要人际关系的社区中,家人亲朋赞同态度对农民工主体需求产生的促进和抑制作用有重要影响。若夫妻二人共同进城打工意味着农村家里只剩下老人和孩子,配偶、孩子和老人是否愿意接受,这种行为又会受到亲朋好友正面的议论还是负面的议论,是有夫妻转移需求者要考虑的问题,与当地的文化有很大的关系。

第五,打工月收入与夫妻转移需求呈显著正相关。打工月收入与夫妻转移需求在0.021水平上呈显著正相关。这一点说明,打工月收入越高越倾向于将配偶接入城市共同打工,这表明夫妻转移需求的产生其实从根本上讲离不开对更高经济收入的需要,这也是农民进城打工的初始动力。我们前面在分析夫妻转移主观目的时谈到"获得更高经济收入"与夫妻转移需求呈负相关,这是基于"让子女获得更好教育"这个目的而得出的。

第六,合同签订与夫妻转移需求呈显著正相关。合同签订与夫妻转移需求在0.061水平上呈显著正相关。这说明,农民工在城市打工的过程中如果签订正式用工合同,农民工会认为该单位比较正规,有一定保障,所以愿意将配偶接入城市一同打工,而且我们的调研和访谈结果显示,大部分进城务工夫妻都选择了在同一个单位工作。

第七,社保参办与夫妻转移需求呈显著负相关。社保参办与夫妻转移需求在0.016水平上呈显著负相关,说明单位为员工办理社会保险越少,农民工越倾向于将配偶接进城共同工作。这个结论乍一看似乎不太合乎常理,但是我们分析发现,当前我国农民工基本都参加了农村基本养老保险和新农村合作医疗,他们在单位最看重的并不是养老和医疗保险,访谈中我们发现很多农民工比较在乎工伤保险,尤其是在一些带有一定危险性的行业中,比如建筑行业,但工伤保险恰恰是许多单位都没有为农民工办理的,所以,农民工一个人在城市抵御风险能力比较低,安全感不足,他们需要配偶在身边给予支持和照顾。

第八,在城市找工作难易程度与夫妻转移需求呈显著正相关。在城市找工作难易程度与夫妻转移需求在 0.078 水平上呈显著正相关。"在城市找工作难易程度"是农民工主观上对找工作难易程度的测度,统计结果说明,如果农民工主观上认为在城市比较好找工作就会倾向于将配偶接入城市,因为如果容易找到工作,配偶进城后就可以很快就业获得收入,如果工作不好找,配偶进城后会增加开销,加重负担。我们对农民工招工所花时间的统计显示,有 87.1% 的农民工在两个月内找到了工作,有 92.9% 的农民工在三个月内找到了工作,说明农民工找工作相对不是很困难,但是相对于客观的找工作时间,主观上对找工作难易程度的测度更能影响夫妻转移需求的产生。

第九,配偶对方便生活的作用与夫妻转移需求呈显著正相关。配偶对方便生活程度作用与夫妻转移需求在 0.012 水平上呈显著正相关。这个统计结果反映出,农民工产生夫妻转移需求除为了多挣些钱供孩子上学以外,还有一个很重要的方面就是夫妻共同打工能解决生活中的很多麻烦,不管是来自生理的、心理的,还是来自生活的。

(五) 结论

通过模型回归的模拟分析,可以得出以下三个结论。

第一,文化程度与夫妻转移需求呈显著负相关,这一点

第五章 个人转移需求层实证分析

与我们的假设是相反的,说明农民工个人在城市打工的过程中一个人抵御风险和压力的能力不足,文化程度越低这种抵御能力越弱,农民工就越需要配偶进入城市共同工作和生活,一起来抵御这种风险和压力,配偶就不得不抛下老人、孩子进城务工支撑家庭,由此产生了空巢老人和留守儿童等社会问题。可见,夫妻转移需求的产生从某种程度上是进城农民工不得已而为之的一种选择。如果农民工能够提升文化程度、增加自身技能,提高个人抵御城市工作和生活风险的能力,或许夫妻转移需求层次在农村剩余劳动力转移需求层次中可以省去,但是在我国现有状况下是必然会存在的。配偶对方便生活的作用与夫妻转移需求呈显著正相关,这也说明农民工产生夫妻转移需求是为了解决在生活工作时生理、心理上遇到的各种问题,以此来提升对抗风险和压力的能力。

第二,获得更高经济收入与夫妻转移需求呈显著负相关,让子女获得更好教育与夫妻转移需求呈显著正相关,打工月收入与夫妻转移需求呈显著正相关,这表明夫妻共同进入城市从最根本上讲依然是追逐经济利益,但是相对于孩子教育而言,经济收入的获得就显得没那么重要了,这反映出农民工对子女教育非常重视,希望孩子接受良好的城市教育,将来有更好的工作和生活。所以,给予城市农民工子女公平合理的教育机会和优质的教育资源是政府应该考虑的民生问题。

第三,合同签订与夫妻转移需求呈显著正相关,社保参办与夫妻转移需求呈显著负相关。说明一方面农民工希望在城市工作过程中有一定保障,并愿意让家人也加入这样的单位；另一方面用人单位对农民工社会保障的缺失又让农民工非常没有安全感、归属感，只能让配偶抛下老人、孩子进城一同务工，以提升抵御风险能力和安全感。

本章小结

首先，介绍样本的来源并对样本基本特征进行描述，对农民工个人转移需求层的需求从转移需求、经济需求、社会需求、其他需求四个方面进行分析，证实了前面构建的农村剩余劳动力转移需求层次和转移需求层次递进关系的真实存在性，分析了四个方面需求各自的特征。

其次，综合学者们研究农村剩余劳动力转移影响因素的成果，结合调查问卷和实地访谈，将影响个人转移需求层的农民工产生夫妻转移需求的影响因素归结为个体、经济、社会三个方面。选取个体、经济、社会三方面的变量，最终选定性别、年龄、婚姻状况、文化程度、打工时间、是否有老人需要赡养、获得更高经济收入、让子女获得更好教育、寻求更多发展机会、家人亲朋赞同态度、进城具备条件判断、打工月收入、耕地面积、子女教育费用、责任田放弃意愿、子女教育费用承载度、合同签订、社保参办、在城市找工作难易程度、夫妻共处对维系婚姻的作用、配偶对方便生活的作用、配偶对缓解压力的作用、希望子女将来留在城市23个变量，并分别对其进行了影响效应的预测。

最后，构建二元Logistic回归模型，将23个变量引入模型，结果显示文化程度、获得更高经济收入、让子女获得更好教育、家人亲朋赞同态度、打工月收入、合同签订、社保参办、配偶对方便生活的作用、在城市找工作难易程度9个变量影响显著。夫妻转移需求是农民工在转移需求层次递进过程中产生的，这种需求不但是为了获取经济收益，更是为了让子女获得更好的教育，不仅是因为夫妻在一起能够方便生活、工作，更是为了提高在城市抵御风险和压力的能力而做出的不得已的选择。

第六章　夫妻转移需求层实证分析

第一节　夫妻转移需求层需求实证分析

（一）夫妻转移需求层需求特征分析

1. 夫妻转移需求层转移需求特征

（1）家庭转移需求

位于夫妻转移需求层上的农民工中，有家庭转移需求的共214人，占61.1%，没有家庭转移需求的共136人，占38.9%。可见，位于夫妻转移需求层上的农民工中一大部分已经逐渐产生了家庭转移需求。

（2）定居需求

位于夫妻转移需求层上的农民工中，有定居需求的共180人，占51.4%，没有定居需求的共170人，占48.6%，超过一半的农民工已经有潜在的定居需求。我们将家庭转移需求和定居需求进行交互分析可以看出，在有定居需求的人中，有家庭转移需求者占了72.2%（见表6-1）。

第六章 夫妻转移需求层实证分析

表6-1 夫妻转移需求层家庭转移需求与定居需求交互统计

单位：人

		定居需求		合计
		无	有	
家庭转移需求	无	86	50	136
	有	84	130	214
合计		170	180	350

（3）落户需求

位于夫妻转移需求层上的农民工中，有落户需求的共178人，占50.9%，没有落户需求的共172人，占49.1%，超过一半的农民工已经有潜在的落户需求。对家庭转移需求和落户需求进行交互分析发现，在有落户需求的人当中，有家庭转移需求的占73.0%。将家庭转移需求、定居需求、落户需求三项进行交互分析，结果发现这73.0%的人群在具有家庭转移需求的同时还具有定居需求，可见三者之间具有一定相关关系（见表6-2）。

表6-2 夫妻转移需求层家庭转移需求与落户需求、定居需求交互统计

单位：人

			定居需求		合计
			无	有	
落户需求	无	家庭转移需求 无	76	12	88
		家庭转移需求 有	84	0	84
		合计	160	12	172
	有	家庭转移需求 无	10	38	48
		家庭转移需求 有	0	130	130
		合计	10	168	178

为了证实这种相关关系,我们对这三项进行了相关性检验,结果发现,三者在0.01水平上均呈现显著正相关(见表6-3)。

表6-3 夫妻转移需求层家庭转移需求与落户需求、定居需求相关性

	家庭转移需求	定居需求	落户需求
家庭转移需求	1	0.234**	0.248**
定居需求	0.234**	1	0.874**
落户需求	0.248**	0.874**	1

注:**表示在0.01水平(双侧)上显著相关。

2. 夫妻转移需求层经济需求特征

(1)收入需求

位于夫妻转移需求层上的农民工中,实际打工月收入1500元及以下的占9.7%,1501~3500元的占55.4%,3500元以上的占34.9%。农民工期望打工月收入1500元及以下的占2.3%,1501~3500元的占57.7%,3500元以上的占40.0%。可见,夫妻转移需求层农民工总体收入水平比个人转移需求层有所提升。从期望打工月收入可以看出,位于夫妻转移需求层的农民工生存转移需求下降,发展转移需求明显上升,约有半数的农民工仍然处于生活转移需求阶段。通过相关性测试发现,农民工实际打工月收入和期望打工月收入与夫妻转移需求、家庭转移需求、定居需求、落户需求相关性不显著(见表6-4)。

表6-4 夫妻转移需求层农民工打工月收入情况

单位:人,%

打工月收入	实际		期望	
	人数	占比	人数	占比
1000元及以下	2	0.6	0	0

续表

打工月收入	实际		期望	
	人数	占比	人数	占比
1001~1500 元	32	9.1	8	2.3
1501~2500 元	98	28.0	64	18.3
2501~3500 元	96	27.4	138	39.4
3500 元以上	122	34.9	140	40.0
合计	350	100	350	100

(2) 住房需求

位于夫妻转移需求层上的农民工现有人均住房情况为：5平方米及以下占 19.4%，6~10 平方米占 33.7%，11~15 平方米占 12.0%，16~20 平方米占 13.1%，20 平方米以上占 21.7%；占比最大的是 6~10 平方米，5 平方米及以下的只占到 19.4%，相比个人转移需求层 5 平方米及以下的 45.2% 大幅降低；10 平方米以上占比约为 46.8%，而个人转移需求层 10 平方米以上的占比为 30.5%。夫妻转移需求层总体住房条件相比个人转移需求层有所改善（见表 6-5）。

表 6-5 农民工人均住房面积比例

单位：%

需求层次	5平方米及以下	6~10平方米	11~15平方米	16~20平方米	20平方米以上
夫妻转移需求层	19.4	33.7	12.0	13.1	21.7
个人转移需求层	45.2	24.1	7.1	6.1	17.3

对"住房结构"这个指标的测试结果如表 6-6 所示，位于夫妻转移需求层的农民工，对单人宿舍的需求和对两室一厅的需求占比较高，分别占到了 21.2% 和 46.3%。

表6-6 农民工住房结构需求比例

单位：%

需求层次	集体宿舍	单人宿舍	一室一厅	两室一厅	其他
夫妻转移需求层	9.1	21.2	17.7	46.3	5.7
个人转移需求层	18.4	33.0	11.2	32.7	4.8

我们通过交互分析发现，没有家庭转移需求的样本对单人宿舍的需求更为强烈，在有家庭转移需求的样本中，只有两个人选择了集体宿舍，对一室一厅和两室一厅的需求更为强烈，分别占到16.8%和67.3%。通过对定居需求和落户需求与住房结构需求的交互分析，可以看出，有定居需求和落户需求的农民工中有一室一厅需求的大约占24.0%，有两室一厅需求的大约占53.1%。说明在夫妻转移需求层上，如果农民工没有家庭转移的需求，那么他们对住房结构需求中单人宿舍的需求最为强烈，占42.6%，其次是集体宿舍，占22.1%；有家庭转移需求乃至有定居、落户需求的农民工，对两室一厅的需求最为强烈，其次是一室一厅。随着转移需求层次的上升，住房需求上升，这与我们在个人转移需求层分析的结果是一致的（见表6-7）。

表6-7 夫妻转移需求层农民工住房结构需求与其他需求交互统计

单位：人

住房结构需求	家庭转移需求		定居需求		落户需求		合计
	无	有	无	有	无	有	
集体宿舍	30	2	30	2	30	2	32
单人宿舍	58	16	48	26	48	26	74
一室一厅	26	36	20	42	18	44	62

续表

住房结构需求	家庭转移需求 无	家庭转移需求 有	定居需求 无	定居需求 有	落户需求 无	落户需求 有	合计
两室一厅	18	144	64	98	70	92	162
其他	4	16	8	12	6	14	20
合计	136	214	170	180	172	178	350

在住房来源需求方面，选择政府建经济适用房的占29.7%，选择政府建廉租房的占16.6%，选择政府建公共租赁房的占6.9%，选择政府或单位提供住房补贴的占9.1%，选择用人单位免费（或象征性收费）提供租房的占22.3%，选择买商品房的占13.1%，选择其他的占2.3%。对比个人转移需求层可以看出，夫妻转移需求层农民工中选择用人单位免费（或象征性收费）提供租房的在减少，选择政府建经济适用房、廉租房的明显增加。

在城市买房需求方面，有城市买房需求的占55.4%，没有城市买房需求的占44.6%，在有城市买房需求的样本中，有家庭转移需求的占76.3%，有定居需求的占76.3%，有落户需求的占73.2%，可见转移需求层次比较高的农民工，城市买房需求也比较强烈（见表6-8）。

表6-8 夫妻转移需求层城市买房需求与其他需求交互统计

单位：人，%

		家庭转移需求 无	家庭转移需求 有	定居需求 无	定居需求 有	落户需求 无	落户需求 有	合计 人数	合计 占比
城市买房需求	无	90	66	124	32	120	36	156	44.6
	有	46	148	46	148	52	142	194	55.4
合计		136	214	170	180	172	178	350	100

对四项需求的相关性测试显示，家庭转移需求、定居需求和落户需求与城市买房需求在 0.01 水平上呈显著正相关，这说明农民工转移的最终需求对城市买房需求的影响非常大。其中相关性系数最大的是定居需求，农民工城市买房需求与转移定居关系最为密切（见表 6-9）。

表 6-9　夫妻转移需求层城市买房需求与其他需求相关性

	城市买房需求	家庭转移需求	定居需求	落户需求
城市买房需求	1	0.347**	0.555**	0.498**
家庭转移需求	0.347**	1	0.234**	0.248**
定居需求	0.555**	0.234**	1	0.874**
落户需求	0.498**	0.248**	0.874**	1

注：** 表示在 0.01 水平（双侧）上显著相关。

在宅基地处理方式需求上，我们可以看到，没有置换需求的占 65.1%，选择置换成城市房产的占 22.9%，选择置换成城市社保的占 0.6%，选择置换成子女城市教育费用的占 5.7%，选择置换成一笔现金的占 5.7%。在有置换需求的样本中，选择置换成城市房产的比重最大，其次是选择置换成一笔现金和置换成子女城市教育费用的。

在有家庭转移需求的农民工中，具有置换城市房产需求的人数有明显的上升（见表 6-10）。

表 6-10　夫妻转移需求层宅基地处理方式需求与其他需求交互统计

单位：人，%

宅基地处理方式	家庭转移需求		定居需求		落户需求		合计	
	无	有	无	有	无	有	人数	占比
自己保留	52	62	61	53	62	52	114	65.1

续表

宅基地处理方式	家庭转移需求 无	家庭转移需求 有	定居需求 无	定居需求 有	落户需求 无	落户需求 有	合计 人数	合计 占比
置换城市房产	9	31	12	28	12	28	40	22.9
置换城市社保	0	1	0	1	0	1	1	0.6
置换子女城市教育费用	4	6	7	3	7	3	10	5.7
置换一笔现金	3	7	5	5	5	5	10	5.7
合计	68	107	85	90	86	89	175	100

我们将宅基地置换城市房产需求与家庭转移需求、定居需求、落户需求进行相关性检验，发现宅基地置换城市房产需求与家庭转移需求、定居需求、落户需求均在0.01水平上呈现正相关关系（见表6-11）。

表6-11 夫妻转移需求层宅基地置换城市房产需求与其他需求相关性

	宅基地置换城市房产需求	家庭转移需求	定居需求	落户需求
宅基地置换城市房产需求	1	0.202**	0.218**	0.224**
家庭转移需求	0.202**	1	0.234**	0.248**
定居需求	0.218**	0.234**	1	0.874**
落户需求	0.224**	0.248**	0.874**	1

注：** 表示在0.01水平（双侧）上显著相关。

（3）子女教育需求

位于夫妻转移需求层上的农民工中，没有填写子女上学学校类型的占13.1%，39.4%选择了农村学校，9.7%选择了城市农民工子弟学校，17.7%选择了城市普通公办学校，

10.3%选择了城市重点公办学校，9.7%选择了城市民办学校。在期望子女上学学校类型中没有填写的占12.0%，选择城市重点公办学校的占64.6%，选择城市普通公办学校的占13.1%，二者总共占77.7%。

将夫妻转移需求层农民工子女上学学校类型的有效百分比与个人转移需求层的相比，发现夫妻转移需求层的样本中子女在农村上学的比重有所下降，在城市普通公办学校和城市民办学校上学的比重均上升8个百分点左右，在城市农民工子弟学校上学的比重上升4个百分点，在城市重点公办学校上学的比重上升1个百分点（见表6-12）。可见，夫妻转移需求层的农民工子女中有更多人进入城市学校学习，这或许也是农民工夫妻转移进入城市的原因之一，这一点我们会在后面进行探讨。

表6-12 农民工子女上学学校类型有效百分比对比

单位：%

子女上学学校类型	个人转移需求层 当前	个人转移需求层 期望	夫妻转移需求层 当前	夫妻转移需求层 期望
农村学校	67.5	4.2	45.4	3.3
城市农民工子弟学校	7.2	10.8	11.2	5.3
城市普通公办学校	12.0	16.3	20.4	13.8
城市重点公办学校	10.8	65.7	11.8	74.3
城市民办学校	2.4	3.0	11.2	3.3

（4）城市工作稳定程度需求

位于夫妻转移需求层的农民工中，选择"重要""非常重要"的占73.7%，说明大部分人希望工作趋于稳定，这与我们大部分人的择业心态和当前就业形势是相符的。其中

66.7%有家庭转移需求，59.7%有定居需求，58.9%有落户需求，说明大部分有家庭转移需求甚至定居、落户需求者希望工作能够比较稳定（见表6-13）。

表6-13　夫妻转移需求层城市工作稳定程度需求
与其他需求交互统计

单位：人，%

城市工作稳定 程度需求	家庭转移需求		定居需求		落户需求		合计	
	无	有	无	有	无	有	人数	占比
非常不重要	8	4	6	6	6	6	12	3.4
不重要	20	8	24	4	24	4	28	8.0
一般	22	30	36	16	36	16	52	14.9
重要	30	90	56	64	52	68	120	34.3
非常重要	56	82	48	90	54	84	138	39.4
合计	136	214	170	180	172	178	350	100

我们进一步测试了家庭转移需求、定居需求和落户需求与城市工作稳定程度需求之间的相关性。结果显示，家庭转移需求与城市工作稳定程度需求在0.05水平上显著正相关；定居需求、落户需求与城市工作稳定程度需求在0.01水平上显著正相关（"非常不重要"赋值为1，"非常重要"赋值为5）。这与个人转移需求层的分析结果一致（见表6-14）。

表6-14　夫妻转移需求层城市工作稳定程度需求与其他需求相关性

	城市工作稳定 程度需求	家庭转移 需求	定居需求	落户需求
城市工作稳定 程度需求	1	0.150*	0.270**	0.238**
家庭转移需求	0.150*	1	0.234**	0.248**

续表

	城市工作稳定程度需求	家庭转移需求	定居需求	落户需求
定居需求	0.270**	0.234**	1	0.874**
落户需求	0.238**	0.248**	0.874**	1

注：* 表示在 0.05 水平（双侧）上显著相关；** 表示在 0.01 水平（双侧）上显著相关。

（5）土地需求

对于夫妻转移需求层的农民工，我们同样测试了其对责任田的放弃需求、对责任田处理方式的需求、对宅基地处理方式的需求。有73.1%的农民工不愿意放弃责任田，大多数农民工对责任田仍然有强烈的保有需求。通过交互分析，我们发现在有责任田放弃需求的样本当中，有家庭转移需求、定居需求、落户需求的样本数量在逐渐上升，人数分别占有责任田放弃需求人数的55.3%、76.6%、78.7%，这说明位于夫妻转移需求层上的农民工随着转移需求层次的上升，对责任田的放弃需求在逐渐上升（见表6-15）。

表6-15 夫妻转移需求层责任田放弃需求与其他需求交互统计

单位：人，%

		家庭转移需求		定居需求		落户需求		合计	
		无	有	无	有	无	有	人数	占比
责任田放弃需求	无	94	162	148	108	152	104	256	73.1
	有	42	52	22	72	20	74	94	26.9
合计		136	214	170	180	172	178	350	100

对家庭转移需求、定居需求和落户需求与责任田放弃需求的相关性检验显示，家庭转移需求与责任田放弃需求相关性不显著，说明当农民工产生家庭转移需求时，对责任田放弃需求影响并不大；而定居需求和落户需求与责任田放弃需求在0.01水平上显著正相关，说明位于夫妻转移需求层的农民工在考虑定居和落户与否时，责任田放弃与否已经对其产生较为显著的影响（见表6-16）。

表6-16 夫妻转移需求层责任田放弃需求与其他需求相关性

	责任田放弃需求	家庭转移需求	定居需求	落户需求
责任田放弃需求	1	0.072	0.305**	0.338**
家庭转移需求	0.072	1	0.234**	0.248**
定居需求	0.305**	0.234**	1	0.874**
落户需求	0.338**	0.248**	0.874**	1

注：** 表示在0.01水平（双侧）上显著相关。

在责任田处理方式需求方面，夫妻转移需求层中57.1%的农民工希望土地仍然在自己人手里面，相比个人转移需求层的70.1%有明显下降；有转租需求的占32.0%，相比个人转移需求层的21.8%有明显上升；希望让集体收回土地获得一次性补偿的占9.7%，相比个人转移需求层的5.4%也有上升。这一方面反映了夫妻转移需求层的农民工对土地的保有意愿依然强烈，另一方面也反映了随着转移需求层次的上升，农民工对土地的保有意愿强烈程度在下降，他们开始考虑土地的流转问题（见表6-17）。

表 6-17 个人转移需求层与夫妻转移需求层的责任田处理方式对比

单位：人，%

责任田处理方式	夫妻转移需求层		个人转移需求层	
	人数	占比	人数	占比
自己保留	126	36.0	258	43.9
给亲戚种，自己每年获得一些收益	74	21.1	154	26.2
保留承包权，转租出去	112	32.0	128	21.8
集体收回，给一次性补偿	34	9.7	32	5.4
其他	4	1.1	16	2.7
合计	350	99.9	588	100

3. 夫妻转移需求层社会需求特征分析

（1）户籍需求

当农民工位于夫妻转移需求层时对户籍的需求比位于个人转移需求层时要强烈，认为户籍重要性是"一般""不重要""非常不重要"的总共占52.1%，这三项在个人转移需求层上占65.6%。夫妻转移需求层中认为户籍"重要"和"非常重要"的占48%，其中有家庭转移需求的占66.7%，有定居需求的占81.0%，有落户需求的占77.4%（见表6-18）。

表 6-18 夫妻转移需求层户籍重要性与其他需求交互统计

单位：人，%

户籍重要性	家庭转移需求		定居需求		落户需求		合计	
	无	有	无	有	无	有	人数	占比
非常不重要	2	6	4	4	2	6	8	2.3
不重要	46	48	78	16	76	18	94	26.9
一般	32	48	56	24	56	24	80	22.9

续表

户籍重要性	家庭转移需求 无	家庭转移需求 有	定居需求 无	定居需求 有	落户需求 无	落户需求 有	合计 人数	合计 占比
重要	22	68	16	74	18	72	90	25.7
非常重要	34	44	16	62	20	58	78	22.3
合计	136	214	170	180	172	178	350	100.1

接下来，我们对四项需求进行相关性检验，发现户籍重要性与家庭转移需求相关性不显著，但是定居需求、落户需求与户籍重要性在 0.01 水平上显著正相关。这说明位于夫妻转移需求层上的农民工的家庭转移需求对户籍的获得与否影响并不显著。当考虑到定居、落户问题时，才会产生户籍需求（见表 6-19）。

表 6-19 夫妻转移需求层户籍重要性与其他需求相关性

	户籍重要性	家庭转移需求	定居需求	落户需求
户籍重要性	1	0.065	0.511**	0.436**
家庭转移需求	0.065	1	0.234**	0.248**
定居需求	0.511**	0.234**	1	0.874**
落户需求	0.436**	0.248**	0.874**	1

注：** 表示在 0.01 水平（双侧）上显著相关。

（2）社会认同需求

此项需求我们用问题"您认为获得与城市居民同等待遇：①非常不重要；②不重要；③一般；④重要；⑤非常重要"来测度。统计结果显示，认为市民待遇"非常不重要"和"不重要"的占 4.0%，认为"非常重要"和"重要"的占 63.4%，认为"一般"的占 32.6%。与个人转移需求层的农民工相比，

189

夫妻转移需求层农民工的社会认同需求的强烈程度在上升，认为"重要"和"非常重要"的占了大部分。在认为"重要"和"非常重要"的农民工中，有家庭转移需求的占76.6%，有定居需求的占66.7%，有落户需求的占66.7%（见表6-20）。

表6-20 个人转移需求层与夫妻转移需求层市民待遇重要性对比

单位：人，%

市民待遇重要性	夫妻转移需求层								个人转移需求层	
	家庭转移需求		定居需求		落户需求		合计			
	无	有	无	有	无	有	人数	占比	人数	占比
非常不重要	2	0	2	0	2	0	2	0.6	10	1.7
不重要	12	0	12	0	10	2	12	3.4	40	6.8
一般	70	44	82	32	86	28	114	32.6	254	43.2
重要	22	140	60	102	64	98	162	46.3	168	28.6
非常重要	30	30	14	46	10	50	60	17.1	116	19.7
合计	136	214	170	180	172	178	350	100	588	100

对社会认同需求、家庭转移需求、定居需求、落户需求的相关性检验结果显示，社会认同需求与家庭转移需求、定居需求、落户需求均在0.01水平上显著正相关。定居需求和落户需求与家庭转移需求相比，与社会认同需求的相关度高（见表6-21）。

表6-21 夫妻转移需求层社会认同需求与其他需求相关性

	社会认同需求	家庭转移需求	定居需求	落户需求
社会认同需求	1	0.276 **	0.413 **	0.438 **
家庭转移需求	0.276 **	1	0.234 **	0.248 **

续表

	社会认同需求	家庭转移需求	定居需求	落户需求
定居需求	0.413**	0.234**	1	0.874**
落户需求	0.438**	0.248**	0.874**	1

注：** 表示在 0.01 水平（双侧）上显著相关。

4. 夫妻转移需求层其他需求

该项测试允许被调查者多项选择，选择"参加免费技能培训"的占 70.3%，选择"进修提升学历"的占 20.6%，选择"就业扶持与优惠"的占 24.6%，选择"提供政策咨询"的占 4.6%，选择"单位文化娱乐活动"的占 16.6%，选择"其他"的占 60.6%。我们发现位于夫妻转移需求层上的农民工对掌握生存技能的需求仍然最强烈，还有一半以上的农民工选择了"其他"，但是都没有填写具体是什么需求。

（二）结论

通过对夫妻转移需求层农民工需求的分析，可以得出以下四个结论。

第一，在转移需求方面，位于夫妻转移需求层的农民工有家庭转移需求的占 61.1%，有定居需求的占 51.4%，有落户需求的占 50.9%。说明在夫妻转移需求层中有一半以上的农民工已经产生了家庭转移需求，这与我们构建的转移需求层次递进关系是相符的。进一步分析发现，家庭转移需求、定居需求与落户需求在 0.01 水平上呈显著正相关，说明三者之间存在相互影响关系。

第二，在经济需求方面，位于夫妻转移需求层的农民工的收入需求比个人转移需求层的农民工有所提升。夫妻转移需求层农民工整体住房情况比个人转移需求层的农民工有所提升。位于夫妻转移需求层的农民工对单人宿舍和两室一厅的需求比较高,如果夫妻转移需求层上的农民工没有家庭转移需求,那么他们对住房结构需求中单人宿舍的需求最为强烈,有家庭转移需求乃至定居、落户需求的农民工对住房结构的需求以两室一厅最为强烈。随着转移需求层次的上升,住房结构需求上升。转移需求层次比较高的农民工城市买房需求也比较强烈。位于夫妻转移需求层上的农民工中有65.1%不愿意进行宅基地的置换。在有置换需求的样本中,置换成城市房产的比重最高,宅基地置换城市房产需求与家庭转移需求、定居需求、落户需求均在0.01水平上呈现正相关关系。夫妻转移需求层上的农民工对子女上学学校的类型的期望近80%集中于城市公办学校,其中城市公办重点学校占近70%,说明农民工对子女教育非常看重,这一点与个人转移需求层差别不大。夫妻转移需求层上的农民工家庭转移需求、定居需求、落户需求与城市工作稳定程度需求有显著的相关关系。夫妻转移需求层上的农民工对土地的保有意愿依然强烈,但随着转移需求层次的上升,农民工对土地保有意愿的强烈程度在下降,开始逐渐考虑土地的流转问题,其中最能够被农民工接受的置换方式是将土地转租出去。

第三,在社会需求方面,位于夫妻转移需求层的农民工对户籍的需求比位于个人转移需求层的农民工要强烈,当他们产生家庭转移需求时对户籍需求的影响并不显著,但是如果考虑到定居、落户问题时,对户籍的需求就会比较明显。与个人转移需求层的农民工相比,夫妻转移需求层的农民工对于社会认同的需求在上升。

第四，在其他需求方面，位于夫妻转移需求层上的农民工对参加免费技能培训的需求依然最为强烈。

第二节 夫妻转移需求层家庭转移需求因素实证分析

（一）研究假设

1. 个体因素研究假设

（1）个体客观因素相关变量及研究假设

个体客观因素我们选取了性别、年龄、文化程度、打工时间、是否有老人需要赡养五个变量。

①性别。有关研究结果表明，男性进城打工的工资收入比女性高得多，男性比女性更有能力将家人接到打工城市。但是也有学者研究发现，女性比男性更具有带动全家迁移的意愿。因此，我们假设女性比男性家庭转移需求更强烈。

②年龄。洪小良研究指出，先进入城市的打工者的年龄越大，带动家人迁移的可能性越大。平均来说，年龄增加1岁，迁移发生概率将增加24.2%，但超过一定年龄，年龄的正效应将变为负效应。刘燕研究发现，家庭迁移城市意愿最强烈的分布在21~30岁年龄段。因此，我们将年龄划分为六个阶段，赋值由小到大，年龄对家庭转移需求的影响待定。

③文化程度。文化程度较高者进城务工时有能力获得更高的收益，更能支付家庭事实定居在城市的成本。所以我们对"文化程度"变量的赋值由小到大，它与家庭转移需求可能呈正相关。

④打工时间。农民工在城市打工时间越长，对城市的适

193

应度、归属感越强,而且从经济上越有能力支付家庭定居的成本,家庭化转移的意愿越强。因此,"打工时间"这项指标与家庭转移需求可能呈正相关。

⑤是否有老人需要赡养。若家里有老人需要赡养,以夫妻双方带孩子为结构的核心家庭转移后,赡养老人就是必须要面临的问题。如果家中有其他兄弟姐妹,这个问题还容易解决,如果没有,赡养老人就成了问题。带老人一起完成主干家庭的转移需要支付更大的成本。家中有老人需要赡养的农民工,更愿意回老家[①],这就可能降低家庭转移需求。我们将"是"赋值为1,"否"赋值为0,"是否有老人需要赡养"这项指标与家庭转移需求可能呈负相关。

(2) 个体主观因素相关变量及研究假设

个体主观因素主要是被调查者的主观意向,包括获得更高经济收入、让子女获得更好教育、寻求更多发展机会、家人亲朋赞同态度、进城具备条件判断五个变量。

①获得更高经济收入。全家进入城市在某种程度上会增加家庭开销,但是,有了家庭的支持,个体有时会将这种压力转化为努力工作赚钱的动力,"获得更高经济收入"这项指标对家庭转移需求的影响待定。

②让子女获得更好教育。大部分家长认为,城镇具有比农村更优良的教育资源以及教育环境,而且他们越来越认识到留守儿童的家庭教育存在诸多问题。因此,为了让子女接受更好的学校教育和家庭教育,农民工会希望将孩子接到城市接受教育,为孩子营造一个良好的生活、学习环境。"让

[①] 李强、龙文进:《农民工留城与返乡意愿的影响因素分析》,《中国农村经济》2009年第2期,第46~54、66页。

第六章　夫妻转移需求层实证分析

子女获得更好教育"这项指标可能与家庭转移需求显著正相关。

③寻求更多发展机会。这项指标可能与家庭转移需求呈正相关。

④家人亲朋赞同态度。该指标可能与家庭转移需求呈显著正相关。

⑤进城具备条件判断。该指标可能与家庭转移需求呈正相关。

2. 经济因素研究假设

(1) 经济客观因素相关变量及研究假设

我们选择了打工月收入、耕地面积、城市人均住房面积、子女教育费用四个变量。

①打工月收入。学者们研究发现,迁入地家庭收入越高,发生家庭迁移的可能性越大,工资收入水平的提高是农民外出的动力。[①] 职业收入对新生代农民工家庭迁移意愿有显著影响。因此,"打工月收入"这项指标可能与家庭转移需求呈正相关。

②耕地面积。这项指标对家庭转移需求的影响待定。

③城市人均住房面积。城市人均住房面积越大,说明个体居住条件越好,越有能力解决举家进入城市后的住宿问题。所以,"城市人均住房面积"这项指标与家庭转移需求可能呈显著正相关。

④子女教育费用。子女教育费用过高会加重农民工在城市的负担,在一定程度上阻碍了农民工家庭转移需求的产

[①] 杨阳、唐婧、王丽缓:《转型期城市农民工流动子女教育问题研究》,《时代文学》(理论学术版) 2007 年第 4 期, 第 170~171 页。

生。所以,"子女教育费用"这项指标与家庭转移需求可能呈显著负相关。

(2) 经济主观因素相关变量及研究假设

经济主观因素包括城市买房意愿、宅基地置换城市房产意愿两项指标,它们可以反映农民工在主观上是否愿意在城市安家立业。

①城市买房意愿。打算将家人全部接到城里共同生活,首先要解决的问题就是住房问题。从长远来看,如果能在城市拥有属于自己的房子,家庭生活能更稳定。但是买房对农民工来说是一笔巨大的开支,是否有买房意愿还要看其经济状况如何。因此,这项指标对家庭转移需求的影响待定。

②宅基地置换城市房产意愿。农民工面对城市如此高的房价,要想获得属于自己的住房实属不易之事,如果用宅基地换取城市住房,将减轻经济压力。因此,这项指标与家庭转移需求可能呈显著正相关。

3. 社会因素研究假设

(1) 社会客观因素变量指标及研究假设

我们选取了社会资本、土地政策了解程度、寻找工作花费的时间三个变量。

①社会资本。"社会关系网络"是一些学者对社会资本的称谓。我们用"在城市的亲戚朋友"这项指标来表征社会资本变量。彭庆恩研究表明,农民工进城务工时间越长,其社会交往越多,社会资本积累越多,获得更好工作的机会和增加务工收入的可能性越大,农民工定居的可能性也会随之

上升。① "社会资本" 赋值由小到大,该项指标与家庭转移需求可能呈正相关。

②土地政策了解程度。当前国家鼓励进行土地合理流转及规模化经营,农民工如果对此比较了解,那么在他们全家转移进入城市后可以继续保留土地,将土地转租出去。"土地政策了解程度"这个指标与家庭转移需求可能呈正相关。

③寻找工作花费的时间。该指标表征转移主体在城市就业的难易程度,可能与家庭转移需求呈负相关。

(2) 社会主观因素相关变量及研究假设

社会主观因素包括城市归属度、对子女期望两个变量。

①城市归属度。该变量包括三项指标:被排斥感、城市生活适应度、市民待遇重要性。"被排斥感"赋值由小到大,个体遭受排斥的程度越强,越可能推动农民工返乡,也可能刺激农民工寻找社会支持,即将配偶接入城市以对抗社会排斥,所以"被排斥感"对家庭转移需求的影响待定;"城市生活适应度"赋值由小到大,可能与家庭转移需求呈正相关;"市民待遇重要性"赋值由小到大,可能与家庭转移需求呈显著正相关。

②对子女期望。我们以问题"您认为您的子女将来留在城市里"的重要程度来测度转移主体对子女的希望。越希望子女将来留在城市里,越倾向于将孩子接到城市接受教育,故该指标与家庭转移需求可能呈正相关。

家庭转移需求影响因素变量赋值、作用方向假设如表 6-22 所示。

---

① 彭庆恩:《关系资本和地位获得——以北京市建筑行业农民包工头的个案为例》,《社会学研究》1996 年第 4 期,第 53~63 页。

表 6-22 家庭转移需求影响因素变量赋值、作用方向假设

变量名	指标变量	变量赋值	作用方向假设	极小值/极大值
因变量				
家庭转移需求	y	有=1；无=0		0/1
自变量				
性别	x_1	男=0；女=1	+	0/1
年龄	x_2	18岁以下=1；18~25岁=2；26~35岁=3；36~45岁=4；46~55岁=5；56岁及以上=6	+/-	1/6
文化程度	x_3	小学及以下=1；初中=2；高中及以上=3	+	1/3
打工时间	x_4	3年及以下=1；4~5年=2；6~10年=3；10年以上=4	+	1/4
是否有老人需要赡养	x_5	是=1；否=0	-	0/1
获得更高经济收入	x_6	非常不重要=1；不重要=2；一般=3；重要=4；非常重要=5	+/-	1/5
让子女获得更好教育	x_7	非常不重要=1；不重要=2；一般=3；重要=4；非常重要=5	+	1/5

续表

变量名	指标变量	变量赋值	作用方向假设	极小值/极大值
寻求更多发展机会	x_8	非常不重要 =1; 不重要 =2; 一般 =3; 重要 =4; 非常重要 =5	+	1/5
家人亲朋赞同态度	x_9	非常不重要 =1; 不重要 =2; 一般 =3; 重要 =4; 非常重要 =5	+	1/5
进城具备条件判断	x_{10}	非常不重要 =1; 不重要 =2; 一般 =3; 重要 =4; 非常重要 =5	+	1/5
打工月收入	x_{11}	1000元及以下 =1; 1001~1500元 =2; 1501~2500元 =3; 2501~3500元 =4; 3500元以上 =5	+	1/5
耕地面积	x_{12}	1亩及以下 =1; 1~2亩 =2; 2~3亩 =3; 3~4亩 =4; 4亩以上 =5	+/−	1/5
城市人均住房面积	x_{13}	5平方米及以下 =1; 6~10平方米 =2; 11~15平方米 =3; 16~20平方米 =4; 20平方米以上 =5	+	1/5
子女教育费用	x_{14}	2000元及以下 =1; 2001~5000元 =2; 5001~7000元 =3; 7001~10000元 =4; 10000元以上 =5	−	1/5
城市买房意愿	x_{15}	有 =1; 无 =0	+/−	0/1
宅基地置换城市房产意愿	x_{16}	有 =1; 无 =0	+	0/1

续表

变量名	指标变量	变量赋值	作用方向假设	极小值/极大值
社会资本	x_{17}	几乎没有=1；有少数几个=2；一般=3；有不少=4；很多=5	+	1/5
土地政策了解程度	x_{18}	非常不了解=1；不了解=2；一般=3；了解=4；非常了解=5	+	1/5
寻找工作花费的时间	x_{19}	1个月及以下=1；1~3个月=2；3~5个月=3；5~6个月=4；6个月以上=5	−	1/5
被排斥感	x_{20}	非常不重要=1；不重要=2；一般=3；重要=4；非常重要=5	+/−	1/5
城市生活适应度	x_{21}	非常不重要=1；不重要=2；一般=3；重要=4；非常重要=5	+	1/5
市民待遇重要性	x_{22}	非常不重要=1；不重要=2；一般=3；重要=4；非常重要=5	+	1/5
希望子女将来留在城市	x_{23}	非常不重要=1；不重要=2；一般=3；重要=4；非常重要=5	+	1/5

（二）模型选取

在本书的研究中，因变量为家庭转移需求，自变量是影响家庭转移需求产生的各种个体、经济和社会因素，根据自变量对因变量的影响效应预测，建立家庭转移需求实证模型：

$$家庭转移需求 = f(个体因素, 经济因素, 社会因素, 其他) \quad (6.1)$$

将"有家庭转移需求"定义为 $y=1$，$y=0$ 表示"没有家庭转移需求"。p 表示 $y=1$ 时的概率，设 y 的概率分布函数是：

$$f(y) = py(1-p)(1-y); y = 0, 1 \quad (6.2)$$

农民工在"有家庭转移需求"与"没有家庭转移需求"之间进行选择的概率由三方面因素决定，因此，采用二元 Logistic 回归模型比较理想。模型基本形式为：

$$\begin{aligned} p_i &= f(\alpha + \sum_{j=1}^{m} \beta_j x_{ij}) \\ &= 1/[1 + \exp(-\alpha + \sum_{j=1}^{m} \beta_j x_{ij})] \quad (6.3) \end{aligned}$$

在式（6.3）中，p_i、i 分别表示农民工家庭转移需求概率、农民工标号；影响农民工家庭转移需求回归系数、影响因素的标号分别用 β_j、j 表示；m、α 分别表示影响农民工家庭转移需求概率因素数量、回归截距；自变量 x_{ij} 表示第 i 个样本的第 j 种影响因素。

（三）数据计算

数据处理采用 SPSS·Statistics17 进行，将 350 份调查问卷数据输入系统进行 Logistic 回归处理。y 表示因变量家庭转移需求，将性别（x_1）、年龄（x_2）、文化程度（x_3）、打工时间（x_4）、是否有老人需要赡养（x_5）、获得更高经济收入（x_6）、让子女获得更好教育（x_7）、寻求更多发展机会（x_8）、家人亲朋赞同态度（x_9）、进城具备条件判断（x_{10}）、打工月收入（x_{11}）、耕地面积（x_{12}）、城市人均住房面积（x_{13}）、子女教育费用（x_{14}）、城市买房意愿（x_{15}）、宅基地置换城市房产意愿（x_{16}）、社会资本（x_{17}）、土地政策了解程度（x_{18}）、寻找工作花费的时间（x_{19}）、被排斥感（x_{20}）、城市生活适应度（x_{21}）、市民待遇重要性（x_{22}）、希望子女将来留在城市（x_{23}）作为自变量，全部引入 Logistic 回归方程，获得模型 1。接下来，将进入和删除的标准设为 0.05 和 0.10 水平，采用 Wald 向后统计法进行回归处理，系统将最终在既定水平上呈现出显著的自变量保留下来，删除不符合显著水平保留要求的自变量，由此获得回归模型 13。

（四）模型回归结果的模拟分析

模型 13 的显著性通过观察模型的 Wald 检验值可以看出，相比其他模型，本研究的模型具有明显的优势。-2 Log Likelihood $= 90.207$，Cox & Snell $R^2 > 0.5$，说明模型 13 的拟合优度和科学分析的要求符合，可以分析因变量家庭转移需求的变化。本研究对影响农民工家庭转移需求的主要因素及其显著性的模拟分析以模型 13 为主。从表 6-23 的统计结果可以看出，年龄（x_2）、获得更高经济收入（x_6）、进城具备条件判断（x_{10}）、城市人均住房面积（x_{13}）、子女教育费用（x_{14}）、宅基地置换城市房产意愿（x_{16}）、土地政策了解程度（x_{18}）、被排斥感（x_{20}）、城市生活适应度（x_{21}）、希望子女将来留在城市（x_{23}）10 个变量的回归系数均达到显著性水平。

表6-23　二元Logistic回归模型13的统计分析结果

解释变量	B	SE	Wald	df	Siq.	exp（B）
年龄	1.022***	0.382	7.176	1	0.007	2.779
获得更高经济收入	-0.962**	0.410	5.500	1	0.019	0.382
进城具备条件判断	2.170**	0.884	6.032	1	0.014	8.758
城市人均住房面积	0.385**	0.181	4.500	1	0.034	1.469
子女教育费用	-0.470**	0.185	6.498	1	0.011	0.625
宅基地置换城市房产意愿	1.900***	0.668	8.084	1	0.004	6.689
土地政策了解程度	-0.652**	0.288	5.131	1	0.024	0.521
被排斥感	-0.801***	0.290	7.625	1	0.006	0.449
城市生活适应度	1.015**	0.397	6.532	1	0.011	2.758
希望子女将来留在城市	0.930**	0.388	5.755	1	0.016	2.535

-2 Log Likelihood = 90.207　　Cox & Snell R^2 = 0.549　　Nagelkerke R^2 = 0.606

注：***、**、*分别表示在0.01、0.05、0.10水平（双侧）上显著相关。

第一，年龄与家庭转移需求呈显著正相关。年龄在0.007水平上与家庭转移需求呈显著正相关，这个统计结果与大多数研究农村剩余劳动力家庭转移的学者的结论是一致的，即年龄越大的农民工越容易产生家庭转移需求。在夫妻转移需求层，年龄大的农民工经济基础相对更好些，他们的城市阅历更为丰富，能够积累更多的人际关系和经验，被城市文化同化的程度更高，有更强的能力来抵御全家进城带来的经济、生活、文化等各方面的风险。

第二，获得更高经济收入与家庭转移需求呈显著负相关。获得更高经济收入与家庭转移需求在0.019水平上呈显著负相关。这个结论与多数研究农村剩余劳动力家庭化转移的学者的结论是相反的,其原因之一与前一章我们提到的一样,就是本研究的样本不是在城市打工的所有农民工,而是已经实现夫妻转移的农民工,样本的差异会对结果造成巨大的影响。进一步分析发现,已经实现夫妻转移的农民工在产生家庭转移需求时主要是考虑将孩子接入所在城市的问题,而接孩子进城不会对夫妻二人的经济收入有任何提升,相反还可能会加大他们在城市的开销。但是接孩子进城一方面可以实现全家团聚,另一方面可以让孩子接受更好的城市教育。原因之二就在于我们设置的关于转移目的的调研问题——"获得更高经济收入""让孩子接受更好教育""寻求更多发展机会"使农民工在选择的时候难免出现非此即彼的想法,可见相对于"让孩子接受更好教育"和"寻求更多发展机会","获得更高经济收入"并不是家庭转移需求的主要目的。

第三,进城具备条件判断与家庭转移需求呈显著正相关。进城具备条件判断与家庭转移需求在 0.014 水平上呈显著正相关。这首先说明农民工考虑是否全家转移进城是一个理性思考的过程,他会对自己是否具有全家转移进城的条件和能力进行考量,如果认为自己能够负担全家转移进城的后果,对自己所具备的条件和能力越有信心,则越倾向于产生家庭转移需求。上述模型分析表明,激发农民工家庭转移需求的条件之一就是农民工需要有过硬的就业技能,在城市能够找到合适的工作,且其工作收入能够负担全家转移。

第四,城市人均住房面积与家庭转移需求呈显著正相关。城市人均住房面积与家庭转移需求在 0.034 水平上呈显著正相关。说明城市人均住房面积越大的农民工夫妻越容易产生家庭转移需求。城市人均住房面积越大,说明农民工在城市住房条件越好，将来把孩子接入城市时就不会在居住方面过于拥挤，而且，在城市拥有较大面积住房的农民工经济收入会更高一些或者所在单位福利会更好一些，这样就为孩子进城提供了支持。

第五，子女教育费用与家庭转移需求呈显著负相关。子女教育费用与家庭转移需求在 0.011 水平上呈显著负相关。说明子女教育费用越低，农民工夫妻越容易产生家庭转移需求。子女教育费用越高，农民工在城市承担的经济压力越大，这会抑制农民工家庭转移需求的产生。

第六，宅基地置换城市房产意愿与家庭转移需求呈显著正相关。宅基地置换城市房产意愿与家庭转移需求在 0.004 水平上呈显著正相关。说明有宅基地置换房产意愿的农民工更容易产生家庭转移需求。其原因在于，一旦全家进入城市，住房问题就是必须要面对的最大的问题，面对城市如此高昂的房价，农民工的收入相对不足，如果能够将农村宅基地置换成城市房产，对于农民工来说就是解决了他们全家进城的一大后顾之忧。

第七，土地政策了解程度与家庭转移需求呈显著负相关。土地政策了解程度与家庭转移需求在 0.024 水平上呈显著负相关。这个结论与假设相反，原因可能是当前国家关于土地的政策有明显向农民一方倾斜的态势，比较了解土地相关政策的农民工看到了土地未来可能给他们带来的巨大收益，在这种情况下，农民工就不愿意全家进入城市，换句话说，他们在等待土地将来给他们带来的收益。本次调查中，来自陕西省的农民工占到了总数的 71.4%，当前城市化发展迅速，陕西省共有 50 个与户口性质（土地等）挂钩的政策文件，其中有 34 个文件是专门针对农村居民（或土地等）制定的，在城市扩张的过程中对失地农民的补偿力度是非常大的，农民工可能是由于了解补偿的巨大收益而不愿意全家进入城市，一旦获得巨额的补偿款，是不是城里人似乎也就显得没那么重要了。

第八，被排斥感与家庭转移需求呈显著负相关。被排斥感与家庭转移需求在 0.006 水平上呈显著负相关。说明农民工在城市被排斥感越弱越容易产生家庭转移需求。农民工在城市没有感觉到很强的被排斥感，说明城市居民对其比较友好，接受度较高，农民工容易产生归属感和安全感；如果被排斥感比较强烈，说明城市居民对其不太友好，也或许是由于农民工本身对自己的身份不够认同，认为自己有别于城市居民，心理上有一道无法逾越的鸿沟。不管是哪一种原因，在这种情况下，农民工对城市的归属感都比较弱，不愿意让家人也承受这种心理负担，所以不愿意全家转移。夫妻二人进城打工只是为了挣点钱养家糊口，将来还是要返回农村。

第九，城市生活适应度与家庭转移需求呈显著正相关。城市生活适应度与家庭转移需求在 0.011 水平上呈显著正相关。说明城市生活适应度越好的农民工夫妻越容易产生家庭转移需求。农民工在城市生活的适应度越好，说明他们接受城市文化并逐渐被城市文化所同化；如果适应度不好，说明他们对城市文化不认可、不接受。由于城乡差异太大，农民工觉得看不惯和别扭的地方会很多，这样会加剧他们对熟悉的农村生活环境的怀念，在某种程度上会抑制家庭转移需求的产生。

第十，希望子女将来留在城市与家庭转移需求呈显著正相关。希望子女将来留在城市与家庭转移需求在 0.016 水平上呈显著正相关。农民工夫妻越希望子女将来留在城市越容易产生家庭转移需求，说明农民工全家转移的最终目的是孩子将来能够留在城市，有更好的工作和生活。

（五）结论

通过模型的 Logistic 回归分析，可以得到以下三点结论。

第一，位于夫妻转移需求层上的农民工年龄越大越容易产生家庭转移需求，他们产生家庭转移需求并不是为了得到更高的经济收入，而是希望子女得到更好的教育，将来能够留在城市获得更好的生活。他们会对自己是否能够承担全家转移进城后的负担进行理性的考量，过高的子女教育费用会让农民工承担非常大的经济压力，某种程度上会抑制家庭转移需求的产生。

第二，对于家庭转移需求的产生，有一个不得不关注的问题，那就是住房问题。在城市住房情况较好的农民工产生家庭转移需求的可能性更高一些，他们渴望在城市有属于自己的房子。不高的打工收入使得他们无力承担高昂房价，那么将农村的宅基地置换成城市房产可谓一个不错的选择。

第三，农民工对城市文化的接受程度、被城市文明的同化程度会影响农民工对城市生活的适应度。如果他们能够得到更多的支持，适应城市的生活，就会更容易产生家庭转移需求。政府和城市居民如果能够给予农民工友善的态度和公平的待遇，会减弱农民工在城市的被排斥感，提升农民工在城市的归属感和城市融入程度，进而促进农民工家庭转移需求的产生。

本章小结

首先，介绍样本的来源并对样本基本特征进行描述，对农民工夫妻转移需求层的需求从转移需求、经济需求、社会需求、其他需求四个方面进行分析。

其次，从个体因素、经济因素、社会因素三个方面选取变量，最终选定性别、年龄、文化程度、打工时间、是否有老人需要赡养、获得更高经济收入、让子女获得更好教育、寻求更多发展机会、家人亲朋赞同态度、进城具备条件判断、打工月收入、耕地面积、城市人均住房面积、子女教育费用、城市买房意愿、宅基地置换城市房产意愿、社会资本、土地政策了解程度、寻找工作花费的时间、被排斥感、城市生活适应度、市民待遇重要性、希望子女将来留在城市23个指标作为自变量，并分别对其进行了影响效应的预测。

最后，构建二元 Logistic 回归模型，将 23 个指标引入模型，结果显示年龄、获得更高经济收入、进城具备条件判断、城市人均住房面积、子女教育费用、宅基地置换城市房产意愿、土地政策了解程度、被排斥感、城市生活适应度、希望子女将来留在城市 10 个变量影响显著。夫妻转移需求层上的农民工产生家庭转移需求是希望孩子能得到更好的教育，将来留在城市，但子女教育费用给他们带来很大的负担，他们希望通过将宅基地置换成城市房产来缓解住房压力，并渴望被城市接纳，融入城市生活。

第七章　家庭转移需求层实证分析

第一节　家庭转移需求层需求分析

（一）家庭转移需求层需求特征分析

1. 家庭转移需求层转移需求特征

（1）定居需求

位于家庭转移需求层上的农民工中，有定居需求的共182人，占87.5%，没有定居需求的共26人，占12.5%，绝大部分位于家庭转移需求层上的农民工已经产生定居需求。通过与个人转移需求层和夫妻转移需求层农民工定居需求的对比，可以发现位于家庭转移需求层上的农民工定居需求要远远高于前两个层次（见表7-1）。

表7-1　各转移需求层定居需求对比

单位：人，%

定居需求	家庭转移需求层		夫妻转移需求层		个人转移需求层	
	人数	占比	人数	占比	人数	占比
无	26	12.5	170	48.6	242	41.2
有	182	87.5	180	51.4	346	58.8
合计	208	100	350	100	588	100

(2) 落户需求

位于家庭转移需求层上的农民工中,有落户需求的共164人,占78.8%,没有落户需求的共44人,占21.2%,绝大部分农民工已经产生落户需求。与夫妻转移需求层和个人转移需求层农民工的落户需求进行对比,可以发现位于家庭转移需求层上的农民工落户需求要高很多(见表7-2)。

表7-2 各转移需求层落户需求对比

单位:人,%

落户需求	家庭转移需求层		夫妻转移需求层		个人转移需求层	
	人数	占比	人数	占比	人数	占比
无	44	21.2	172	49.1	264	44.9
有	164	78.8	178	50.9	324	55.1
合计	208	100	350	100	588	100

我们对家庭转移需求层的定居需求与落户需求进行了相关性检验,二者在0.01水平上呈显著正相关(见表7-3)。

表7-3 家庭转移需求层定居需求与落户需求相关性

	定居需求	落户需求
定居需求	1	0.445**
落户需求	0.445**	1

注:** 表示在0.01水平(双侧)上显著相关。

2. 家庭转移需求层经济需求特征

(1) 收入需求

位于家庭转移需求层上的农民工中,实际打工月收入1500元及以下的占8.7%,1501~3500元的占51.9%,

3500元以上的占39.4%。农民工期望月收入1500元及以下的为0，1501~3500元的占51.0%，3500元以上的占49.0%。可见，家庭转移需求层农民工打工月收入水平比个人转移需求层和夫妻转移需求层的均有所提升。从期望打工月收入看，位于家庭转移需求层的农民工生存转移需求已经消失，发展转移需求几乎达到半数，但仍有半数的农民工处于生活转移需求层（见表7-4）。

表7-4　家庭转移需求层农民工打工月收入

单位：人，%

打工月收入	实际		期望	
	人数	占比	人数	占比
1000元及以下	6	2.9	0	0
1001~1500元	12	5.8	0	0
1501~2500元	56	26.9	36	17.3
2501~3500元	52	25.0	70	33.7
3500元以上	82	39.4	102	49.0
合计	208	100	208	100

（2）住房需求

位于家庭转移需求层上的农民工，现有人均住房情况为：5平方米及以下占27.9%，6~10平方米占12.5%，11~15平方米占12.5%，16~20平方米占7.7%，20平方米以上占39.4%。占比最多的是20平方米以上，比夫妻转移需求层和个人转移需求层都有大幅上升。总体住房情况相比个人转移需求层和夫妻转移需求层有所提升（见表7-5）。

表7-5　各转移需求层农民工人均住房面积情况对比

单位：%

人均住房面积	家庭转移需求层	夫妻转移需求层	个人转移需求层
5平方米及以下	27.9	19.4	45.2
6~10平方米	12.5	33.7	24.1
11~15平方米	12.5	12.0	7.1
16~20平方米	7.7	13.1	6.1
20平方米以上	39.4	21.7	17.3
合计	100	100	100

位于家庭转移需求层的农民工中，超过一半都选择了两室一厅，占到57.7%。对比个人转移需求层和夫妻转移需求层中农民工对两室一厅的需求，可见这一需求呈现逐渐上升的趋势，而对集体宿舍和单人宿舍的需求呈下降趋势。农民工对一室一厅的需求变化没有规律，我们在个别访谈中了解到，农民工认为一室一厅与单人宿舍对于他们而言在实用性上差别并不大，但是单人宿舍的价格相比于一室一厅要便宜，这也就是选择单人宿舍的农民工更多一些的原因（见表7-6）。

表7-6　各转移需求层农民工住房结构需求对比

单位：人，%

住房结构需求	家庭转移需求层		夫妻转移需求层		个人转移需求层	
	人数	占比	人数	占比	人数	占比
集体宿舍	6	2.9	32	9.1	108	18.4
单人宿舍	38	18.3	74	21.1	194	33.0
一室一厅	12	5.8	62	17.7	66	11.2

续表

住房结构需求	家庭转移需求层		夫妻转移需求层		个人转移需求层	
	人数	占比	人数	占比	人数	占比
两室一厅	120	57.7	162	46.3	192	32.7
其他	32	15.4	20	5.7	28	4.8
合计	208	100	350	100	588	100

对定居需求与住房结构需求进行交互分析发现，在选择两室一厅的样本中，有91.7%是有定居需求的（见表7-7）。

表7-7 家庭转移需求层住房结构需求与定居需求交互统计

单位：人

住房结构需求	定居需求		合计
	无	有	
集体宿舍	0	6	6
单人宿舍	12	26	38
一室一厅	2	10	12
两室一厅	10	110	120
其他	2	30	32
合计	26	182	208

在住房来源需求方面，选择政府建经济适用房的占19.2%，选择政府建廉租房的占29.8%，选择政府建公共租赁房的占4.8%，选择政府或单位提供住房补贴的占8.7%，选择用人单位免费（或象征性收费）提供租房的占15.4%，选择买商品房的占19.2%，选择其他的占2.9%。可以看出，位于家庭转移需求层上的农民工选择政府建廉租房的所占比重最大，选择政府建经济适用房和买商品房的比重相同，合计占到了38.4%。可见，位于家庭转移需求层上的农

民工城市买房需求比位于前两个层次的都强烈。

对于城市买房需求，统计结果如表7-8所示，有城市买房需求的占60.6%，没有城市买房需求的占39.4%。在有城市买房需求的样本中，有定居需求的占93.7%，有落户需求的占79.4%，可见有定居需求的农民工城市买房需求也比较强烈。通过定居需求与城市买房需求的相关性测试，发现二者在0.05水平上显著正相关。

表7-8 家庭转移需求层城市买房需求与定居需求、落户需求交互统计

单位：人，%

		定居需求		落户需求		合计	
		无	有	无	有	人数	占比
城市买房需求	无	18	64	18	64	82	39.4
	有	8	118	26	100	126	60.6
合计		26	182	44	164	208	100

在宅基地置换城市房产需求和宅基地处理方式需求方面，我们可以看到，没有置换需求的占52.9%，有置换成城市房产需求的占30.8%，有置换成城市社保需求的占4.8%，有置换成子女城市教育费用和置换成一笔现金需求的均占5.8%。可见大部分家庭转移需求层上的农民工不愿意进行宅基地的置换。在有置换需求的样本中，选择置换成城市房产的比重最高。

在有置换需求的农民工中，有定居需求的占89.8%，有落户需求的占79.6%，可见有定居、落户需求的农民工绝大部分是具有宅基地置换需求的（见表7-9）。

表7-9 家庭转移需求层宅基地置换需求与定居需求、落户需求交互统计

单位：人,%

宅基地置换需求	定居需求 无	定居需求 有	落户需求 无	落户需求 有	合计 人数	合计 占比
自己保留	16	94	24	86	110	52.9
城市房产	8	56	14	50	64	30.8
城市社保	0	10	0	10	10	4.8
子女城市教育费用	2	10	4	8	12	5.8
一笔现金	0	12	2	10	12	5.8
合计	26	182	44	164	208	100

通过三个层次的宅基地置换方式的对比可以看出，在这个问题上三个层次上的农民工并无太大差异，有相当一部分农民工有落户需求，但同时对宅基地具有保有需求，当前这在我国是很难实现的。有宅基地置换需求的农民工中，有置换成城市房产需求的所占比重最高（见表7-10）。

表7-10 各转移需求层农民工宅基地置换需求对比

单位：%

宅基地置换需求	家庭转移需求层	夫妻转移需求层	个人转移需求层
自己保留	52.9	65.1	61.6
城市房产	30.8	22.9	25.5
城市社保	4.8	6.0	1.7
子女城市教育费用	5.8	5.7	1.7
一笔现金	5.8	5.7	9.5

（3）子女教育需求

位于家庭转移需求层上的农民工中，未填该项的占

20.2%，选择农村学校的占 9.6%，选择城市农民工子弟学校的占 7.7%，选择城市普通公办学校的占 47.1%，选择城市重点公办学校的占 12.5%，选择城市民办学校的占 2.9%。在期望子女上学学校类型中，未填该项的占 4.8%，选择城市重点公办学校的占 66.3%，选择城市普通公办学校的占 16.3%，二者总共占 82.6%，选择城市农民工子弟学校的占 10.6%，选择城市民办学校的占 1.0%，选择农村学校的占 1.0%。

通过对比家庭转移需求层与个人转移需求层和夫妻转移需求层的子女上学学校类型有效百分比，可发现家庭转移需求层的农民工子女在农村上学的比重持续下降，在城市普通公办学校上学的占了一大部分，可见，家庭转移需求层的农民工子女相比其他两个转移需求层的农民工子女有更多人进入城市学校学习。在期望子女上学学校类型方面，三个层次上的农民工选择最多的都是城市重点公办学校，这表明农民工对子女教育极为重视（见表 7-11）。

表 7-11 各转移需求层农民工子女上学学校类型有效百分比对比

单位：%

子女上学学校类型	家庭转移需求层 当前	家庭转移需求层 期望	夫妻转移需求层 当前	夫妻转移需求层 期望	个人转移需求层 当前	个人转移需求层 期望
农村学校	12.0	1.0	45.4	3.3	67.5	4.2
城市农民工子弟学校	9.6	11.1	11.2	5.3	7.2	10.8
城市普通公办学校	59.0	17.2	20.4	13.8	12.0	16.3
城市重点公办学校	15.7	69.7	11.8	74.3	10.8	65.7
城市民办学校	3.6	1.0	11.2	3.3	2.4	3.0

(4) 城市工作稳定程度需求

位于家庭转移需求层的农民工中，选择"非常重要"的占41.3%，选择"重要"的占28.8%，选择"非常不重要"的占2.9%，选择"不重要"的占1.9%，选择"一般"的占25.0%。说明大部分人希望工作趋于稳定，这与前两个层次农民工的需求并没有太大差异，是符合大部分人择业心态和当前就业形势的。在选择"重要"和"非常重要"的农民工中，86.3%有定居需求，79.5%有落户需求，而这两项在夫妻转移需求层的数据分别为59.7%和58.9%。说明在家庭转移需求层上绝大部分有定居和落户需求的农民工对城市工作稳定程度的需求十分强烈（见表7-12）。

表7-12 家庭转移需求层农民工城市工作稳定程度需求与定居需求、落户需求交互统计

单位：人，%

城市工作稳定程度需求	定居需求 无	定居需求 有	落户需求 无	落户需求 有	合计 人数	合计 占比
非常不重要	0	6	4	2	6	2.9
不重要	4	0	2	2	4	1.9
一般	2	50	8	44	52	25.0
重要	14	46	20	40	60	28.8
非常重要	6	80	10	76	86	41.3
合计	26	182	44	164	208	99.9

将家庭转移需求层和夫妻转移需求层的城市工作稳定程度需求进行对比（见表7-13），结果显示家庭转移需求层农民工认为城市工作稳定程度不重要和非常不重要的总占比为4.8%，而夫妻转移需求层农民工认为城市工作稳定程度不重

要和非常不重要的总占比为11.4%，说明家庭转移需求层的农民工对于城市工作稳定程度的需求高于夫妻转移需求层的农民工。另外，我们发现在家庭转移需求层农民工中，选择"一般"的人数比例也不小，这是因为当全家进入城市后，农民工有了家人的支持与帮助，对城市工作不稳定的焦虑降低。

表7-13 家庭转移需求层和夫妻转移需求层城市
工作稳定程度需求对比

单位：人，%

城市工作稳定程度需求	家庭转移需求层 人数	家庭转移需求层 占比	夫妻转移需求层 人数	夫妻转移需求层 占比
非常不重要	6	2.9	12	3.4
不重要	4	1.9	28	8.0
一般	52	25.0	52	14.9
重要	60	28.8	120	34.3
非常重要	86	41.3	138	39.4
合计	208	100	350	100

我们再次测试了性别与城市工作稳定程度的相关性，发现二者没有显著相关关系，这仍然是全家进入城市后家庭抗风险能力增强的缘故。

（5）土地需求

我们测试了农民工责任田放弃需求、责任田处理方式需求。有75%的农民工不愿意放弃责任田，大多数农民工对责任田仍然有强烈的保有需求，这与前两个转移需求层的总体状态是一致的。通过交互分析，我们发现在有责任田放弃需求的农民工当中，有定居需求和落户需求的农民工数量的占到了80.8%，比个人转移需求层和夫妻转移需求层都要高，这说明位于家庭转移需求层且有定居和落户需求的农民工对责任田的放弃需求比前两个转移需求层有所上升。在对责任田放弃需求与定居需求和落户需求的相关性分析中发现，责任田放弃需求与定居需求和落户需求没有明显的相关关系，说明位于家庭转移需求层的农民工在考虑定居和落户问题时，是否放弃责任田对其影响并不大。有趣的是，统计结果显示，在有定居需求和有落户需求的农民工中分别有76.9%和74.4%不愿意放弃责任田，在定居方面这是可以实现的，但是在我国当前制度体系下，既要在城镇落户又不想放弃责任田是难以实现的，当然这也反映了农民工真实的心理需求（见表7-14）。

表7-14　家庭转移需求层农民工责任田放弃需求与定居需求、落户需求交互统计

单位：人,%

		定居需求		落户需求		合计	
		无	有	无	有	人数	占比
责任田放弃需求	无	16	140	34	122	156	75
	有	10	42	10	42	52	25
合计		26	182	44	164	208	100

在家庭转移需求层中，44.3%的农民工希望土地仍然在自己人手里面，相比个人转移需求层的70.1%和夫妻转移需求层的57.1%有明显下降；有转包需求的上升至51.9%，比个人转移需求层的21.8%和夫妻转移需求层的32.0%有明显上升；希望让集体收回土地获得一次性补偿的占2.9%，比个人转移需求层和夫妻转移需求层都要低。这一方面反映了家庭转移需求层的农民工对土地的保有需求正在逐渐下

降,另一方面表明了位于家庭转移需求层的农民工有超过一半已经产生土地流转需求(见表7-15)。

表7-15 各转移需求层责任田处理方式需求对比

单位:人,%

责任田处理方式需求	家庭转移需求层		夫妻转移需求层		个人转移需求层	
	人数	占比	人数	占比	人数	占比
自己保留	64	30.8	126	36.0	258	43.9
给亲戚种	28	13.5	74	21.1	154	26.2
保留承包权,转租出去	108	51.9	112	32.0	128	21.8
集体收回,给一次性补偿	6	2.9	34	9.7	32	5.4
其他	2	1.0	4	1.1	16	2.7
合计	208	100.1	350	99.9	588	100

3. 家庭转移需求层社会需求特征分析

(1) 户籍需求

位于家庭转移需求层的农民工对户籍的需求比位于夫妻转移需求层的农民工强烈,认为户籍重要性是"不重要"和"非常不重要"的总共占25.0%,选择"一般"的占26.9%,这三项总共占51.9%,比个人转移需求层的65.6%和夫妻转移需求层的52.1%均有所下降,认为户籍"重要"和"非常重要"的共占48.0%,其中有定居需求的占94.0%,有落户需求的占96.0%(见表7-16)。

表7-16 户籍重要性与定居需求、落户需求交互统计

单位:人,%

户籍重要性	定居需求		落户需求		合计	
	无	有	无	有	人数	占比
非常不重要	6	0	6	0	6	2.9

续表

户籍重要性	定居需求		落户需求		合计	
	无	有	无	有	人数	占比
不重要	10	36	24	22	46	22.1
一般	10	46	16	40	56	26.9
重要	4	56	2	58	60	28.8
非常重要	2	38	2	38	40	19.2
合计	32	176	50	158	208	100

通过相关性检验发现，户籍重要性与定居需求相关性不显著，但是与落户需求在0.01水平上显著正相关。这说明位于家庭转移需求层上的农民工考虑到落户问题时，会认识到户籍的重要性。

（2）社会认同需求

此项需求我们用问题"您认为获得与城市居民同等待遇：①非常不重要；②不重要；③一般；④重要；⑤非常重要"来测度。统计结果显示，认为市民待遇"非常不重要"和"不重要"的占3.8%，认为"一般"的占7.7%，认为"非常重要"和"重要"的占88.5%，与夫妻转移需求层的农民工相比，家庭转移需求层的农民工社会认同需求的强烈程度上升了25.1个百分点，比个人转移需求层上升了40.2个百分点，可见随着转移需求层次的上升，农民工的社会认同需求有大幅提升。有定居需求的农民工全部选择"重要"或"非常重要"，在有落户需求的农民工中，有95.1%选择"重要"或"非常重要"，在选择"重要"和"非常重要"的农民工中，有定居需求的占98.9%，有落户需求的占84.8%。由此可见，位于家庭转移需求层上的农民工对于社会认同的需求是多么强烈（见表7-17）。

表7-17 各转移需求层市民待遇重要性对比

单位：人，%

市民待遇重要性	家庭转移需求层						夫妻转移需求层	个人转移需求层
	定居需求		落户需求		合计		占比	占比
	无	有	无	有	人数	占比		
非常不重要	0	0	0	0	0	0	0.6	1.7
不重要	8	0	6	2	8	3.8	3.4	6.8
一般	16	0	10	6	16	7.7	32.6	43.2
重要	0	120	22	98	120	57.7	46.3	28.6
非常重要	2	62	6	58	64	30.8	17.1	19.7
合计	26	182	44	164	208	100	100	100

在对社会认同需求、定居需求、落户需求的相关性检验中，社会认同需求与定居需求、落户需求均在0.01水平上显著正相关，并且社会认同需求与定居需求的相关度要高于与落户需求的相关度（见表7-18）。

表7-18 社会认同需求与定居需求、落户需求相关性

	社会认同需求	定居需求	落户需求
社会认同需求	1	0.689**	0.374**
定居需求	0.689**	1	0.445**
落户需求	0.374**	0.445**	1

注：** 表示在0.01水平（双侧）上显著相关。

4. 家庭转移需求层其他需求

该测试允许被调查者多项选择，选择"参加免费技能培训"的占82.7%，选择"进修提升学历"的占20.2%，选择

"就业扶持与优惠"的占13.5%，选择"提供政策咨询"的占13.5%，选择"单位文化娱乐活动"的占28.8%，选择"其他"的占3.8%。我们发现，位于家庭转移需求层上的农民工对参加免费技能培训的需求仍然最强烈。

(二) 结论

通过对家庭转移需求层的需求分析，我们可以得出以下四点结论。

第一，在转移需求方面，家庭转移需求层上的农民工有定居需求的占87.5%，有落户需求的占78.8%，相比于个人转移需求层和夫妻转移需求层有大幅提高，这再次说明农民工转移需求层次之间的递进关系是确实存在的。

第二，在经济需求方面，位于家庭转移需求层上的农民工总体收入水平和期望月收入比个人转移需求层和夫妻转移需求层均有所提升。家庭转移需求层上的农民工现有住房情况比个人转移需求层和夫妻转移需求层有所改善，在对住房结构的需求中，对两室一厅有需求的占到了半数以上，其次是对单人宿舍有需求的。有定居需求的农民工城市买房需求也比较强烈。大部分家庭转移需求层上的农民工不愿意进行宅基地的置换，在有置换需求的农民工中，置换成城市房产的比重最高，有定居落户需求的农民工绝大部分是有宅基地置换需求的。在期望子女上学学校类型上，家庭转移需求层上的农民工依旧青睐于城市公办学校，其中城市公办重点学校所占比重最大，这表明三个转移需求层次的农民工在子女教育方面差异不大。位于家庭转移需求层的农民工中，大部分人希望城市工作趋于稳定，绝大部分有定居和落户需求的农民工对城市工作稳定程度的需求十分强烈，这个比重占到了80%左右。家庭转移需求层上的农民工对城市工作稳定程度的需求明显高于夫妻转移需求层上的。大多数农民工对责任田仍然有强烈的保有需求，这与前两个转移需求层的总体状态是一致的。位于家庭转移需求层的农民工在考虑定居和落户问题时，是否放弃责任田对其影响并不大。家庭转移需求层的农民工对责任田的保有需求正在逐渐下降，且有超过一半的农民工已经产生土地流转需求。

第三，在社会需求方面，位于家庭转移需求层的农民工对户籍的需求比位于夫妻转移需求层的农民工强烈，户籍重要性与定居需求相关性不显著，但是与落户需求在 0.01 水平上显著正相关。这说明位于家庭转移需求层上的农民工考虑到落户问题时，会认识到户籍的重要性。随着转移需求层次的上升，农民工的社会认同需求有大幅提升，并且社会认同需求与定居需求的相关度要高于与落户需求的相关度。

第四，在其他需求方面，位于家庭转移需求层上的农民工依旧对参加免费技能培训有最为强烈的需求。

第二节　家庭转移需求层定居需求因素实证分析

（一）研究假设

1. 个体因素研究假设

（1）个体客观因素相关变量及研究假设

我们选取了性别、年龄、文化程度、打工时间、是否有老人需要赡养五个变量。

①性别。假设女性比男性定居需求更强烈。

第七章 家庭转移需求层实证分析

②年龄。年龄对定居需求的影响待定。

③文化程度。文化程度较高者进城务工有能力获得更高的收益，更能支付家庭定居城市的成本。文化程度对留城意愿具有显著的正向影响。所以我们对"文化程度"变量由小到大赋值，它与定居需求可能呈显著正相关。

④打工时间。这项指标与定居需求可能呈正相关。

⑤是否有老人需要赡养。我们将"是"赋值为1，"否"赋值为0，那么"是否有老人需要赡养"这项指标与定居需求可能呈负相关。

（2）个体主观因素相关变量及研究假设

个体主观因素主要是被调查者主观意向，包括获得更高经济收入、让子女获得更好教育、寻求更多发展机会、家人亲朋赞同态度、进城具备条件判断五个变量指标。

①获得更高经济收入。全家定居城市能让农民工更好地规划未来的工作和生活，而且家可以给农民工一个稳定安全的后方，让其更好地工作，但是全家定居城市在某种程度上会增加开销，要求家庭有稳定收入来源，故"获得更高经济收入"这项指标对定居需求的影响待定。

②让子女获得更好教育。全家定居城市可以给孩子一个完整的家庭环境，让子女获得城市教育，有利于子女对城市文明的接受和认同。"让子女获得更好教育"这项指标可能与定居需求呈显著正相关。

③寻求更多发展机会。这项指标与定居需求可能呈正相关。

④家人亲朋赞同态度。该指标可能与定居需求呈显著正相关。

⑤进城具备条件判断。该指标可能与定居需求呈正相关。

2. 经济因素研究假设

（1）经济客观因素相关变量及研究假设

我们选择了打工月收入、耕地面积两个变量。

①打工月收入。学者们研究发现，迁入地家庭收入越高，产生定居需求的可能性越大。因此，"打工月收入"这项指标与定居需求可能呈正相关。

②耕地面积。这项指标对定居需求的影响待定。

（2）经济主观因素相关变量及研究假设

经济主观因素包括城市买房意愿、宅基地置换城市房产意愿，它们用来反映农民工主观上是否愿意彻底离开农村进入城市生活。

①城市买房意愿。打算定居城市首先要解决的问题就是住房问题，从长远来看，如果能在城市拥有属于自己的房子，家庭生活能更稳定。因此，这项指标与定居需求可能呈正相关。

②宅基地置换城市房产意愿。农民工如果定居在城市，那么老家的宅基地就会被闲置，如果用宅基地换取城市住房，将减少很多经济压力。因此，这项指标与定居需求可能呈正相关。

3. 社会因素研究假设

（1）社会客观因素相关变量及研究假设

我们选取了社会资本、土地政策了解程度两个变量。

①社会资本。"社会资本"指标赋值由小到大，该项指标与定居需求可能呈正相关。

②土地政策了解程度。该指标与定居需求可能呈正相关。

第七章　家庭转移需求层实证分析

(2) 社会主观因素相关变量及研究假设

社会主观因素包括城市归属度、对子女期望两个变量。

①城市归属度。该变量由三项指标构成：被排斥感、城市生活适应度，市民待遇重要性。"被排斥感"赋值由小到大，农民工遭受排斥的程度越强，越有可能返乡，所以，"被排斥感"可能与定居需求呈显著负相关；"城市生活适应度"赋值由小到大，可能与定居需求呈正相关；"市民待遇重要性"赋值由小到大，可能与定居需求呈显著正相关。

②对子女期望。我们以问题"您认为您的子女将来留在城市"的重要程度来测度转移农民工对子女的期望。越希望子女将来留在城市，可能越倾向于全家定居城市，故该指标与定居需求可能呈正相关。

定居需求影响因素变量赋值、作用方向假设如表 7-19 所示。

(二) 模型选取

在本节的研究中，因变量为定居需求，自变量是影响定居需求产生的各种个体、经济和社会因素，根据自变量对因变量的影响效应预测，建立家庭转移需求实证模型：

$$定居需求 = f(个体因素, 经济因素, 社会因素, 其他) \quad (7.1)$$

将"有定居需求"定义为 $y=1$，$y=0$ 表示"没有定居需求"。p 表示 $y=1$ 时的概率，设 y 的概率分布函数是：

$$f(y) = py(1-p)(1-y); y = 0,1 \quad (7.2)$$

农民在"有定居需求"与"没有定居需求"之间进行选择的概率由三方面因素决定，因此，采用二元 Logistic 回归模型比较理想。模型基本形式为：

表7-19 定居需求影响因素变量赋值、作用方向假设

变量名	指标变量	变量赋值	作用方向假设	极小值/极大值
因变量				
定居需求	y	有 = 1；无 = 0		0/1
自变量				
性别	x_1	男 = 0；女 = 1	+	0/1
年龄	x_2	18岁以下 = 1；18~25岁 = 2；26~35岁 = 3；36~45岁 = 4；46~55岁 = 5；56岁及以上 = 6	+/-	1/6
文化程度	x_3	小学及以下 = 1；初中 = 2；高中及以上 = 3	+	1/3
打工时间	x_4	3年及以下 = 1；4~5年 = 2；6~10年 = 3；10年以上 = 4	+	1/4
是否有老人需要赡养	x_5	是 = 1；否 = 0	-	0/1
获得更高经济收入	x_6	非常不重要 = 1；不重要 = 2；一般 = 3；重要 = 4；非常重要 = 5	+/-	1/5
让子女获得更好教育	x_7	非常不重要 = 1；不重要 = 2；一般 = 3；重要 = 4；非常重要 = 5	+	1/5

续表

变量名	指标变量	变量赋值	作用方向假设	极小值/极大值
寻求更多发展机会	x_8	非常不重要=1；不重要=2；一般=3；重要=4；非常重要=5	+	1/5
家人亲朋赞同态度	x_9	非常不重要=1；不重要=2；一般=3；重要=4；非常重要=5	+	1/5
进城具备条件判断	x_{10}	非常不重要=1；不重要=2；一般=3；重要=4；非常重要=5	+	1/5
打工月收入	x_{11}	1000元及以下=1；1001~1500元=2；1501~2500元=3；2501~3500元=4；3500元以上=5	+	1/5
耕地面积	x_{12}	1亩及以下=1；1~2亩=2；2~3亩=3；3~4亩=4；4亩以上=5	+/-	1/5
城市买房意愿	x_{13}	有=1；无=0	+	0/1
宅基地置换城市房产意愿	x_{14}	有=1；无=0	+	0/1
社会资本	x_{15}	几乎没有=1；有少数几个=2；一般=3；有不少=4；有很多=5	+	1/5
土地政策了解程度	x_{16}	非常不了解=1；不了解=2；一般=3；了解=4；非常了解=5	+	1/5

续表

变量名	指标变量	变量赋值	作用方向假设	极小值/极大值
被排斥感	x_{17}	非常不重要=1；不重要=2；一般=3；重要=4；非常重要=5	-	1/5
城市生活适应度	x_{18}	非常不重要=1；不重要=2；一般=3；重要=4；非常重要=5	+	1/5
市民待遇重要性	x_{19}	非常不重要=1；不重要=2；一般=3；重要=4；非常重要=5	+	1/5
希望孩子将来留在城市	x_{20}	非常不重要=1；不重要=2；一般=3；重要=4；非常重要=5	+	1/5

第七章　家庭转移需求层实证分析

$$p_i = F(\alpha + \sum_{j=1}^{m} \beta_j x_{ij})$$

$$= 1/[1 + \exp(-\alpha + \sum_{j=1}^{m} \beta_j x_{ij})] \quad (7.3)$$

在式 (7.3) 中, p_i、i 分别表示农民工定居需求概率、农民工标号;影响农民工定居需求的回归系数、影响因素的标号分别用 β_j、j 表示; m、α 分别表示影响农民工定居需求概率因素数量、回归截距;自变量 x_{ij} 表示第 i 个样本的第 j 种影响因素。

(三) 数据计算

数据处理采用 SPSS·Statistics17 进行,将 208 份调查问卷数据输入系统进行 Logistic 回归处理。用 y 表示因变量定居需求,将性别 (x_1)、年龄 (x_2)、文化程度 (x_3)、打工时间 (x_4)、是否有老人需要赡养 (x_5)、获得更高经济收入 (x_6)、让子女获得更好教育 (x_7)、寻求更多发展机会 (x_8)、家人亲朋赞同态度 (x_9)、进城具备条件判断 (x_{10})、打工月收入 (x_{11})、耕地面积 (x_{12})、城市买房意愿 (x_{13})、宅基地置换城市房产意愿 (x_{14})、社会资本 (x_{15})、土地政策了解程度 (x_{16})、被排斥感 (x_{17})、城市生活适应度 (x_{18})、市民待遇重要性 (x_{19})、希望子女将来留在城市 (x_{20}) 作为自变量,全部引入 Logistic 回归方程获得模型 1。接下来,将进入和删除的标准设为 0.05 和 0.10 水平,采用 Wald 向后统计法进行回归处理,系统将最终保留下在既定水平上呈现出显著的自变量,删除不符合显著水平保留要求的自变量,由此获得回归模型 15。

(四) 模型回归结果的模拟分析

模型 15 的显著性通过模型的 Wald 检验值可以看出,与其他模型相比，本研究的模型表现出明显的优势。-2 Log Likelihood 的取值为 9.538，Cox & Snell R^2 的取值大于 0.4，表明本模型的拟合优度与科学研究的标准相符合，可以分析因变量的变化。本研究对影响农民工定居需求的主要因素及其显著性进行分析时以模型 15 为主。表 7-20 的统计结果显示，打工时间（x_4）、家人亲朋赞同态度（x_9）、被排斥感（x_{17}）、市民待遇重要性（x_{19}）四个变量的回归系数均达到显著性水平。

表 7-20　二元 Logistic 回归模型 15 的统计分析结果

解释变量	B	SE	Wald	df	Siq.	exp（B）
打工时间	2.034 *	1.130	3.2371	1	0.072	7.644
家人亲朋赞同态度	4.445 **	2.140	4.315	1	0.038	85.189
被排斥感	-2.768 **	1.301	4.525	1	0.033	0.063
市民待遇重要性	8.533 **	3.370	6.410	1	0.011	5077.859
-2 Log Likelihood = 9.538		Cox & Snell R^2 = 0.484			Nagelkerke R^2 = 0.915	

注：** 、* 分别表示在 0.05、0.10 水平（双侧）上显著相关。

第一，打工时间与定居需求呈显著正相关。打工时间与定居需求在 0.072 水平上呈显著正相关。说明位于家庭转移需求层上的农民工打工时间越长越容易产生定居需求。一般来讲，打工时间越长，接触城市文明的时间越多，越倾向于被城市文明同化。在这个过程中，农民工逐渐对所在城市产生一定情感依赖，逐渐建立归属感，越容易产生全家在城市定居的需求。

第二，家人亲朋赞同态度与定居需求呈显著正相关。家人亲朋赞同态度与定居需求在 0.038 水平上呈显著正相关。说明如果家人和亲朋对农民工全家定居城市持赞同态度，则有利于农民工定居需求的产生；如果家人和亲朋都反对，则会抑制农民工定居需求的产生。这再一次说明了在以血缘关系为人际关系基础的农村社区，家人和亲朋对其决策和需求产生的影响是巨大的。

第三，被排斥感与定居需求呈显著负相关。被排斥感与定居需求在 0.033 水平上呈显著负相关。说明如果农民工被排斥感比较强，则会抑制其定居需求的产生；如果他们认为自己和家人在城市中是被接受的，则会促进定居需求的产生。

第四，市民待遇重要性与定居需求呈显著正相关。市民待遇重要性与定居需求在 0.011 水平上呈显著正相关。说明越是认为市民待遇对自己很重要的农民工越倾向于产生定居需求，反映了有定居需求的农民工对市民待遇的渴望。

（五）结论

通过二元 Logistic 回归模型分析，可以得到以下结论：位于家庭转移需求层上的农民工打工时间越长越容易产生定居需求；他们对家人和亲朋的赞同态度非常看重；城市居民是否能正确对待农民工，给予他们友善的接纳态度，对他们是否会产生定居需求至关重要，农民工有着强烈的被政府和城市居民给予同等的公平的市民待遇的渴求。

第三节 家庭转移需求层落户需求因素实证分析

（一）研究假设

1. 个体因素研究假设

（1）个体客观因素相关变量及研究假设

笔者选取了性别、年龄、文化程度、打工时间四个变量。

①性别。有研究表明，男性更愿意迁移户口至打工城市，因此，我们假设性别与落户需求呈负相关。

②年龄。已实现全家转移者年龄越大越能认识到户籍对家庭可持续发展的重要性，更倾向于获得户籍；但是，年龄越大经济积累程度越高，可能也就不在乎户籍，而且，年龄较小者对未来城市生活的向往要多于年龄较大者。因此，"年龄"这项指标对落户需求的影响待定。

③文化程度。文化程度越高，对户籍的作用理解得越透彻，而且越需要户籍制度对其身份加以区别。我们对"文化程度"变量由小到大赋值，该指标与落户需求可能呈正相关。

④打工时间。打工时间越长，对城市感情越深，越想定居于城市，而只有拿到户籍才能算作真正的城市居民，而且打工时间越长越能够发现户籍对就业和保障的巨大影响。故"打工时间"与落户需求可能呈显著正相关。

（2）个体主观因素相关变量及研究假设

个体主观因素主要是被调查者主观意向，包括获得更高经济收入、让子女获得更好教育、寻求更多发展机会、家人亲朋赞同态度、进城具备条件判断。

①获得更高经济收入。获得城市户籍能在就业方面有更多的选择，而且可以享受到城镇居民相关福利，所以"获得更高经济收入"这项指标与落户需求可能呈正相关。

②让子女获得更好教育。城市户籍对子女入学择校有着相当大的影响。所以，"让子女获得更好教育"这项指标可能与落户需求呈显著正相关。

③寻求更多发展机会。户籍制度的约束力随着户籍改革

的深入而不断下降，人们在一个城市工作生活并不一定拥有该城市户籍，但某些单位招聘时明确指出要求有当地户籍，所以就业机会就会倾向于那些拥有城市户籍的人员。① 因此，"寻求更多发展机会"这项指标与落户需求可能呈正相关。

④家人亲朋赞同态度。该指标可能与落户需求呈显著正相关。

⑤进城具备条件判断。该指标可能与落户需求呈正相关。

2. 经济因素研究假设

（1）经济客观因素相关变量及研究假设

我们选择了打工月收入、耕地面积、城市人均住房面积、子女教育费用四个变量。

①打工月收入。有研究表明，收入越高的农民工越不愿意取得打工所在城市的户口，月收入每增加1元，将户口迁入打工城市的意愿偶值就降低万分之二。② 因此，"打工月收入"这项指标与落户需求呈负相关。

②耕地面积。耕地面积越小，由于获得户籍而产生的土地方面的机会成本越小。因此，"耕地面积"这项指标与落户需求可能呈负相关。

③城市人均住房面积。这项指标对落户需求的影响待定。

④子女教育费用。如果子女在城市教育费用过高，农民

---

① 陆益龙：《户口还起作用吗——户籍制度与社会分层和流动》，《中国社会科学》2008年第1期，第149~162、207~208页。
② 蔡禾、王进：《"农民工"永久迁移意愿研究》，《社会学研究》2007年第6期，第86~113、243页。

工无力承担，会动摇其进城落户的想法。故该项指标与落户需求可能呈负相关。

（2）经济主观因素相关变量及研究假设

经济主观因素包括城市买房意愿和宅基地置换城市房产意愿。

①城市买房意愿。如果农民工有获得城市户籍的需求，那就意味着他要从事实上和法律上完全成为一个城里人。如果可以享受到户籍带来的买房相关优惠政策，而且有了自己的住房，那么在城市生活就会更稳定更有归属感。因此，这项指标与落户需求可能呈正相关。

②宅基地置换城市房产意愿。这项指标与落户需求可能呈正相关。

3. 社会因素研究假设

（1）社会客观因素相关变量及研究假设

我们选取了社会资本、落户政策了解程度、土地政策了解程度三个变量。

①社会资本。"社会资本"与落户需求可能呈正相关。

②落户政策了解程度。农民工对户籍制度的关注程度能从某种程度上反映对获得户籍的渴求程度。所以"落户政策了解程度"指标与落户需求可能呈显著正相关。

③土地政策了解程度。"土地政策了解程度"与落户需求可能呈正相关。

（2）社会主观因素相关变量及研究假设

社会主观因素包括城市归属度、制度压力、对子女期望三个变量。

①城市归属度。该变量由三项指标构成：被排斥感、城

市生活适应度、市民待遇重要性。"被排斥感"赋值由小到大,农民工遭受排斥的程度越强,越希望通过法律上的身份确认来消除这种排斥。所以,"被排斥感"与落户需求可能呈正相关;"城市生活适应度"赋值由小到大,可能与落户需求呈正相关;"市民待遇重要性"赋值由小到大,可能与落户需求呈正相关。

②制度压力。该变量由户籍重要性、户籍对解决麻烦的作用、户籍对提高身份的作用三个指标构成。三个指标赋值均由小到大,与落户需求均可能呈正相关。

③对子女期望。"希望子女将来留在城市",一般而言,如果农民工越希望子女成为城里人,那么获得城市户籍的需求会越强烈。因此,该指标可能与落户需求呈正相关。

落户需求影响因素变量赋值、作用方向假设如表7-21所示。

(二) 模型选取

在本节的研究中,因变量为落户需求,自变量是影响农民工落户需求产生的各种个体、经济和社会因素。根据自变量对因变量的影响效应预测,建立农民工落户需求实证模型:

$$落户需求 = f(个体因素, 经济因素, 社会因素, 其他) \quad (7.4)$$

将"有落户需求"定义为 $y=1$,$y=0$ 表示"没有落户需求"。p 表示 $y=1$ 时的概率,设 y 的概率分布函数是:

$$f(y) = py(1-p)(1-y); y = 0, 1 \quad (7.5)$$

农民工在"有落户需求"与"没有落户需求"之间进

表7-21 落户需求影响因素变量赋值、作用方向假设

变量名	指标变量	变量赋值	作用方向假设	极小值/极大值
因变量				
落户需求	y	有=1；无=0		0/1
自变量				
性别	x_1	男=0；女=1	−	0/1
年龄	x_2	18岁以下=1；18~25岁=2；26~35岁=3；36~45岁=4；46~55岁=5；56岁及以上=6	+/−	1/6
文化程度	x_3	小学及以下=1；初中=2；高中及以上=3	+	1/3
打工时间	x_4	3年以下=1；3~5年=2；6~10年=3；10年以上=4	+	1/4
获得更高经济收入	x_5	非常不重要=1；不重要=2；一般=3；重要=4；非常重要=5	+	1/5
让子女获得更好教育	x_6	非常不重要=1；不重要=2；一般=3；重要=4；非常重要=5	+	1/5
寻求更多发展机会	x_7	非常不重要=1；不重要=2；一般=3；重要=4；非常重要=5	+	1/5
家人亲朋赞同态度	x_8	非常不重要=1；不重要=2；一般=3；重要=4；非常重要=5	+	1/5

第七章 家庭转移需求层实证分析

续表

变量名	指标变量	变量赋值	作用方向假设	极小值/极大值
进城具备条件判断	x_9	非常不重要=1；不重要=2；一般=3；重要=4；非常重要=5	+	1/5
打工月收入	x_{10}	1000元及以下=1；1001~1500元=2；1501~2500元=3；2501~3500元=4；3500元以上=5	-	1/5
耕地面积	x_{11}	1亩及以下=1；1~2亩=2；2~3亩=3；3~4亩=4；4亩以上=5	-	1/5
城市人均住房面积	x_{12}	5平方米及以下=1；6~10平方米=2；11~15平方米=3；16~20平方米=4；20平方米以上=5	+/-	1/5
子女教育费用	x_{13}	2000元及以下=1；2001~5000元=2；5001~7000元=3；7001~10000元=4；10000元以上=5	-	1/5
城市买房意愿	x_{14}	有=1；无=0	+	0/1
宅基地置换城市房产意愿	x_{15}	有=1；无=0	+	0/1
社会资本	x_{16}	几乎没有=1；有少数几个=2；一般=3；有不少=4；有很多=5	+	1/5
落户政策了解程度	x_{17}	非常不了解=1；不了解=2；一般=3；了解=4；非常了解=5	+	1/5

239

续表

变量名	指标变量	变量赋值	作用方向假设	极小值/极小值
土地政策了解程度	x_{18}	非常不了解=1；不了解=2；一般=3；了解=4；非常了解=5	+	1/5
被排斥感	x_{19}	非常不重要=1；不重要=2；一般=3；重要=4；非常重要=5	+	1/5
城市生活适应度	x_{20}	非常不重要=1；不重要=2；一般=3；重要=4；非常重要=5	+	1/5
市民待遇重要性	x_{21}	非常不重要=1；不重要=2；一般=3；重要=4；非常重要=5	+	1/5
希望子女将来留在城市	x_{22}	非常不重要=1；不重要=2；一般=3；重要=4；非常重要=5	+	1/5
户籍重要性	x_{23}	非常不重要=1；不重要=2；一般=3；重要=4；非常重要=5	+	1/5
户籍对解决麻烦的作用	x_{24}	非常不重要=1；不重要=2；一般=3；重要=4；非常重要=5	+	1/5
户籍对提高身份的作用	x_{25}	非常不重要=1；不重要=2；一般=3；重要=4；非常重要=5	+	1/5

行选择的概率由三方面因素决定,因此,采用二元 Logistic 回归模型比较理想。模型基本形式为:

$$p_i = f(\alpha + \sum_{j=1}^{m}\beta_j x_{ij})$$
$$= 1/[1 + \exp(-\alpha + \sum_{j=1}^{m}\beta_j x_{ij})] \quad (7.6)$$

在式(7.6)中,p_i、i 分别表示农民工落户需求概率、农民工标号;影响农民工落户需求的回归系数、影响因素的标号分别用 β_j、j 表示;m、α 分别表示影响农民工落户需求概率因素数量、回归截距;自变量 x_{ij} 表示第 i 个样本的第 j 种影响因素。

(三) 数据计算

数据处理采用 SPSS·Statistics17 软件进行,将 208 份调查问卷数据输入系统进行 Logistic 回归处理。用 y 表示因变量落户需求,将性别(x_1)、年龄(x_2)、文化程度(x_3)、打工时间(x_4)、获得更高经济收入(x_5)、让子女获得更好教育(x_6)、寻求更多发展机会(x_7)、家人亲朋赞同态度(x_8)、进城具备条件判断(x_9)、打工月收入(x_{10})、耕地面积(x_{11})、城市人均住房面积(x_{12})、子女教育费用(x_{13})、城市买房意愿(x_{14})、宅基地置换城市房产意愿(x_{15})、社会资本(x_{16})、落户政策了解程度(x_{17})、土地政策了解程度(x_{18})、被排斥感(x_{19})、城市生活适应度(x_{20})、市民待遇重要性(x_{21})、希望子女将来留在城市(x_{22})、户籍重要性(x_{23})、户籍对解决麻烦的作用(x_{24})、户籍对提高身份的作用(x_{25})作为自变量,全部引入 Logistic 回归方程,获得模型 1。接下来,将进入和删除标准设为 0.05 和 0.10 水平,采用 Wald 向后统计法进行回归处理,系统将最终保留下在既定水平上呈现出显著的自变量,删除不符合显著水平保留要求的自变量,由此获得回归模型18。

(四) 模型回归结果的模拟分析

模型18的显著性从模型的Wald检验值可以看出,相比于其他模型本研究的模型具有明显的优势。-2 Log Likelihood的取值是23.563,而Cox & Snell R^{2}的取值大于0.5,说明模型的拟合优度与科学分析标准相符合,可以分析因变量的变化。该研究对影响农民工落户需求的主要因素及其显著性进行模拟分析时以模型18为主。从表7-22的统计结果可以看出,年龄(x_2)、文化程度(x_3)、打工时间(x_4)、寻求更多发展机会(x_7)、进城具备条件判断(x_9)、打工月收入(x_{10})、子女教育费用(x_{13})、户籍对解决麻烦的作用(x_{24})、户籍对提高身份的作用(x_{25})9个变量的回归系数均达到显著性水平。

表7-22 二元Logistic回归模型18的统计分析结果

解释变量	B	SE	Wald	df	Siq.	exp(B)
年龄	-5.856**	2.597	5.085	1	0.024	0.003
文化程度	2.852**	1.340	4.526	1	0.033	17.318
打工时间	7.039**	2.835	6.167	1	0.013	1140.060
寻求更多发展机会	3.507*	1.831	3.666	1	0.056	33.337
进城具备条件判断	22.582**	9.164	6.072	1	0.014	6.417
打工月收入	-7.631**	3.313	5.305	1	0.021	0.000
子女教育费用	-2.988**	1.257	5.652	1	0.017	0.050
户籍对解决麻烦的作用	4.777**	1.934	6.099	1	0.014	118.710

续表

解释变量	B	SE	Wald	df	Siq.	exp（B）
户籍对提高身份的作用	4.705**	2.124	4.906	1	0.012	110.475

$-2\ \text{Log Likelihood} = 23.563$　　Cox & Snell $R^2 = 0.550$　　Nagelkerke $R^2 = 0.829$

注：**、* 分别表示在 0.05、0.10 水平（双侧）上显著相关。

第一，年龄与落户需求呈显著负相关。年龄与落户需求在 0.024 水平上呈显著负相关。说明位于家庭转移需求层的农民工中年龄越小的越容易产生落户需求。家庭转移需求层的农民工年龄集中在 26~55 岁，其中 36~55 岁的农民工占到了一半以上。年龄较小的农民工在城市的经济积累不足，却是上有老下有小，生活负担较重，没有户籍使得他们在城市面临许多问题，比如孩子上学问题、某些工作对户口有限制等，这就使得他们相对于年龄较大的农民工对户籍的渴望更加强烈一些。

第二，文化程度与落户需求呈显著正相关。文化程度与落户需求在 0.033 水平上呈显著正相关。说明文化程度越高的农民工越容易产生落户需求。文化程度较高的农民工对未来生活的要求更高一些，对自己未来的发展有更多的追求，而且他们相对于文化程度较低的农民工有更大的能力来抵御城市生活的风险，所以他们更容易产生落户需求，有了户口可以消除他们在城市就业过程中的一些阻碍，为他们获得更好的工作和生活奠定基础。

第三，打工时间与落户需求呈显著正相关。打工时间与落户需求在 0.013 水平上呈显著正相关。说明打工时间越长的农民工越容易产生落户需求。打工时间越长对所在城市的情感越深,越能接受城市文明,逐渐适应城市生活方式,越希望成为一名真正的城市居民。只有获得户籍才能够从法律上被认可,真正成为城市居民,享有户籍所带来的一系列保障,包括子女教育和就业等各个方面。

第四,寻求更多发展机会与落户需求呈显著正相关。寻求更多发展机会与落户需求在 0.056 水平上呈显著正相关。说明认为寻求更多发展机会对自己很重要的农民工更容易产生落户需求。这是因为在就业的过程中,是否具备城市户籍成了一些单位用人的一个基本硬性条件,农民工只有获得城市户籍才能打破这一就业方面的限制。

第五,进城具备条件判断与落户需求呈显著正相关。进城具备条件判断与落户需求在 0.014 水平上呈显著正相关,说明农民工在考虑落户与否时是非常理性的,因为一旦获得城市户籍便从法律上变更了原有的农民身份,这就意味着必须放弃原来赖以生存的土地,彻底告别祖祖辈辈熟悉的生活方式,而且这一切是不可逆的。如果农民工认为自己能够承担由此带来的风险,有能力适应并负担未来在城市工作生活所带来的一切后果,就会产生落户需求;反过来,如果他们认为自己不足以承担这一切,就不会产生落户需求。

第六,打工月收入与落户需求呈显著负相关。打工月收入与落户需求在 0.021 水平上呈显著负相关,说明位于家庭转移需求层上的农民工打工月收入越低越容易产生落户需求,这与一些学者的研究结果是一致的。打工月收入较高者不在乎户籍给他们带来的生活和就业方面的一些方便,取得城市户籍会使得他们必须放弃农村土地和宅基地,这对他们来说其实是一种损失,所以在这种理性思考之下不会产生落

第七章　家庭转移需求层实证分析

户需求。

第七，子女教育费用与落户需求呈显著负相关。子女教育费用与落户需求在 0.017 水平上呈显著负相关。说明位于家庭转移需求层上的农民工的子女教育费用越少越容易产生落户需求，子女教育费用过高会加重农民工在城市的经济负担，农民工打工收入过多的分配于子女教育必然会影响农民工在城市生活的其他方面，降低农民工在城市的生活质量，对比农村低成本的生活，农民工对城市的归属感就会有所降低，由此抑制了农民工落户需求的产生。我们在访谈中也发现，有一部分位于家庭转移需求层的农民工在谈到落户问题时表示，等到供完孩子上大学他们就返回农村，觉得农村的生活成本低、节奏慢，城里消费太高，生活方式他们也不太适应，回到农村也不会给孩子添什么麻烦，但是现在为了孩子只能这样坚持着。

第八，户籍对解决麻烦的作用与落户需求呈显著正相关。户籍对解决麻烦的作用与落户需求在 0.014 水平上呈显著正相关。说明位于家庭转移需求层上的农民工中认为户籍在帮助自己解决生活中的麻烦方面起到的作用越大者，越容易产生落户需求。这表明农民工获取城市户籍的一个很重要的原因是没有户籍给他们的实际工作和生活带来了很大的麻烦，这体现出当前户籍制度在农民工就业、生活等方面有很大的负面影响。

第九，户籍对提高身份的作用与落户需求呈显著正相关。户籍对提高身份的作用与落户需求在 0.012 水平上呈显著正相关。说明如果位于家庭转移需求层上的农民工认为取得户籍对其提高身份有很大作用，那么他们就越容易产生落户需求。这首先反映了农民工自身就认为"农民工"身份低人一等,而生活在城市所受到的种种不公平待遇和歧视在他们看来应该归咎于没有城市户籍,所以取得城市户籍就成为他们提升自己身份,获得市民待遇的重要途径。

(五) 结论

通过二元 Logistic 回归模型分析,可以得到以下结论。位于家庭转移需求层上的农民工年龄越小、文化程度越高、打工时间越长越容易产生落户需求。年轻且文化程度高的农民工对城市生活有更多的向往,希望通过自己的努力跳出农村,让自己和下一代进入城市成为城里人。所以我们会发现,希望寻求更多发展机会的农民工越容易产生落户需求,户籍可以使他们获得与城镇居民同等的就业机会;而打工时间越长越能够体验到没有户籍给工作和生活带来的不便,这些农民工恰恰是位于家庭转移需求层上打工月收入较低的群体,收入较高的农民工对于户籍能够解决的那些麻烦不是很在乎;农民工希望通过获取城市户籍得到身份的提高和认同,得到公平合理的市民待遇;子女教育费用过高会降低农民工在城市的生活质量,让农民工失去在城市落户的兴趣,他们对获得城市户籍持观望态度;如果经过对进城应具备条件和能力的理性考量他们仍旧没有发现在城市会对他们的生活质量有什么提升,那么将来在供孩子读完书后就会选择返回农村,如此一来他们就需要保留在农村的土地和宅基地,于是便不会产生落户需求。

从逻辑上讲,农民工对现行的土地和户籍制度多少应该有所了解,即获得城镇户籍就必须放弃土地,那么责任田放弃与否就是农民工在考虑户口迁移问题时应该考虑的问题,但是统计结果却显示二者之间没有显著相关关系。这一结果出现的原因可能与问卷设计有关,即在询问被调查者"是否具有城市落户意愿"时并没有明确提出是否在放弃责任田的前提条件下,因此问卷结果可能反映的是被调查者是在根本没有考虑责任田放弃与否的条件下对落户需求的思考。当然也可能是责任田放弃意愿确实不会对家庭转移需求层上的农民工的落户需求产生太大影响,因为从根本上讲他们既希望获得城市户口、享受城市居民待遇,又希望保有农村的责任田。从我们对各个转移需求层农民工对责任田放弃意愿的统计上看,后一种解释似乎更为合理,有70%~80%的农民工是不愿意放弃土地的,这反映了农民工的真实想法。其根本原因在于农民工对城市生活的不确定性预期,即便有些农民工已经全家转移进入城市甚至定居城市,他们内心深处仍然不愿意放弃土地。他们不确定未来是否有稳定的收入,是否有稳定的住房,是否能够融入城市生活,是否有稳定的生活保障等,可以说在当前推进农民进城落户的过程中,农民放弃土地是一种不得已而为之的选择。就其本身需求来讲,他们是不愿意放弃土地的,虽然土地带来的收益相对较少,但是可以作为生存的最后保障,这其实表明农民工在城市的抗风险能力仍然处于较低的状态,各种保障缺失太多。我国各级政府显然已经意识到这一问题,并陆续出台相关政策来满足农民工的这种需求,比如2012年3月,安徽省铜陵市消除了城乡居民的身份差异,将农业/非农业户口的划分取消,全市74万人以"铜陵市居民户口"进行统一登记。统一登记为居民后,原来仅有城市居民才能享有的就业、养老、医疗、教育、住房等方面的社会政策,农村人口一样可以享受到，同时还可以继续获得土地收益和补贴。2014年开始建立居住证制度，2017年陆续有省市出台推动非户籍人口在城市落户的实施方案，明确了农民工进城落户可同时保有土地一定时期。

第四节　农村剩余劳动力转移需求层级递进关键影响因素甄别

我们将影响农村剩余劳动力转移需求层级递进的四类因素进行汇总发现，有一些影响因素是重复出现的，现将其在不同层次的影响方向汇总为表7－23。

表7－23　转移需求层次系统重复出现的影响因素影响方向汇总

	夫妻转移需求	家庭转移需求	定居需求	落户需求
文化程度	－			＋
家人亲朋赞同态度	＋		＋	
打工月收入	＋			－
获得更高经济收入	－	－		
子女教育费用		－		－
被排斥感		－	－	

六项重复出现的影响因素中有三项属于经济因素范畴，说明经济因素是影响转移需求层级递进的首要因素。通过影响方向可以看出经济因素在不同层次的影响方向并不一致，打工月收入在较低转移需求层次中影响为正向，这与经典的人口迁移理论是一致的，即收入差距是农村剩余劳动力转移的动因，农民工进入城市打工的原始动力是在城市可以获得

更高的收入。但是当农村剩余劳动力进入城市以后，农民工单独一人实现经济层面的适应是比较容易做到的，当将配偶迁移至城市甚至是要以一个真正意义上的家的形式在城里定居乃至进一步落户远比前者困难，必然要考虑到更多的制约因素，比如，农民工个人或家庭转移的成本（城市购房、租房费用等）、子女新增教育费用、家庭成员的态度及城市生活适应度等，所以就不仅仅是收入一个方面能够决定的。而且，我们发现进入城市的农民工在转移需求层级递进的过程中追求更多经济收入并不是其最大目的，随着农民工收入水平的不断提高，收入的正效应会变为负效应。也就是说，当农民工收入达到一定层次时，是否取得城市户籍已经没那么重要了，或许当大部分农民工收入达到此水平时，当前的二元户籍制度就没有必要存在了，那时，农村剩余劳动力转移的完成就不需要以户籍的取得来作为确认，真正实现了城乡统筹发展。就户籍制度改革来看，2014年7月国务院印发《关于进一步推进户籍制度改革的意见》，提出建立城乡统一的户口登记制度，建立居住证制度，标志着我国户籍制度改革进一步推进到全面实施阶段。2014年11月，黑龙江、河南率先在省一级层面展开行动，取消农业户口和非农业户口性质划分，统一登记为居民户口，并全面实施居住证制度。

那么，为什么在二元户籍制度之下，农民工收入达到一定程度时，城市户籍对其就会失去吸引力呢？根本原因恐怕还要归结于土地，通过我们对土地持有态度的调查可以看出，70%~80%的农民工不愿意放弃土地，在家庭转移需求层上有落户需求的农民工中依然有70%以上的农民工不愿意放弃土地，而土地持有态度与落户需求又没有显著相关关系，说明农民工获得城市户籍的需求并不受土地的影响。其根本原因在于农民工对城市生活的不确定性预期，即便有些农民工已经全家进入城市甚至定居城市，他们内心深处仍然不愿意放弃土地。可以说在农民工进城落户的过程中，放弃土地是一种不得已而为之的选择，虽然土地带来的收益相对较少，但是可以作为保证生存的最后依靠。而随着城市化发展进程的加快，征用农民土地会给予其一笔可观的收益，农民工不愿意放弃未来可能产生的巨大收益，因此对获得城市户籍持观望态度。所以，要想继续推动农民工进城落户就必须逐渐剥离农村户籍与土地之间的利益关系，当然，这将是一个长期的过程。在这个过程中需要逐步淡化乃至取消户籍与农地配置之间的关系，把土地的生存保障功能和就业功能通过农地产权比例化市场流转转化为土地社会保障金和土地规模化公积金。户籍制度的改革必须与农地市场化的农地制度改革同步进行才能最有效地刺激农民工城市落户需求的产生。

另外，我们还发现社会因素对转移需求层次系统的递进有着至关重要的影响，可以说社会因素是农民工是否能够全家转移至城市定居并最终融入城市的决定性因素。不同于农村生活方式的城市生活方式是否能被农民工逐渐接受和适应，农民工是否能在城市工作和生活中构建起新的社会网络，是农民工是否愿意全家定居城市的前提，这个社会层面的融入环节也是满足定居需求必须经历的。由于城乡在生活方式、节奏、风俗习惯等各方面的差异，城市文明无时无刻不在吸引着进入城市的农民工，但同时这种城市文明又给他们带来了强烈的冲击，来自城市制度、社会文化方面的种种

第七章 家庭转移需求层实证分析

排斥力量不断地挑战着他们固有的价值观。只有当城市的文化价值观念、生活方式等被农民工发自内心的真正认同了，农民工才能找到情感的归宿，才能从心理上适应城市，并被这种城市文明所同化，真正融入城市，这才是真正的农村剩余劳动力转移，也才真正地完成了城市化的质的方面。无疑，这将是一个艰难的、相对较长的过程，农民工也正是在这种长期的蜕变中完成了从村民到市民的转化。

本章小结

首先，介绍样本的来源并对样本基本特征进行描述，对农民工家庭转移需求层从转移需求、经济需求、社会需求、其他需求四个方面进行需求分析。

其次，从个体因素、经济因素、社会因素三个方面进行变量选取，对家庭转移需求层农民工的落户需求进行实证分析。最终选定性别、年龄、文化程度、打工时间、获得更高经济收入、让子女获得更好教育、寻求更多发展机会、家人亲朋赞同态度、进城具备条件判断、打工月收入、耕地面积、城市人均住房面积、子女教育费用、城市买房意愿、宅基地置换城市房产意愿、社会资本、落户政策了解程度、土地政策了解程度、被排斥感、城市生活适应度、市民待遇重要性、希望子女将来留在城市、户籍重要性、户籍对解决麻烦的作用、户籍对提高身份的作用25个指标作为自变量，并分别对其进行了影响效应的预测。

再次，构建二元 Logistic 回归模型，将25个指标引入模型，结果显示年龄、文化程度、打工时间、寻求更多发展机会、进城具备条件判断、打工月收入、子女教育费用、户籍对解决麻烦的作用、户籍对提高身份的作用 9 个变量影响显著,进而对统计结果进行实证分析。家庭转移需求层上的农民工产生落户需求最主要的原因在于户籍能够解决他们工作、生活中的各种麻烦并且提高其身份,而这部分人恰恰是家庭转移需求层中收入偏低的那部分群体,取得户籍能够打破职业限制,获得更多发展空间。

最后,通过对农村剩余劳动力转移需求层级递进影响因素的综合分析,甄别出影响转移需求层级递进的关键因素,其中经济因素是推动转移需求层级递进的首要因素,社会因素是促进农村剩余劳动力完成市民化的决定性因素。

第八章 推进农村剩余劳动力转移需求层级递进的政策设计

第一节 链式培训政策体系增强农民工城市风险抵御能力

通过前面的分析我们可以看出，文化程度较高的农民工有着较强的就业竞争优势和城市风险抵御能力，他们的家庭转移需求更为强烈，而文化程度较低的农民工在城市中不安全感比较强烈，他们承担全家进城的能力相对较弱，而农民工在产生全家进城定居落户需求时，对自己能力、条件的判断非常理性，三个转移需求层次上的农民工均对参加免费技能培训需求度较高，所以满足农民工文化需求，提高其技能素质，增强城市风险抵御能力是推动农民工转移需求层级递进的有效途径。

党的十八大提出，实施就业优先战略和更加积极的就业政策，全面落实各项基本就业补贴，扶持劳动者就业创业，实施更积极的财政金融政策，扶持中小企业的发展。引导农村剩余劳动力向城市转移，鼓励进城务工人员选择返乡创业，或者提供条件帮助他们实现进城落户就业。政府和企要加强对农民工的职业技能培训,帮助劳动者增强就业创业能力,提高农民工就业的稳定性。

农民工培训体系的完善需要建立政府、企业、农民工、相关社会力量四者共同参与的多方位、多元化的培训体系和投入机制。

(一) 构建政府主导的农村剩余劳动力终身培训体系

首先,对于农民工的职业培训而言,经费是保障。[①] 农民工职业培训的资金来源以地方财政补助为主,以中央财政适当补助为辅。鼓励职业技校积极开办针对农民工的培训课程,建立农民工培训社会基金,以补贴或奖励的形式对从事农民工培训、提高农民工素质的职业学校、社会机构、社区以及企业给予补助,把农民工就业培训目标任务以项目形式发包给各相关定点培训机构,并签订项目合同书,明确各自的责任。政府要积极引入市场竞争机制,更多地采取招标方式确定培训机构,要求中标机构负责提供"招生—培训—输出—维权—跟踪"一条龙服务。由于接受培训后的农民工具有较大外部性,要逐步建立农民工个人培训付费及补贴体系,付费标准要根据农民工实际承受能力合理制定。

其次,在培训对象方面,根据不同转移需求层次农民工的特点差别化制定培训扶持政策及培训内容,将进城农民工的职业技能培训作为重点,着重增强他们在转移就业和外出适应方面的能力。培训的重点对象应为已进城的农民工、农村新生劳动力和农村剩余劳动力,重点扶持全家进城落户农民工,开展农民工技能提升培训,开展相应的劳动预备制培

[①] 邹少霏、苗雪艳:《农民工职业培训体系建设的路径选择》,《中国成人教育》2010年第2期,第22~24页。

第八章　推进农村剩余劳动力转移需求层级递进的政策设计

训、劳务输出，针对失业农民工开展定向定岗培训、急需紧缺职业专项培训，以"市场化、专业化、品牌化、标准化"为标准，塑造有特色的高质量培训体系。将农村四大培训（农村职业教育、劳动力技能培训、农村劳动力转移培训阳光工程、扶贫培训）落到实处，不断完善农民工职业技能鉴定和专项职业能力考核工作。

再次，建立农民工培训责任制，完善并认真落实农民工培训规划。全省各级与农民工培训相关的组织在完成本职工作前提下必须加强协调与配合。必须认真贯彻落实农民工职业培训扶持政策，建立起三方共同负担的培训投入机制，三方主体由政府、用人单位和个人构成。政府财政要进一步加大对农民工培训的投入，保证农民工培训地方配套资金的落实，并提供必要的工作经费。为确保农民工培训工作的正常开展，必须加强对农民工培训的考核并有效整合培训资源。用人单位要切实负责对农民工的岗位培训。此外，劳动保障部门要加强对用人单位的监管，保障农民工受培训权利。

最后，增强政府对农民工就业创业援助政策的宣传渗透，协同政府各部门及社会各界积极参与农民工综合素质提升工作。人力资源和社会保障部、教育部、财政部、农业农村部以及全国工会等各个部门要积极参与制定相关援助政策，提供资金支持，组织和动员农民工参加培训，落实各项培训补贴发放工作，切实加强农民工就业前的引导性培训、职业技能培训、岗位培训，待业中的急需紧缺专业培训，就业中的技能提升培训等。

（二）建立以企业为延伸的农民工人力资源开发体系

企业要构建积极向上的企业文化，尊重和理解农民工，为他们提供平等的就业和升迁机会。改变以往对农民工的认识，不能把农民工视为廉价劳动力，将其排除在企业人力资源开发范畴以外，应将农民工潜能的开发、绩效的改善与企业绩效的提升和可持续发展统一协调起来。充分认识到把农民工纳入人力资源开发体系的作用，合理设置并调整企业人力资源开发体系。设计常规性的适合提升农民工绩效的培训体系，加大农民工职业技能培训经费的投入，赋予农民工更多的培训机会，同时增强他们对企业的归属感和认同感，实现企业充足的实用技能型人才储备，促进企业人力资源梯队的合理化，最终达到企业与农民工的共同发展。企业农民工人才成长机制要实现制度化、稳定化、有效化，这要依赖于企业农民工人力资源开发体系的建立，此机制的构建和实施有利于农民工的长远发展和我国产业结构升级。

（三）塑造学习型农民工

鼓励农民工不断提高自我价值，积极参加各种进修。给农民工群体讲解获取专业技术资格证书所带来的收益，鼓励他们参加专业技术资格考试，不断提高自身能力和劳动报酬，使农民工成为城市建设服务的优质劳动人才。为了提高农民工参加专业技术资格考试的积极性，应鼓励各地区的主导产业、行业、职业学校投入一定的资金，建立服务于农民工的人才培训基地和训练中心。社区要积极承担起鼓励农民工踊跃参与各种形式培训、教育活动的责任。企业需要建立与专业技术资格证书相配套的薪酬体系和用人机制，获取不同等级的证书在薪酬及岗位配置上要有不同的价值体现，这样才能有效激励农民工积极进行自修，获取相应资格证书，提升自身素质。这也是增强农民工在城市就业竞争力和风险

第八章　推进农村剩余劳动力转移需求层级递进的政策设计

抵御能力的有效手段。

第二节　双重住房保障政策满足农民工城市安居需求

通过分析可以看出，位于不同转移需求层次之上的农民工现有住房条件不尽相同，但总体来说住房条件比较差，没有固定居所。在不同转移需求层次上的农民工对住房的需求有所不同，具有个人转移需求的农民工倾向于集体宿舍，具有夫妻转移需求的农民工和具有家庭转移需求但不具有定居需求的农民工倾向于单人宿舍，具有家庭转移需求且有定居需求的农民工倾向于两室一厅。在住房来源需求方面，各转移需求层次上的农民工也有所不同。所以，我们需要根据农民工不同的需求提供差别化的住房。

（一）以政府为主导完善农民工差别化住房体系建设

1. 保障公共租赁住房有效供给

廉租房与公共租赁住房并轨运行之前，廉租房主要的服务对象是最低收入群体，而作为保障中等收入群体住房需求的经济适用房，其价格对普通农民工来说仍然偏高。住房水平介于廉租房和经济适用房之间、经济适用房和商品房之间的两个数量庞大的"夹心层"，不能实现很好地对接。公共租赁住房的出现实现了经济适用房与商品房的对接，它的服务对象主要是中等以下收入群体。这就消除了廉租房和公共租赁住房两项制度分别运行存在的弊端。2014年后两者并轨运行，统称为公共租赁住房。

首先，就目前公共租赁住房提供情况看，房源供应不足且不稳定。因为公共租赁住房需要通过市场新建、改建、收购和长期租赁住房来筹集。一方面，政府自身缺少可供租住的房产；另一方面，政府主导的新建住房工作需要大量资金，并需要为租住者提供住房补贴，故财政负担较大。为降低成本，远离市中心的郊区便成为建房首选之地，但这无疑增加了农民工的生活成本，抑制了农民工的租住需求。所以需要创新公共租赁住房资金融措与建设管理机制，保证公共租赁住房的房源供应。其次，从公共租赁住房的分配管理制度上看，政府部门要进一步完善受理渠道和审核准入程序，加强用户的住房资格审核，让真正需要的人租到房子，在排序原则的基础上适当考虑农民工的收入水平和住房困难程度等。

2. 完善适用于农民工的经济适用房政策

从我们的分析结果可以看出，农民工对购买城市经济适用房的需求是比较强烈的，在技术工人比较短缺的情况下，部分农民工的收入已经达到城市中等收入水平，超过部分城市居民，他们是具有购买经济适用房能力的。但是经济适用房在供给总量、分配管理、监督审查等方面存在着一些问题[1]，要将农民工真正纳入经济适用房申购范围，仍然缺乏足够的制度保障。所以，政府需要加强申购信息筛查，建立多渠道审查监督方式，对申购人全部资产进行评估，同时制定政策鼓励社会力量举报违规申购者，建立有效的惩罚机制和退出机制，保证经济适用房在分配过程中的公正公平。同时，协同农村土地有偿退出政策和机制的设计，给予全家进

---

[1] 王珂：《对我国经济适用房申购过程中现存问题的法律思考》，《法制与社会》2019 年第 28 期，第 43~44 页。

第八章　推进农村剩余劳动力转移需求层级递进的政策设计

城落户并申购经济适用房的农民工适当补贴，提供一定比例的共有产权房以补充经济适用房供给。

3. 创新农民工可享受的住房公积金制度

随着全家进城农民工数量的不断增多，自有稳定住房的需要不断攀升，但面对城市趋高的房价，农民工对于商品房望而却步。住房公积金制度无疑起到了一定的保障作用，但我国目前的住房公积金制度仍不完善。2006年国家发布文件称，用人单位和个人可以缴存住房公积金。按照同工同酬的原则，住房公积金制度应该覆盖农民工，农民工的职业性质是产业工人，而不是农民，他们应该享有与城市工人同等的福利保障。住房公积金的缴存原则是用人单位和企业职工共同负担，在同等工作、同等报酬的情况下，农民工理应享受住房公积金制度，这是实现农民工住房保障的重要途径之一，能够解决农民工在城市工作、定居的后顾之忧。2007年建设部曾提出，要使住房公积金制度覆盖到包括农民工在内的城市各类就业群体，应该说，抓好这条意见的实施，可使农民工享受住房公积金的设想成为现实。但目前看来，农民工住房公积金制度本身不具备强制性，而经济理性之下的用人单位尽可能逃避对公积金的投入，加之农民工作为弱势群体维权困难，致使住房公积金制度的福利性无法显现[1]，公积金在农民工购房消费中的普惠作用发挥有限，而且存在着明显的地区差异。[2]

---

[1] 祝仲坤：《农民工住房公积金制度的"困境摆脱"》，《改革》2016年第7期，第77~86页。

[2] 王先柱、王敏、吴义东：《住房公积金支持农民工住房消费的区域差异性研究》，《华东师范大学学报》（哲学社会科学版）2018年第2期，第148~158、173页。

所以创新农民工能够享受的住房公积金制度是当务之急,这一点恐怕仍然要与农村土地自愿有偿退出机制的设计密切相连。全家进城落户农民工在自愿有偿退出农村土地和宅基地时,一部分的补偿款可以进入购房地住房公积金账户,后续再由工作单位和个人延续缴费,由此获得与当地城镇职工同等的公积金保障,如此也就实现了土地的"财产化"转换。具体的设计思路我们将会在后面内容中详细阐述。

4. 建立国家专项资金用以鼓励企业改善农民工居住条件

农民工定居城市,会给城市公共管理带来一定的成本,但同时会大大降低农村发展的成本。政府以资金支持农村发展的同时,应该考虑拿出一部分资金集中解决城市中农民工的发展问题,这项举措能帮助农民工获得更好的居住条件,促进定居需求的产生,推进农民工市民化。一方面,政府应引导用人单位改善农民工的居住状况,给职工发放住房补贴,通过退税、抵扣等政策给予企业一定支持。另一方面,政府应采取一定优惠措施鼓励企业集中修建条件较好、配套齐全的农民工公寓,让农民工可以根据需要进行租赁。可以考虑对闲置厂房、学校、仓库等进行改建,装修为适合农民工居住的房屋,对农民工住房实行集中式、标准化管理。

5. 加快农民工住房保障方面的立法

国家应根据"住有所居"的政策原则,加快建立健全相关法律法规以保障农民工住房权,让农民工在遇到住房问题时能够拿起法律武器捍卫自己的权利,逐渐改变"一城二制"的不合理状况。农民工对城市的繁荣和发展以及城市化的推进做出了巨大的贡献,政府应该切实满足他们的安居愿

第八章 推进农村剩余劳动力转移需求层级递进的政策设计

望,回报他们为社会进步所做的贡献。只要不断找寻科学合理的解决办法,制定各种保障农民工住房权益的政策法规,并抓好实施,就一定能够有效地解决农民工城市住房问题。

6. 尝试以宅基地抵偿部分房价的政策

《陕西省人民政府关于加大力度推进有条件的农村居民进城落户的意见》(陕政发〔2010〕26号)中农民工宅基地的置换是以补偿金的形式出现,但通过我们的调查分析可以看出,有进城落户需求的农民工在宅基地置换意愿上比较倾向于将其置换为城市房产。由此政府可以考虑推行选择性政策,让农民工自由选择是领一笔资金还是以宅基地置换城市房产或部分抵偿城市住房价格的政策。这样可以一举两得:农民工可以充分利用闲置的宅基地;农民退出的宅基地面积远比城镇住房面积大,从国家层面看能够实现土地总量的增长。部分农民工可能暂时没有放弃宅基地的意愿,这或许是出于对土地的眷恋和等待土地升值的心理,对于不愿意选择这一政策的农民工,政府不能强制,这可能是由于其家乡宅基地位置好、面积大、市价高,他们将在未来通过市场化的方式购买城镇住房。当然,这里面有一些重要问题,比如以何种标准实施宅基地对城镇购房款的抵扣,如何评估宅基地的价值,如何平衡宅基地与城镇商品房之间的价格差,跨省落户购房的农民工应该实行什么政策等都需要进一步思考。

(二) 以单位为主体落实农民工福利性住房改善措施

1. 用工单位应树立正确人力资源管理观念

企业应将农民工住房条件的改善纳入企业薪酬管理的范围当中。企业薪酬管理的一个重要方面是员工的福利,而住房在众多福利中备受员工关注,住房问题解决好了,农民工才能安居乐业，安心工作，为企业创造更多价值。这就需要企业转变用人观念，将农民工纳入企业人力资源管理的范畴，而不是将其视为廉价的劳动力，尤其是在技术性工人短缺的情况下，拥有一技之长的农民工越来越成为企业的中流砥柱。政府可以要求用工单位在职工工资中体现住房补贴，并逐渐将农民工收入中的住房消费比例提高。同时，坚决杜绝农民工工资被用工单位恶意拖欠的现象，确保每月按时发放工资，为农民工的住房消费提供资金保障。

2. 企业应积极投资建设新型农民工公寓

随着我国城市化的不断深入，城市建设进入一个新的快速发展阶段。城市建设需要大量的劳动力，其中绝大多数来自农村。农民工经过在企业的培训和实践，逐渐成为熟练工，能够获取稳定的经济收入。经济稳定之后，他们会产生定居城市的愿望。但是，在当前的条件下，一般企业只提供集体宿舍，远不能满足农民工的安居需求。企业投资新建农民工公寓，不仅会改善农民工的住宿条件，增加他们对企业的归属感，降低员工的流动性，也可以尽到更多的社会责任，为企业赢得良好的社会形象。

第三节　融合式农民工子女教育政策满足农民工子女教育需求

我们研究发现，农民工普遍对子女教育非常重视，可以说农民工进城务工非常重要的一个目的就是希望子女能够接受更好的教育，将来获得更好的工作和生活，最终能够真正成为城市居民。所以我们需要建立融合式的农民工子女教育

第八章 推进农村剩余劳动力转移需求层级递进的政策设计

政策来满足其教育需求,实现农民工子女与城市居民子女享受同等受教育权。

首先,加快公办学校的融合发展。在我国城乡分割的二元户籍制度下,农民工子女需要缴纳高昂的借读费才能进入公办学校。在消除农业户口和非农业户口的二元制度后,从政策和法律上确认了农民工随迁子女的平等受教育权利,并出台了一系列落实办法,但由于各地教育资源紧缺程度不同等诸多因素影响,仍有部分农民工随迁子女不能顺利进入城市公办学校就读。所以,在破除制度障碍的同时,要不断完善政策落地细则,深化我国现行义务教育、办学体制改革。根据区域常住人口,合理规划学校布局,加快公办中小学校建设步伐,加大扶持力度,增加公办学校学位供给,调整优质资源,优化师资结构,推动教育城乡一体化均衡发展,进一步提高公办教育服务水平,让更多农民工子女能够就读于公办学校。

其次,鼓励社会力量规范办学。各级政府应有效扶持社会力量办学,并制定政策规范民办学校,将农民工子弟学校的规划和发展纳入当地的教育发展规划,规范民办学校资格认证,消除卫生、安全等方面隐患,通过多种途径帮助农民工子弟学校完善办学条件,不断提升学校师资水平,引导农民工子女就读于民办学校。同时,应该仔细审核考察现有农民工子弟学校,关闭不合格学校,整改不规范的学校。严格农民工子弟学校的审核制度。对于现有的农民工子弟学校,政府部门要给予指导和支持。把农民工子弟学校的各方面发展纳入法治化轨道,完善相应的法律法规,保证把政府的相关政策落到实处。建立和完善监督机制,定期检查政策落实情况，保障农民工子女的受教育权利。

再次，强化教育政策宣传，简化入学手续。近年来，教育政策持续改进，农民工子女入学问题正在逐步解决，但受自身文化素质和时间精力限制，农民工对资源信息的关注和获取能力不足，对于本地有关农民工子女的教育政策缺乏了解，或者不清楚孩子就读期间当地政策是否变化，如此便会大大减少享受政策的农民工子女数量，福利效应不足。所以，政府在关注政策制定的同时需要采取适合农民工自身特点的宣传方法和途径，让更多的农民工了解政策，享受到政策。

各地农民工子女入学政策存在差异，有些地方入学条件和手续较为烦琐，需要降低农民工子女的入学条件，减少需要提交的证明材料，尤其是不易办理的证明材料，简化农民工子女的入学手续，提高办理各种证明的效率。同时对拥有稳定住所或在本地就读达到一定时间的随迁子女，放开异地中高考限制，避免因环境等外界因素的转变而影响其高考。

最后，构建家校共建机制，减轻家长压力。扭转以城市为中心的固有价值取向，在充分考虑农民工子女原有学习基础和适应能力的基础上合理安排教学内容和教学计划。落实《关于进一步减轻义务教育阶段学生作业负担和校外培训负担的意见》等政策，强化学校教育主阵地作用，充分利用资源优势，有效实施课后服务，有效减轻农民工家长日常辅导作业压力，解决家长后顾之忧；限制课外学业培训机构的同时，学校应引导孩子多读经典书目，将文化传承与学业教育有机结合；切实改革中小学教育，取消或减少与课内学习无关的各种试题，鼓励学校开设兴趣班或特长班，统一规划、

第八章 推进农村剩余劳动力转移需求层级递进的政策设计

合理安排兴趣班与教学班，有效缓解家长焦虑情绪和经济压力，促进学生全面发展，身心健康成长。农民工处于城市底层，解决他们子女的教育问题最直接、最有效的方式就是减少城市农民工家庭的教育成本投入，这也是推进农民工转移需求层级递进的有效手段。

第四节 多重保障型土地流转政策协同城乡一体化户籍制度改革

位于家庭转移需求层上的农民工落户的需求比其他两个层次的农民工都要强烈，而且家庭式转移的农民工尤其是主干家庭转移的农民工实现城市落户能够有效降低单个农民工进城落户所带来的诸如夫妻分居、留守儿童、空巢老人等一系列社会问题。综观我国户籍制度改革中与农民工落户相关的部分，就会发现必然涉及一个重要的内容，就是农村承包地和宅基地问题。我们分析发现，农民工的转移需求层级递进与承包责任田的放弃意愿没有显著相关关系，其原因在于农民工本身就不想放弃土地。要想进一步刺激农村剩余劳动力向城市转移，必须通过落实农村土地承包经营权流转制度来实现。土地的经营权被流转后，农民没有了退路，此时城市的高收入就成为农民工迁移的重要拉力，农民工失去了对土地的依赖，只能不断提升自身专业技能，被动或主动地适应城镇生活和非农生产经营，农民工对土地的依赖程度持续降低，有可能在本代或第二代彻底切断乡土情结，最终农村剩余劳动力不仅能实现形式上向城市的转移，更重要的是实现了农民工对城市文明的接受，真正完成农村剩余劳动力质上的转移，真正推进我国的城市化。同时，土地流转导致土地适度集中，机械耕作得以发挥其最大效用，能有效降低土地耕种成本，提高土地收益。

从国家和省级层面的政策变化来看，对农民土地承包经营权和宅基地使用权的要求，从最开始的落户地级市以上城市的农民"交回"发展到"有偿退出土地经营权"，再发展到"自愿有偿转让土地承包权"。从中我们可以清晰看到政策思路：政策初级阶段的试水由于剥夺了农民的利益而遇到了现实阻碍，不得不进行调整；第二阶段政策是"维护"土地承包权和宅基地使用权的以退为进策略；未来第三阶段真正要做到的是进城落户农民工实现对农村土地承包权的一定条件下的自愿有偿转让，在这个转让过程中市场机制发挥了很大作用。当前农民工进城落户土地处置政策允许保留"三权"，此政策确实极大地保护了农民的权益，但由此也产生了一系列新的社会问题，这些问题的关键在于宅基地的"土地物权"问题，即由土地带来的生存功能、保障功能、就业功能、潜在收益功能在城乡之间、留村农民与进城落户农民之间、进城落户农民工与市民之间的不平衡引起。

落户农民工土地政策第三阶段所说的"一定条件"就是我们要时刻牢记土地是国家所有的本质，任何政策都要以不破坏这个基本原则为底线，我们从不否认农村土地是农民赖以生存的"命根子"，但它的国家资源属性不可动摇，我们的政策制定必须在这样一个指导思想下进行。如何才能让农民既带着"土地"进城，又不改变土地国家所有、集体所有的性质，既能解决摆在面前的这一系列矛盾问题，又能实现效率与公平兼顾？有没有既能坚持土地集体所有制，又能实

第八章 推进农村剩余劳动力转移需求层级递进的政策设计

现集体土地市场化,既能让农民进可落户城市,又能退可重返土地,同时不制造新的社会不公的路径呢?

《宪法》规定我国实行"公有制为主体,多种所有制经济共同发展"的基本经济制度。目前,从农地产权数量、比例结构角度进行研究,体现《宪法》精神的成果几乎为空白。好在国有企业资产在产权数量比例结构化方面的理论研究和实践都很充分,也取得了成功,如国有企业实行国有股、企业股和职工个人持股等,既然国有企业的产权可以从数量上划分为国有股、企业股和职工个人持股的纵向股权比例结构,让国有股和企业股处于控股地位,以保证公有制的主体地位。那么,集体农地产权也可划分为集体农地产权部分(股)和农民农地产权部分(股)的纵向产权比例结构,让集体农地产权部分处于主导地位,农民农地产权处于次要地位,以保证农地集体所有制为主体。

所以,政府应该考虑,在当前土地集体所有制不变的前提下,将农民土地使用权在农地市场进行流转的收益在集体和农民之间进行合理分配,比如51∶49,同时落户政策中设置梯度化的进城落户农民回迁农村原籍"犹豫期"。比如,犹豫期可以设置为5~30年,在此期间落户农民可选择5年、10年或30年部分承包地转让,30年全部承包地转让,以及全部永久承包地转让等情况,农民转让土地时间越长、面积越大补贴越多,越早转让补贴越多。集体所得的51%的收益再划分为农民土地的国家社会保障基金(10%)、集体社会保障基金(10%)以及土地规模化公积金(31%)三部分;49%的收益归个人所得,由农民自由支配。对于其中31%的土地规模化公积金,如果农民工最终想退出城镇户籍返回农村，即可使用这部分资金重新在土地流转市场获得土地，如果最终决定不再返回农村原籍，那么该笔资金可转化为城镇住房公积金。国家社会保障基金可体现土地归国家所有的本质，在全国通用，以促进农村剩余劳动力在全国范围内流动并体现土地的公益性；集体社会保障基金仅在农村集体社区内有效，以体现农民集体成员的身份属性和土地集体所有的空间区域属性。这两类社保基金只有在进城落户农民失业时，且其生活水平低于当地最低水平时方可领取，为其提供特殊时期的生存保障，作为城市失业保险的补充。农民缴纳的土地社会保障基金，本金部分不得领取，以体现土地的国家资源属性。这样既能够充分发挥土地对农民的货币形式的保障作用，又有利于促进土地规模化经营，还能够保证土地集体所有制地位不变。

第五节 自由畅通的城乡统一劳动力市场政策消除就业歧视

我们研究发现，农民工对就业稳定程度的需求会随着转移需求层次的上升而越来越强烈，城市找工作难易程度对夫妻转移需求的产生有着非常关键的影响。能够尽快找到工作并获得稳定的职业收入是农民工保证自身生存、家人生活和子女正常就学的基础。因此，农村剩余劳动力转移需求层次实现递进的关键在于就业的实现，而自由畅通、公平合理的劳动力市场是进城农民工顺利实现就业的保障。受到区域经济发展不平衡、城乡用工制度不同等的影响，农民工的就业地位处于劣势，加之其法律意识不足，容易被用人单位侵害

第八章　推进农村剩余劳动力转移需求层级递进的政策设计

基本的合法权利。所以，必须加快建立一个公平合理、自由畅通的就业体系，打破城乡就业分割的不公平的旧格局。

首先，自上而下建立起统一的劳动力信息发布平台，以就业信息流动为纽带，构建劳动力转移大数据网络支持系统。目前，我国的劳动力市场还不完善，管理存在一些问题。如一些企业私自招工，没有经过审批或者到相关部门登记；一些非法中介机构以招工之名，行诈骗之实，损害劳动者的合法权益；农村缺乏就业服务机构，农民工缺少获取信息的渠道；劳动力的供给和需求不能很好地对接。这些问题之所以存在，主要是因为缺乏统一的劳动力信息发布平台。所以，从城市到乡村，在各级行政地区逐级建立起大型省级统一的劳动力信息发布平台，以"就业信息分级分层多主体提供＋省级综合供给"为运作模式，整合省、市、县各级就业市场信息，利用现代数字技术对就业信息进行综合梳理，逐步实现企业间、政府各级就业市场间、政府—企业—社会间就业信息的共享与整合，形成以区域、行业、职业为细分标准的就业信息大型数据网络平台，实现区域内、区域间劳动力供求信息的共享，加快信息网络平台建设，实时发布用工单位和农民工的信息以及相关的就业政策，实现信息共享，降低用人单位和劳动力的信息搜寻成本，实现双向对接，促进劳动力的成功就业和农村剩余劳动力在区域间的流动。通过就业信息平台与企业信息系统、户籍管理系统等数据库的互联共享，实现对农村剩余劳动力转移就业状况的动态追踪与全流程管理。

其次，构建市场化的就业机制，以政府为引导，以市场为主要调节手段，劳动者充分发挥自主性、能动性，这将有利于农民工在城市顺利找到工作，促进转移需求层次的递进。促进各部门、产业劳动力市场的完善，制定劳动力市场管理条例，保证农民工到任何行业、单位等就业都不受到限制。努力将农民工安全就业工作落到实处，对那些有诈骗企图的非法职业中介机构，各部门要联合起来坚决取缔，禁止各机构在农民工就业过程中乱收费、变相收费。将现存的城乡分割的就业管理体制进行统一管理。农民工就业问题由劳动保障部门统一负责，将政府财政提供的就业扶持经费进行集中管理，规范非正规就业市场的相关运行规则，优化非正规就业市场的运行环境，积极支持和引导非正规就业市场的健康发展，考虑制定非正规就业管理条例，让农民工可以有更大的就业选择空间，使其能充分发挥自身专业技能，获取更高报酬，为全家转移进入城市打下坚实经济基础。监督实施《劳动合同法》《就业促进法》，一旦发现有用人单位恶意拖欠农民工工资，要依法从严从重处罚，保障农民工可以按月足额领到工资，保障农民工及其家人的正常生活。用人单位在招收农民工时应与农民工签订正式劳动合同，用人单位负有存档和履约的责任，相关部门需要定期进行检查，力求合同覆盖和履行率达到100%，这样才能有效保障农民工在用工单位的正当权益，为农民工全家转移提供保证。

再次，建立无歧视的就业制度。中国的城镇劳动力市场仍然存在对农民工的歧视，包括工资歧视、雇用歧视、职业歧视。[1] 比如城乡劳动力用工条件、报酬、福利待遇等方

---

[1] 程蹊、尹宁波：《农民工就业歧视的政治经济学分析》，《农村经济》2004年第2期，第20~23页。

第八章　推进农村剩余劳动力转移需求层级递进的政策设计

面存在差异，农民工被视为廉价劳动力，有的甚至被排除在企业人力资源范畴之外。因此，企业需要转变用人观念，将农民工纳入企业人力资源管理体系当中，建立适合农民工的人力资源管理与开发体系，深入挖掘农民工的潜能。同时健全劳动力市场的法律体系，加大监管力度；优化职业中介机构运行的相关规定，合理规划行业的未来发展布局，严格行业准入和审批程序，制定中介行业的运行标准。建立和完善行业的信用评级制度，并把评级结果纳入行业考核体系，实现统一管理；用人单位应按规范性要求制定用工制度，并贯彻实施，尽可能减少劳务双方交易过程中的不合规行为。

最后，构建促进城乡劳动力自由流动的制度体系。由于人口、土地、财政、金融和产权等制度方面的束缚，城乡间要素流动存在一定障碍，唯有通过配套性的一系列制度改革与政策创新，逐步消除城市落户限制，完善农村土地合理流动分配机制，建成城乡统一的土地和劳动力市场，畅通城乡人才双向流动通道，使"农民"成为与"工人"一样的职业称谓，而不再受到土地或是各种公共服务的桎梏，全面盘活城乡两端人才资源，带动产业、资本等要素在城乡之间良性循环，才能真正建立起城乡要素自由流动体系。同时，协同推进新型城镇化与乡村振兴，根据区域间差异创新发展战略，因地制宜，形成具备特色优势的以人为核心的新型城镇化与乡村振兴协同发展路径。以数字化、科技化及金融服务赋能乡村振兴，逐步形成完善的农村产权保护交易制度框架，稳步提高基本公共服务均等化水平，不断健全乡村治理体系，基本打通城乡要素自由流动制度性通道，为促进城乡融合发展和构建双循环新格局提供重要支持。①

第六节 多方位的社会保障体系增强
农民工市民感

我们的研究表明，农民工在城市的被排斥感、城市生活适应度都会显著影响农民工转移需求的变化，这不仅受城市居民对农民工态度的影响，更重要的是因为社会保障制度建设存在顾此失彼的非均衡状态，农民工对市民待遇的强烈需求也表明必须从制度体系上赋予农民工平等的待遇，给予他们多方位的兜底性社会保障。在我们的调查中发现，农民工总体劳动合同签订率比较低，已签订劳动合同的只占到27.3%，各类社会保险参保率较低，其中工伤保险参保率为18.11%，城镇基本医疗保险参保率为22.06%，新型农村合作医疗参保率为67.19%，农村社会养老保险参保率为12.01%，城镇基本养老保险参保率为16.49%，没有参加失业保险的。

首先，完善农民工医疗保障体系。2016年，我国开始整合新型农村合作医疗保险和城镇居民基本医疗保险两项制度，构建统一的城乡居民基本医疗保险制度。一般而言，城镇职工基本医疗保险的报销给付优于城乡居民基本医疗保险。政策规定所有城镇用人单位的农民工都应参加城镇职工基本医疗保险，费用由用人单位全部支付，若未按规定为农民工办理医疗保险并缴纳费用，农民工可以向用人单位所在

---

① 耿献辉：《健全城乡统一的劳动力市场，协同推进乡村振兴和新型城镇化》，南京农业大学官网，2022年4月13日，https://jiard.njau.edu.cn/info/1039/1836.htm，最后访问日期：2022年8月20日。

第八章　推进农村剩余劳动力转移需求层级递进的政策设计

地区的劳动保障监察机构举报投诉。但用人单位出于成本考虑，一般会为农民工购买最低标准的医疗保险，甚至有的逃避保险购买责任，而处于弱势地位的农民工维权意识不足，往往不会发声。调研数据显示，在户籍地已经参加新型农村合作医疗的农民工对参加城镇职工基本医疗保险并不太在意。总体上看，当前农民工参与城镇职工基本医疗保险的比例仍然不高。① 所以，需要不断提升农民工参与城镇职工基本医疗保险的比例，杜绝农民工群体医保缺位现象，加强监管以确保应当纳入城镇职工基本医疗保险范围的农民工可以顺利享受到该项健康权益。从树立长远发展意识、承担社会责任、建设企业文化等方面加强对用人单位的引导，引导企业主动参保、积极参保。

同时，需要完善农民工基本医疗保险转移接续制度。总体上看，我国医疗保险的统筹层次相对较低，不同地区的农民工医疗保险政策不统一，在农民工参加医疗保险所需缴纳的具体费用、异地转移接续以及基金运营等方面缺少具体、统一的标准，管理程序不够规范。医疗保险异地计费会引起不同地区之间的医疗保险基金流动，有可能导致保险机构以及医疗机构中的医疗服务提供方、管理部门和寻求医疗服务的农民工等相关主体之间的利益冲突。② 制定与农民工息息相关的基本医疗保险异地转移接续的政策，已成为保障农民工医疗水平的重要措施，此外还应不断丰富和完善相关法律

---

① 孟凡强：《户籍歧视与农民工参保城镇职工基本医疗保险的代际差异》，《广东社会科学》2021年第3期，第35~43页。
② 陈虹、赵晨雪、秦立建：《让医疗保险更好地惠及农民工》，《中国人口报》2020年8月3日，第3版。

法规，确保农民工基本医疗保险的异地转移接续有据可依。

其次，深化农民工养老保险制度改革。解决农民工城市落户的后顾之忧，做到老有所养。农民工年老后的基本生活来源要靠养老保险来实现，但目前农民工对城镇职工基本养老保险的参保率并不高，成为我国养老制度的边缘人群。只有当下的生存需要被满足后，高层次的需要才会成为优势需要。农民工养老保险参保率低，不愿意参保的重要原因之一是养老关系转移接续比较麻烦。我们在访谈中也发现，农民工没有参加城镇职工基本养老保险的原因一方面在于用人单位没有办理，另一方面是农民工觉得自己工作不固定，交了保险有成本投入，而且对离开当地时保险是否能跟着一起走，会不会很麻烦等有疑虑，所以干脆就不参加保险，把钱攥在自己手里更放心。整体上看，目前农民工养老保险转移接续法律法规相对缺失，尚未形成城乡统一的社保转接体系，区域间存在不易平衡的利益冲突；社保经办体制不健全，信息化程度不足。所以，需要加快完善社会保险关系转移接续系统，尽快建成全国统一的网上查询服务系统，提升社保"一卡通"服务水平，利用省级社保卡线上服务平台，实现农民工社保账户的顺利转移接续[①]；同时，加强政策宣传，通过利益推演让农民工了解养老保险政策改革带来的实际利益，通过生动直观的图解让其了解账户转移接续手续的主要流程，不断提升农民工参保率，了解工作状态转变时该如何办理转移接续手续。

[①] 李艳荣：《我国养老保险转接政策改革对农民工参保福利的效应研究——以成都、深圳间流动为例》，《价格理论与实践》2021年第2期，第114~118页。

第八章　推进农村剩余劳动力转移需求层级递进的政策设计

最后，创新农民工失业与工伤保险体系。农民工受学历、技能等因素制约，往往从事较危险且替代性较强的工作，若遇经济状况波动，较易产生工伤和失业问题。我国的工伤和职业病受害者大多是农民工，但是调查数据反映出农民工工伤和失业保险参保率较低，即便是已参保者，由于处于弱势地位、文化水平不高、信息不对称等，在工伤和失业认定、享受待遇中也频频受阻。所以提高失业和工伤保险制度的吸引力，对农民工失业、工伤保险制度重构，引导用工单位积极投保，具有重要现实和战略意义。

就现实看，失业保险存在两种模式：一是一次性生活补助，领取对象为参保单位招用、个人不缴费且连续工作满 1 年的失业农民工；二是城乡一体模式，比如北京市自 2021 年 5 月 1 日起统一城乡劳动者失业保险政策，合同制农民工与城镇职工同等缴纳失业保险费，同等享受失业保险待遇。[1] 对比两种模式可知：第一种模式虽是主流，但它不仅形式单一且待遇水平远低于第二种；第二种突破了城乡壁垒的模式无疑是制度的重大进步，但是对于地方政府财政要求较高。所以，目前迫切需要逐步过渡到第二种更公平的模式，政府需要在现有制度基础上设计一套适用于整个农民工群体的失业保险制度，破除地区、城乡之间的壁垒，统筹失业保险关系转移接续机制。同时，建立农民工失业救助体系，以补充失业保险制度的不足，缓解失业保险金领取期满但仍未就业的困境。

我国工伤保险的主体是国有企业、城市职工，改革开放之

---

[1] 申莹：《农民工失业保险问题研究》，《劳动保障世界》2019 年第 20 期，第 40~42 页。

后在稳定城市就业劳动者的基础之上,逐渐向非公企业、非正规就业职工扩展。主要包括两个阶段。一是传统业态下的农民工的工伤保险。国家出台过一系列针对农民工的工伤保障,尤其是建筑、采矿等高危行业的工伤保障的专项政策,取得了一定效果。二是新业态下的农民工的工伤保险。非正规就业由于没有稳定的劳动关系,无法享受传统工伤保险,雇主更不会主动为其购买工伤保险,对此我国某些经济较发达地区如江苏南通、苏州等地,创新性地提出了个人缴费模式。当前需要提高基金统筹层级和精算数据库建设①,政府要积极履行财政的筹资和补贴责任,使工伤等社会保险与劳动关系脱钩,将"单工伤保险"与"五险一金"解绑,通过差别费率和浮动费率制度,预防企业道德风险,建立企业承担社保责任的"白名单"与"黑名单",公开嘉奖积极认真履职、承担社会责任的企业,向农民工宣传个人缴费政策以引导社会预期,鼓励劳动者个人按统一标准缴纳工伤保险费,以此分散成本压力。

第七节　共享参与的基层治理格局促进农民工融入城市文化

农民工是否能够真正融入城市的重要影响因素之一就是其精神文化生活状况。本次调查显示,农民工业余生活乏味,居第一位的是看电视,占86.7%,69.5%的人选择聊天,62.8%的人选择看报纸杂志,打牌占54.3%,上网占51.7%,可见农民工娱乐方式是一种自我封闭式的自娱自乐

---

① 赵安:《农民工工伤保险研究——基于政府、企业、农民工责任分担的视角》,博士学位论文,中国社会科学院研究生院,2022,第146页。

第八章 推进农村剩余劳动力转移需求层级递进的政策设计

形式,与城市居民相比有很大的差异,总体来看农民工精神生活相对匮乏。调研数据表明,有大约30%的农民工具有参加单位文化娱乐活动的需求。受社会关系的限制,农民工无法参与城市中组织的各项社会文化活动,在城市的文化生活较为简单,缺乏积极向上的精神文化。农民工收入水平较低,文化消费能力非常有限,而且其可以支配的闲暇时间不多,进行娱乐消费的时间就更少了。农民工的社交活动方式以业缘性关系为基础的非常少,主要是基于地缘性和亲缘性关系,加之他们缺乏与城市居民的交流,导致农民工融入城市的过程更加艰难。因此,必须创新和加强农民工基层党团和工会、妇联组织的管理,充分发挥社会组织服务农民工的作用,发挥社区网格管理的优势,利用新媒体建立虚拟网络社群,构建共同话题,提高社群公共参与互动程度,结合线下多种活动形式,开展城市居民与农民工的联谊活动,尤其是增加农民工与城市同事的交流机会,让二者在娱乐活动中加深了解,建立深厚感情,降低农民工被排斥感,加深其对城市文明的了解,提高融入度。

本章小结

推进农村剩余劳动力的转移需求层次递进,引导农村剩余劳动力有序合理转移,必须以遵循转移系统运行规律、满足农业转移人口在不同转移需求层的需求为前提条件,必须构建由政府、企业、个人三方组成的网络体系。

第一,完善以政府为主导的农村剩余劳动力终身培训体系,建立以企业为延伸的农民工人力资源开发体系,形成学习型农民工的链式培训政策体系，满足农民工的培训需求，提升其在城市的风险抵御能力。第二，构建双重住房保障政策体系满足农民工城市安居需求。以政府为主导完善农民工差别化住房政策体系，保障公共租赁住房的有效供给，完善适用于农民工的经济适用房政策，创新农民工可享受的住房公积金制度，建立国家专项资金用以鼓励企业改善农民工居住条件，加快农民工住房保障方面的立法，尝试以宅基地抵偿部分房价。以用工单位为主体落实农民工住房改善措施，用工单位应树立正确的人力资源管理观念，积极投资建设新型农民工公寓，满足农民工住房需求。第三，建立融合式农民工子女教育政策体系满足农民工子女教育需求。消除体制障碍，使农民工子女享受与城市居民子女同等的受教育权，充分发挥公办学校的主渠道作用，各级政府应加强管理，积极扶持社会力量办学，强化农民工子女教育政策宣传，构建家校共建机制。第四，构建多重保障型农村土地流转政策协同城乡一体化户籍改革。在保证土地国有属性不变的前提下，将土地流转收益在农民、集体、国家之间进行合理的比例配置，使农村土地既能发挥"财产"性作用，又能发挥"保障"性作用。第五，构建畅通的城乡统一劳动力市场政策。自上而下建立起统一的劳动力信息发布平台，以就业信息流动为纽带，构建劳动力转移大数据网络支持系统；构建市场化的就业机制，以政府为引导，以市场为主要调节手段，劳动者充分发挥自主性、能动性，有利于农民工在城市顺利找到工作，促进转移需求层次递进；建立无歧视的就业制度；构建促进城乡劳动力自由流动的制度体系。第六，完善社会保障体系增强农民工市民感。完善农民工医疗保障体

第八章　推进农村剩余劳动力转移需求层级递进的政策设计

系,深化农民工养老保险改革,创新农民工失业与工伤保险体系。第七,创新基层治理格局促进农民工城市文化融入。发挥农民工基层管理机构作用为农民工和城市居民搭建交流平台。

第九章 结论、不足与展望

第一节 基本结论

本研究将农民工转移需求按照不同标准进行分类梳理，分析各种转移需求层次出现的原因，找到最能够代表农民工转移需求变化的标准，将其划分为个人转移需求层、夫妻转移需求层、家庭转移需求层，进而构建出农村剩余劳动力转移需求层次系统。通过对各转移需求层次需求特征的分析，发现位于不同转移需求层的农民工在转移需求、经济需求、社会需求等方面有着相同之处，也有着一定的差异。政府在制定政策时，不但需要关注农民工共有的需求，还要注意满足不同需求层次上农民工的差别化需求，这样才能保证他们在城市工作和生活的正常进行，保障农民工合法权益和正当权益诉求，促进农民工融入城市，为农民工转移需求层级递进打下坚实的基础。

采用二元 Logistic 回归模型对农民工转移需求层级递进的影响因素从个人、经济、社会三个层面进行分析。研究结果表明，农民工从个人转移需求层向夫妻转移需求层递进的影响因素与夫妻转移需求层向家庭转移需求层递进的影响因素是不相同的，影响家庭转移需求层上的农民工定居需求和落户需求的因素也是不相同的，这种分类研究农民工转移需求影响因素的分析方法有别于以往学者们将所有农民工放在一起进行定居意愿研究的方式，它可以很明显地体现出农民工的转移需求在层级递进的过程中，影响因素究竟有哪些，并且能够识别出在层级递进的过程中决定整个转移需求层次系统变化的关键影响因素是什么，为政府制定政策提供更为细致的理论和数据支持。

（一）农民工转移需求层次系统各层次需求变化特征

第一，转移需求方面。夫妻转移需求层上具有家庭转移需求的农民工比重要高于个人转移需求层上具有家庭转移需求的农民工比重。家庭转移需求层上的农民工相比于个人转移需求层和夫妻转移需求层上的农民工在定居需求和落户需求方面有明显提升，这说明农民工转移需求层级之间的递进关系是确实存在的。

第二，经济需求方面。位于家庭转移需求层上的农民工实际月收入水平和期望月收入水平比个人转移需求层和夫妻转移需求层上的农民工均有所提升。家庭转移需求层上的农民工现有住房情况比个人转移需求层和夫妻转移需求层上的农民工有所改善，在对住房结构的需求中，随着转移需求层次的上升，农民工对两室一厅的需求也在上升。随着转移需求层次的上升，有买房需求的农民工的比重也在增加。三个转移需求层上的农民工大多数不愿意进行宅基地的置换，在有置换需求的样本中，置换成城市房产的比重最高，但是家庭转移需求层上的农民工宅基地置换需求要明显高于个人转移需求层和夫妻转移需求层上的，且有定居、落户需求的农民工绝大部分是具有宅基地置换需求的。在期望子女上学学校类型上，三个转移需求层上的农民工差异不大，80%以上希望子女能进入城市公办学校，其中城市重点公办学校所占比重最大，说明农民工对子女教育非常重视。三个转移需求层上的农民工，大部分希望城市工作趋于稳定，绝大部分有定居和落户需求的农民工对城市工作稳定程度的需求十分强烈，家庭转移需求层上的农民工对工作稳定程度的需求明显高于夫妻转移需求层上的。在责任田放弃需求方面，三个转移需求层上的农民工均具有强烈的责任田保有需求，但是家庭转移需求层上的农民工对土地的保有需求正在逐渐下降，且有超过一半的农民工已经产生土地流转需求。

第三，社会需求方面。随着转移需求层次的上升，农民工对户籍的需求逐渐增强，户籍重要性与落户需求有显著的正相关关系。随着转移需求层次的上升，农民工的社会认同需求有大幅提升，并且社会认同需求与定居需求的相关度要高于与落户需求的相关度。

第四，其他需求方面。三个转移需求层上的农民工对参加免费技能培训有最为强烈的需求。

（二）农民工转移需求层级递进影响因素分析结果

1. 个人转移需求层向夫妻转移需求层递进的影响因素

文化程度与夫妻转移需求呈显著负相关，合同签订与夫妻转移需求呈显著正相关，社保参办与夫妻转移需求呈显著负相关，说明农民工个人在城市打工抵御风险和压力的能力不足，文化程度越低这种抵御能力越弱，农民工希望在城市工作过程中就业正规且有一定保障，并愿意让家人也加入这样的单位。另外，用人单位对农民工社会保障的缺失又让农

第九章　结论、不足与展望

民工非常没有安全感和归属感，他们需要配偶进入城市共同工作生活，一起来对抗这种风险和压力。配偶对方便生活的作用与夫妻转移需求呈显著正相关，这也说明农民工产生夫妻转移需求是为了解决在生活工作、生理心理上遇到的各种问题，以此来提升对抗风险和压力的能力。

获得更高经济收入与夫妻转移需求呈显著负相关，让子女获得更好教育与夫妻转移需求呈显著正相关，打工月收入与夫妻转移需求呈显著正相关，这表明夫妻共同进入城市从最根本上讲依然是追逐经济利益，但是相对于子女教育而言，经济收入的获得就显得没那么重要了，这反映出农民工对子女教育非常重视，希望孩子接受良好的城市教育，将来有更好的工作和生活。通过对农民工子女教育需求的分析也得出，80%以上的农民工希望孩子能在城市公办学校读书。所以，政府应该尽快出台相应政策，给予城市农民工子女公平合理的教育机会和教育资源，满足农民工在子女教育方面的强烈需求。

2. 夫妻转移需求层向家庭转移需求层递进的影响因素

夫妻转移需求层上的农民工能否产生家庭转移需求是一个理性思考的结果，农民工产生家庭转移需求是希望子女得到更好的教育，将来能够留在城市获得更好的生活，过高的子女教育费用会让农民工承担非常大的经济压力，某种程度上会抑制家庭转移需求的产生，年龄越大的农民工一般经济积累越多，越容易产生家庭转移需求。具有家庭转移需求的农民工渴望在城市有属于自己的房子，但是沉重的经济负担使得他们中大多数人只能"望房兴叹"，其中有不少农民工愿意将农村的宅基地置换成城市房产。所以政府应该鼓励农民工将宅基地置换成城市房产,将农民工纳入城市公共租赁住房和经济适用房适用范围,解决农民工全家转移面临的最大问题。

农民工被城市文明同化的程度会影响农民工在城市生活的适应度,如果他们能够感受到更多的认同与友好,就会更容易产生家庭转移需求。所以基层政府和用人单位应当充分发挥作用,积极搭建城市居民与农民工交流的平台,增强双方了解程度,消除隔膜,降低农民工在城市的被排斥感,提升农民工在城市的归属感和城市融入程度,促进农民工家庭转移需求的产生。

3. 家庭转移农民工定居需求影响因素

政府能否给予农民工同等的公平的市民待遇、农民工是否对城市有归属感是家庭转移需求层农民工能否产生定居需求的重要影响因素。所以,政府应当出台政策给予农民工同等市民待遇,尤其是在社会保障方面,应当建立城乡统一的社会保障服务体系,需要考虑如何更好地将现有的新型农村合作医疗和养老体系与城镇职工基本医疗和养老体系接轨。当然,这需要与二元户籍制度改革同步进行。

4. 家庭转移农民工落户需求影响因素

文化程度高的年轻农民工对城市生活有更多的向往,希望自己能够有更多的发展机会,他们希望通过自己的努力跳出农村,让自己和下一代进入城市成为城里人,这些农民工有着较为强烈的落户需求。打工时间长且收入相对较低的农民工越能够体会到没有户籍会给工作和生活带来很多不便,他们希望通过获取城市户籍解决生活工作中遇到的各种麻烦,打破职业瓶颈,得到身份的提高和认同,获取公平合理的市民待遇。

5. 农民工转移需求层级递进关键影响因素甄别结果

经济因素是影响转移需求层级递进的首要因素。收入水平在较低转移需求层次中影响为正向，随着农民工收入水平的不断提高，收入的正效应会变为负效应。社会因素对转移需求层次的递进有着至关重要的影响，社会因素是农民工是否能够全家转移进入城市、定居城市并最终融入城市的决定性因素。农民工正是在这种长期的蜕变中完成了从村民到市民的转化。

第二节　研究不足

本研究依据的样本来源于对西安市"城六区"农民工的调研，受人力、资金等因素的限制，样本数量无法覆盖所有可能。被调查者受到理解力和精力的限制，填写问卷时存在一定随意性，与真实需求状况可能存在一定偏差。我国各地经济发展水平不同，且各地方政府对农民工的政策存在一定差异，农民工需求可能会由于地区差异而表现出不同，所以本研究结果反映的是西部地区农村剩余劳动力转移需求层次及其递进关系，对于东部地区乃至全国农村剩余劳动力转移需求层次的反映存在一定局限。

第三节　研究展望

第一，由于我国东部、中部、西部地区经济发展水平的差异，农民工转移需求会有所不同，我们可以进行三个地区的对比研究，为不同地区推进农民工进城落户提供理论和数据支持。

第二，本研究对当前农村剩余劳动力转移的需求层次进行了类型划分，但是构建转移需求层次系统时只是选取了其中一种，其余转移需求层次都可以构建出一个转移需求层次系统，对其他类型的研究有待补充。转移需求层次系统是一个多系统、多要素构成的整体，每一个层次下面又可以由其他多个转移需求层次构成，形成复合层次系统，这将是我们今后研究的方向。

第三，由于设计问卷时，没有标明是在放弃责任田的前提下询问农民工是否具有家庭转移、定居、落户的意愿，如果将放弃责任田作为一个必须考虑的因素，农民工会给出怎样的答案，值得我们进一步研究。

第四，本研究发现，有相当数量的农民工虽然有在城市买房定居的需求，但同时又不愿意转为城镇户籍，其中最大的原因在于他们不想放弃在农村的责任田和宅基地。这样既无法推动农村剩余劳动力的真正转移进而推动城市化进程，同时又无法实现农业的规模联合耕作，不利于农业的发展。可见，农民土地权利无法得到保障，宅基地等资产权属关系无法明确，使得农民无法在离开农村时有效处置其农村资产，抑制了农民工城市落户需求的产生。土地制度改革只有随着就业、住房、养老等社会保障政策的改革配套进行，才能有效推进农民工落户城镇，这一点将是今后研究的重点。

第五，农民工在城市的住房问题，关系到农民工全家进城定居甚至落户的问题，住房问题同样是城市居民关心的问题，如何建立包括农民工在内的城市住房供给体系是关系民

第九章 结论、不足与展望

生和社会稳定发展的重大问题。现有的公共租赁住房改革能否真正满足农民工在城市住房的需求，如何有效促进和监督用工单位着力解决农民工住房问题，如何将住房改革与户籍制度和土地制度改革有效结合，都将是我们今后研究的重点。

第六，我们分析得出，收入在转移需求层次的递进过程中有一个从正效应到负效应的变化，那么当收入达到多少时这种影响就会变为负效应是值得我们进一步研究的内容。

参考文献

一 中文文献

白南生、李靖：《城市化与中国农村劳动力流动问题研究》，《中国人口科学》2008年第4期。

〔瑞典〕伯特尔·俄林：《区际贸易与国际贸易》，逯宇铎等译，华夏出版社，2008。

蔡昉、白南生主编《中国转轨时期劳动力流动》，社会科学文献出版社，2006。

蔡昉、都阳、王美艳：《劳动力流动的政治经济学》，上海三联书店、上海人民出版社，2003。

蔡昉：《劳动力迁移的两个过程及其制度障碍》，《社会学研究》2001年第4期。

蔡昉：《迁移决策中的家庭角色和性别特征》，《人口研究》1997年第2期。

蔡昉：《中国的二元经济与劳动力转移——理论分析与政策建议》，中国人民大学出版社，1990。

蔡禾、王进：《"农民工"永久迁移意愿研究》，《社会学研究》2007年第6期。

曹素红：《中国农村土地流转和劳动力转移研究——以江苏

省为例》,硕士学位论文,南京大学,2011。

陈承明、刘文可:《农村剩余劳动力跨省迁移的实证分析》,《上海市经济管理干部学院学报》2008年第2期。

陈广桂:《房价、农民市民化成本和我国的城市化》,《中国农村经济》2004年第3期。

陈虹、赵晨雪、秦立建:《让医疗保险更好地惠及农民工》,《中国人口报》2020年8月3日,第3版。

陈美球、肖鹤亮、何维佳、邓爱珍、周丙娟:《耕地流转农户行为影响因素的实证分析——基于江西省1396户农户耕地流转行为现状的调研》,《自然资源学报》2008年第3期。

陈思凡:《建国以来的农村土地制度变迁探析》,硕士学位论文,厦门大学,2014。

陈贤寿、孙丽华:《武汉市流动人口家庭化分析及对策思考》,《中国人口科学》1996年第5期。

陈绪忠、王莉萍:《"留守中学生"健康人格的教育探索》,《沈阳教育学院学报》2005年第1期。

陈艳鹃:《基于我国城镇化视角的农村劳动力转移研究》,硕士学位论文,湘潭大学,2008。

谌新民、周文良:《农业转移人口市民化成本分担机制及政策涵义》,《华南师范大学学报》(社会科学版)2013年第5期。

褚志远:《西北地区农村剩余劳动力转移问题研究——制度变迁与人力资本溢出的双重视角》,博士学位论文,西北大学,2007。

《当前农民工工作和生活状况调查研究》课题组:《边缘化生

存：农民工的工作和生活状况——来自珠三角某工厂的一项田野调查研究》,《宏观经济研究》2011年第1期。

丁兆庆:《我国农村剩余劳动力双梯度转移范式建构》,《理论学刊》2007年第3期。

杜娟、叶文振:《流动儿童的教育状况及其影响因素》,《中共福建省委党校学报》2003年第9期。

杜萌:《河南农村剩余劳动力转移影响因素实证分析》,《安阳工学院学报》2008年第3期。

杜鹰、白南生:《走出乡村——中国农村劳动力流动实证研究》,经济科学出版社,1997。

杜鹰:《现阶段中国农村劳动力流动的群体特征与宏观背景分析》,《中国农村经济》1997年第6期。

杜越、汪利兵、周培植主编《城市流动人口子女的基础教育——政策与革新》,浙江大学出版社,2004。

段成荣、周福林:《我国留守儿童状况研究》,《人口研究》2005年第1期。

段美玲:《新中国成立以来农村土地制度变迁研究》,硕士学位论文,华东师范大学,2012。

段文婷、江光荣:《计划行为理论述评》,《心理科学进展》2008年第2期。

段小梅:《人口流动模型与我国农村剩余劳动力转移研究》,《农村经济》2003年第3期。

冯帮:《近十年流动儿童教育问题研究述评》,《现代教育管理》2011年第3期。

傅帅雄、吴磊、韩一朋:《新型城镇化下农民工市民化成本分担机制研究》,《河北学刊》2019年第3期。

参考文献

高双:《我国农村剩余劳动力转移的区域差异比较研究》,硕士学位论文,吉林大学,2006。

高岩辉:《陕北资源富集地区农村劳动力转移研究——以延安市为例》,博士学位论文,西北大学,2009。

葛乃旭、符宁、陈静:《特大城市农民工市民化成本测算与政策建议》,《经济纵横》2017年第3期。

耿献辉:《健全城乡统一的劳动力市场,协同推进乡村振兴和新型城镇化》,南京农业大学官网,2022年4月13日,https://jiard.njau.edu.cn/info/1039/1836.htm,最后访问日期:2022年8月20日。

顾文涛:《企业需要层次理论研究》,博士学位论文,南京理工大学,2005。

关信平:《现阶段我国农村劳动力转移就业背景下社会政策的主要议题及模式选择》,《江苏社会科学》2005年第5期。

郭江平:《农村人口流动家庭化现象探析》,《理论探索》2005年第3期。

郭熙保主编《经济发展理论与政策》,中国社会科学出版社,2000。

国家统计局:《2012年全国农民工监测调查报告》,国家统计局,2013年5月7日,http://www.stats.gov.cn/tjsj/zxfb/201305/t20130527_12978.html,最后访问日期:2022年8月7日。

《2011年中国农民工调查监测报告(全文)》,中国发展门户网,2012年5月7日,http://cn.chinagate.cn/reports/2012-05/07/content_25322724.htm,最后访问日期:2023年5月9日。

《2010年农民工监测调查报告》，载于《2011年中国发展报告》，中国统计出版社，2011。

国家统计局：《2009年农民工监测调查报告》，国家统计局，2010年3月19日，http://www.stats.gov.cn/ztjc/ztfx/fxbg/201003/t20100319_16135.html，最后访问日期：2022年8月7日。

国家统计局陕西调查总队：《解决农民工随迁子女教育问题需多方发力》，陕西省信息中心网站，2021年9月6日，http://www.sxi.cn/jjxj/dcbg/QJ3ima.htm，最后访问日期：2022年8月20日。

国家统计局编《中国统计摘要》，中国统计出版社，2006。

国务院办公厅：《国务院办公厅关于保障性安居工程建设和管理的指导意见》（国办发〔2011〕45号），中国政府网，2011年9月29日，http://www.gov.cn/zhengce/content/2011-09/29/content_7236.htm，最后访问日期：2022年8月7日。

国务院：《国务院关于解决农民工问题的若干意见》，《人民日报》2006年3月28日，第1版。

国务院：《国务院批转发展改革委关于2013年深化经济体制改革重点工作意见的通知》（国发〔2013〕20号），中国政府网，2013年5月23日，http://www.gov.cn/zhengce/content/2013-05/23/content_1226.htm，最后访问日期：2022年8月7日。

国务院研究室课题组：《中国农民工调研报告》，中国言实出版社，2006。

韩嘉玲：《北京市流动儿童义务教育状况调查报告》，《青年研究》2001 年第 8 期。

何景熙:《"开流断源": 寻求充分就业的中国农村劳动力非农化转移理论与模型》,《人口与经济》2001 年第 2 期。

何欣:《国家统计局数据显示我国城乡收入差距正在缩小》, 中国经济网, 2011 年 10 月 20 日, http://www.ce.cn/xwzx/gnsz/gdxw/2011/10/20/t20111020_22773827.shtml, 最后访问日期: 2022 年 8 月 7 日。

和丕禅、郭金丰:《制度约束下的农民工移民倾向探析》,《中国农村经济》2004 年第 10 期。

贺振华:《劳动力迁移、土地流转与农户长期投资》,《经济科学》2006 年第 3 期。

贺振华:《农村土地流转的效率: 现实与理论》,《上海经济研究》2003 年第 3 期。

贺振华:《农户兼业及其对农村土地流转的影响——一个分析框架》,《上海财经大学学报》2006 年第 2 期。

洪小良:《城市农民工的家庭迁移行为及影响因素研究——以北京市为例》,《中国人口科学》2007 年第 6 期。

侯红娅、杨晶、李子奈:《中国农村劳动力迁移意愿实证分析》,《经济问题》2004 年第 7 期。

侯鸿翔、王媛、樊茂勇:《中国农村隐性失业问题研究》,《中国农村观察》2000 年第 5 期。

胡波:《基本医疗保险对农民工城市居留意愿的影响研究——以长三角地区为例》, 硕士学位论文, 安徽财经大学, 2021。

胡洪彬:《文化资本与社会资本: 农民工融入城市的双重变量》,《浙江树人大学学报》(人文社会科学版) 2012 年第 4 期。

胡英：《从农村向城镇流动人口的特征分析》，《人口研究》2001 年第 6 期。

黄敦平、王高攀：《社会融合对农民工市民化意愿影响的实证分析——基于 2016 年中国流动人口动态监测调查》，《西北人口》2021 年第 3 期。

黄海：《土地财产权：农民工流动的前提和基本保障》，《中国改革报》2005 年第 6 期。

黄锟：《城乡二元制度对农民工市民化影响的实证分析》，《中国人口·资源与环境》2011 年第 3 期。

黄敏：《农村剩余劳动力转移因素的实证研究》，《山西统计》2003 年第 10 期。

黄鸣奋：《需要理论及其应用》，中华书局，2004。

黄小娜、吴静、彭安娜、李孜、戚小兵、石淑华：《农村"留守儿童"——社会不可忽视的弱势人群》，《医学与社会》2005 年第 2 期。

黄亚民、俞根龙：《民工子弟学校的管理对策与思考——基于上海奉贤的调查分析》，《教育发展研究》2001 年第 10 期。

黄艳梅：《不可遗忘的角落——农村"隔代监护"问题的研究》，《教育导刊》2004 年第 1 期。

黄志法、傅禄建：《上海市流动人口子女教育问题调查研究报告》，《上海教育科研》1998 年第 1 期。

姬雄华、冯飞：《制约农村剩余劳动力转移的劳动力市场影响因素与对策》，《商业研究》2007 年第 10 期。

贾晓华、张桂文：《交易成本视角下农民工迁移距离的特征分析》，《经济研究》2006 年第 12 期。

参考文献

江立华、鲁小彬：《农民工子女教育问题研究综述》，《河北大学成人教育学院学报》2006 年第 1 期。

姜爱林：《城镇化、工业化与信息化的互动关系研究》，《经济研究参考》2002 年第 85 期。

蒋乃华、封进：《农村城市化进程中的农民意愿考察——对江苏的实证分析》，《管理世界》2002 年第 2 期。

焦华富：《发展中国家城市化的特征及其启示》，《安徽师范大学学报》（自然科学版）2000 年第 4 期。

金建江：《现阶段农村劳动力情况和农民转移意愿——对浙江海宁农村的调查》，《资料通讯》2007 年第 5 期。

景普秋、陈甬军：《中国工业化与城市化进程中农村劳动力转移机制研究》，《东南学术》2004 年第 4 期。

赖小琼、余玉平：《成本收益视线下的农村劳动力转移——托达罗模型的反思与拓展》，《当代经济研究》2004 年第 2 期。

黎红、杨聪敏：《农民工市民化的成本分担与机制构建》，《探索》2018 年第 4 期。

李海秀：《全国农村留守儿童，城乡流动儿童状况研究报告》，《光明日报》2013 年 5 月 16 日，第 14 版。

李建华、傅立：《现代系统科学与管理》，科学技术文献出版社，1996。

李录堂：《双重保障型农地市场流转机制研究：农地产权比例化市场流转的理论与政策设计》，陕西人民出版社，2014。

李敏：《农村剩余劳动力转移的制约因素及对策研究》，《安徽农业科学》2007 年第 29 期。

李明艳：《农村劳动力转移对农地利用效率的影响研究》，博士学位论文，南京农业大学，2009。

李培林：《流动民工的社会网络和社会地位》，《社会学研究》1996年第4期。

李强：《关于"农民工"家庭模式问题的研究》，《浙江学刊》1996年第1期。

李强：《关注转型时期的农民工问题（之三）——户籍分层与农民工的社会地位》，《中国党政干部论坛》2002年第8期。

李强、龙文进：《农民工留城与返乡意愿的影响因素分析》，《中国农村经济》2009年第2期。

李强：《中国城市农民工劳动力市场研究》，《学海》2001年第1期。

李瑞、刘超：《城市规模与农民工市民化能力》，《经济问题探索》2018年第2期。

李勋来、李国平：《农村劳动力转移模型及实证分析》，《财经研究》2005年第6期。

李艳荣：《我国养老保险转接政策改革对农民工参保福利的效应研究——以成都、深圳间流动为例》，《价格理论与实践》2021年第2期。

李轶璐：《大学生需要现状及对策研究》，硕士学位论文，杭州电子科技大学，2009。

李珍珍、陈琳：《农民工留城意愿影响因素的实证分析》，《南方经济》2010年第5期。

李振刚、南方：《城市文化资本与新生代农民工心理融合》，《浙江社会科学》2013年第10期。

梁波、王海英:《城市融入:外来农民工的市民化——对已有研究的综述》,《人口与发展》2010年第4期。

梁坚、查昆岩、黄世贤:《农村剩余劳动力转移路径探析——以江西省为例》,《求实》2004年第5期。

林娣:《新生代农民工市民化的人力资本困境》,《东北师大学报》(哲学社会科学版)2014年第2期。

林海平:《探析制约农村剩余劳动力转移的制度因素》,《内蒙古电大学刊》2007年第8期。

林善浪、王健、张锋:《劳动力转移行为对土地流转意愿影响的实证研究》,《中国土地科学》2010年第2期。

刘伯文:《我国农村富余劳动力转移就业问题探析》,《东北大学学报》(社会科学版)2004年第5期。

刘昌明:《农村剩余劳动力国际转移模式研究》,《职业时空》2007年第14期。

刘传江、程建林:《我国农民工的代际差异与市民化》,《经济纵横》2007年第7期。

刘传江、龙颖桢、付明辉:《非认知能力对农民工市民化能力的影响研究》,《西北人口》2020年第2期。

刘传江、徐建玲:《第二代农民工及其市民化研究》,《中国人口·资源与环境》2007年第1期。

刘传江、周玲:《社会资本与农民工的城市融合》,《人口研究》2004年第5期。

刘凤瑞、陈永先编《行为科学基础》,复旦大学出版社,1991。

刘怀廉:《加快建立农民工权益保障体系》,《学习论坛》2005年第5期。

刘甲朋、尹兴宽、杨兵杰:《中国农村剩余劳动力转移问题讨论综述》,《人口与经济》2004 年第 1 期。

刘菁、李宝杰、詹婷婷:《农民转城镇户籍意愿低:中小城市户口含金量不高》,中国新闻网,2013 年 12 月 16 日,http://www.chinanews.com/gn/2013/12-16/5623017.shtml,最后访问日期:2022 年 8 月 7 日。

刘丽:《新生代农民工"市民化"问题研究——基于社会资本与社会排斥分析的视角》,《河北经贸大学学报》2012 年第 5 期。

刘晓宇、张林秀:《农村土地产权稳定性与劳动力转移关系分析》,《中国农村经济》2008 年第 2 期。

刘燕:《新生代农民工家庭式迁移城市意愿影响因素研究——以西安市为例》,《统计与信息论坛》2013 年第 11 期。

刘玉来:《农村劳动力转移中土地政策协调机制创新》,《农业现代化研究》2003 年第 4 期。

卢国显:《我国大城市农民工与市民社会距离的实证研究》,《中国人民公安大学学报》(社会科学版)2006 年第 4 期。

卢迈、赵树凯、白南生:《转移农村劳动力可选择大都市战略》,《领导决策信息》2002 年第 14 期。

陆成林:《新型城镇化过程中农民工市民化成本测算》,《财经问题研究》2014 年第 7 期。

陆益龙:《户口还起作用吗——户籍制度与社会分层和流动》,《中国社会科学》2008 年第 1 期。

吕开宇、迟宝旭:《农民工子女教育研究综述》,《人口与经济》2008 年第 S1 期。

吕绍青:《150 个访谈个案的分析报告(下) 孩子在老家——农村留守儿童:生活与心理的双重冲突》,《中国发展观察》2005年第9期。

吕绍青:《农村儿童:留守生活的挑战——150个访谈个案分析报告》,《中国农村经济》2006年第1期。

吕绍青、张守礼:《城乡差别下的流动儿童教育——关于北京打工子弟学校的调查》,《战略与管理》2001年第4期。

罗国芬:《从1000万到1.3亿:农村留守儿童到底有多少》,《青年探索》2005年第2期。

罗国芬:《农村留守儿童的规模问题评述》,《青年研究》2006年第3期。

骆新华:《国际人口迁移的基本理论》,《理论月刊》2005年第1期。

马广贵:《农村劳动力转移的影响因素研究——以江苏省中部及北部的两个村为例》,硕士学位论文,中国农业大学,2004。

马洪、王梦奎主编《2002版中国发展研究:国务院发展研究中心研究报告选》,中国发展出版社,2002。

马九杰、孟凡友:《农民工迁移非持久性的影响因素分析——基于深圳市的实证研究》,《改革》2003年第4期。

《马克思恩格斯选集》(第一卷),人民出版社,1972。

《马克思恩格斯选集》(第二卷),人民出版社,1995。

马小均:《我国小城镇建设的障碍因素及相关问题研究》,硕士学位论文,重庆大学,2008。

马新彦、李国强:《土地承包经营权流转的物权法思考》,《法商研究》2005年第5期。

马艳霞:《我国西部民族地区农村剩余劳动力转移理论修正与路径问题研究——基于民族地区旅游经济发展的分

析》，博士学位论文，西南财经大学，2009。

毛隽：《中国农村劳动力转移研究——基于制度变迁视角》，博士学位论文，复旦大学，2011。

孟凡强：《户籍歧视与农民工参保城镇职工基本医疗保险的代际差异》，《广东社会科学》2021年第3期。

米红、丁煜：《未成年流动人口受教育特征及其管理对照研究：来自厦门特区的调查报告》，《南方人口》1998年第4期。

苗东升：《系统科学精要》，中国人民大学出版社，1998。

倪羌莉：《非农就业中农地流转问题的浅析——以江苏省为例》，《农业经济》2008年第2期。

潘鲁华：《"中国梦"与社会流动群体受教育权——进城农民工随迁子女教育问题研究的文献综述》，《农村经济与科技》2017年第7期。

潘年祥：《关于农民工养老保险制度的思考》，《今日科苑》2006年第9期。

彭代彦：《农民进城的就业壁垒对农民收入增长和城乡收入差距的影响》，《华中科技大学学报》（人文社会科学版）2002年第3期。

彭红碧：《农民工工资决定的圈层结构：一般性分析框架》，《经济论坛》2014年第4期。

彭庆恩：《关系资本和地位获得——以北京市建筑行业农民包工头的个案为例》，《社会学研究》1996年第4期。

钱忠好：《非农就业是否必然导致农地流转——基于家庭内部分工的理论分析及其对中国农户兼业化的解释》，《中国农村经济》2008年第10期。

秦庆武：《推进城镇化的重点》，《四川党的建设》（城市版）2004年第7期。

邱长生、张成君、沈忠明、刘定祥：《农村劳动力转移与土地流转关系的理论分析》，《农村经济》2008年第12期。

全国总工会新生代农民工问题课题组：《关于新生代农民工问题的研究报告》，《工人日报》2010年6月21日，第1版。

任瑜、谭静：《基于AHP的农村剩余劳动力转移的影响因素分析——四川省遂宁市的实证分析》，《农村经济与科技》2007年第3期。

上官子木：《"留守儿童"问题应引起重视》，《神州学人》1994年第6期。

佘济云、邓隆叶：《湖南农村剩余劳动力转移影响因素分析——基于层次分析法》，《农业经济》2009年第7期。

佘凌、罗国芬：《流动人口子女及其教育：概念的辨析》，《南京人口管理干部学院学报》2003年第4期。

申莹：《农民工失业保险问题研究》，《劳动保障世界》2019年第20期。

沈小苹、周国强：《广州市流动人口子女义务教育问题分析与对策》，《现代教育论丛》2005年第5期。

省政府办公厅：《陕西省人民政府关于加大力度推进有条件的农村居民进城落户的意见》（陕政发〔2010〕26号），陕西省人民政府官网，2010年7月26日，http://www.shaanxi.gov.cn/zfxxgk/fdzdgknr/zcwj/szfwj/szf/201007/t20100726_1667696.html，最后访问日期：2022年8月7日。

盛来运：《国外劳动力迁移理论的发展》，《统计研究》2005年第8期。

盛来运：《流动还是迁移：中国农村劳动力流动过程的经济学分析》，上海远东出版社，2008。

史清华、贾生华：《农户家庭农地要素流动趋势及其根源比较》，《管理世界》2002年第1期。

宋富远、李坚：《我国农村剩余劳动力转移原因与制约因素分析》，《当代经济》（下半月）2007年第6期。

宋万林：《大众传媒助推新生代农民工融入城市模式研究》，《新闻知识》2011年第12期。

苏涛：《湖北农民工就业方式和途径》，《统计与决策》2006年第21期。

孙红玲：《浅论转型时期流动人口子女的教育公平问题》，《教育科学》2001年第1期。

孙玉娜：《转型期中国农民工迁移机理研究》，博士学位论文，西北农林科技大学，2012。

孙正林、韦恒：《农村教育：我国农村剩余劳动力转移的深层次体制性制约因素》，《国家教育行政学院学报》2005年第11期。

孙志海：《自组织的社会进化理论方法和模型》，中国社会科学出版社，2004。

谭丹、黄贤金：《区域农村劳动力市场发育对农地流转的影响——以江苏省宝应县为例》，《中国土地科学》2007年第6期。

谭文兵、黄凌翔：《农村人口城市迁移的动力机制》，《城市问题》2002年第2期。

陶然、徐志刚：《城市化、农地制度与迁移人口社会保障——一个转轨中发展的大国视角与政策选择》，《经济研究》2005年第12期。

天津市"外来流动人口子女教育问题"研究组：《天津市外来流动人口子女的义务教育问题调查研究》，《教育改革》1997年第2期。

佟大建、金玉婷、宋亮：《农民工市民化：测度、现状与提升路径——基本公共服务均等化视角》，《经济学家》2022年第4期。

汪国华：《新生代农民工交往行为的逻辑与文化适应的路向》，《中国青年研究》2009年第6期。

王春超：《推动城镇化和城市化的合理发展——兼谈我国农村剩余劳动力的转移》，《高等函授学报》（哲学社会科学版）2002年第2期。

王德文、蔡昉、张国庆：《农村迁移劳动力就业与工资决定：教育与培训的重要性》，《经济学》（季刊）2008年第4期。

王丰：《西部农村富余劳动力转移的产业选择》，硕士学位论文，广西大学，2008。

王光栋、李余华：《中部地区农村劳动力跨区域流动的特征》，《统计与决策》2004年第12期。

王海英：《女性农民工非正规就业与农民工家庭流动》，《文史博览》2006年第8期。

王华、彭华：《城市化进程中郊区农民迁移意愿模型——对广州的实证研究》，《地理科学》2009年第1期。

王建军、李腊云：《教育水平是制约农村剩余劳动力转移的重要因素》，《零陵学院学报》2003年第4期。

王杰、沈春梅:《我国农村剩余劳动力转移的特点及对策》,《人口与经济》2001年第S1期。

王金营:《中国1990~2000年乡-城人口转移年龄模式及其变迁》,《人口研究》2004年第5期。

王珂:《对我国经济适用房申购过程中现存问题的法律思考》,《法制与社会》2019年第28期。

王宁:《我国产业结构现状及变动趋势分析》,硕士学位论文,大连海事大学,2011。

王培刚、庞荣:《都市农民工家庭化流动的社会效应及其对策初探》,《湖北社会科学》2003年第6期。

王帅:《宁安市农村土地流转与劳动力转移问题研究》,硕士学位论文,东北农业大学,2012。

王先柱、王敏、吴义东:《住房公积金支持农民工住房消费的区域差异性研究》,《华东师范大学学报》(哲学社会科学版)2018年第2期。

王小红:《农村转移人员文化资本的生成与提高——布迪厄文化资本再生产理论透视》,《外国教育研究》2006年第7期。

王毅杰:《流动农民留城定居意愿影响因素分析》,《江苏社会科学》2005年第5期。

王煜毅:《通信制造业外资E公司"80后"员工需要层次分析》,硕士学位论文,北京邮电大学,2008。

王竹林、范维:《人力资本视角下农民工市民化能力形成机理及提升路径》,《西北农林科技大学学报》(社会科学版)2015年第2期。

王子、叶静怡:《农民工工作经验和工资相互关系的人力资本理论解释——基于北京市农民工样本的研究》,《经济科学》2009年第1期。

网易新闻:《中国官方首次公布2003至2012年基尼系数》,中国新闻网,2013年1月18日,http://news.163.com/13/0118/11/8LGH1BBF00014JB6.html,最后访问日期:2022年8月7日。

〔美〕威廉·阿瑟·刘易斯:《二元经济论》,施炜译,北京经济学院出版社,1989。

〔英〕威廉·配第:《政治算术》,陈冬野译,商务印书馆,1960。

卫龙宝、胡慧洪、钱文荣、曹明华:《城镇化过程中相关行为主体迁移意愿的分析——对浙江省海宁市农村居民的调查》,《中国社会科学》2003年第5期。

魏卓:《北京山区农村劳动力转移对土地利用影响的实证研究》,硕士学位论文,中国农业大学,2005。

吴峰华:《江西产业结构调整与农村剩余劳动力转移问题研究》,硕士学位论文,南昌大学,2007。

吴罗发:《中部地区农民社会养老保险参与意愿分析——以江西省为例》,《农业经济问题》2008年第4期。

吴彤:《自组织方法论研究》,清华大学出版社,2001。

吴晓燕、吴瑞君:《上海市流动人口子女初中后教育的现状、问题及其难点分析》,《教育学术月刊》2009年第1期。

吴兴陆:《农民工定居性迁移决策的影响因素实证研究》,《人口与经济》2005年第1期。

吴雨才:《南通市农村劳动力的转移方略》,《南通师范学院学报》(哲学社会科学版)2004年第1期。

武晓萍:《在京外来人口子女教育问题》,《北京社会科学》2001年第3期。

〔美〕西蒙·库兹涅茨:《各国的经济增长》,常勋等译,商务印书馆,2009。

项飚:《流动、传统网络市场化与"非国家空间"》,载张静主编《国家与社会》,浙江人民出版社,1998。

熊波、石人炳:《农民工永久性迁移意愿影响因素分析——以理性选择理论为视角》,《人口与发展》2009年第2期。

熊彩云:《农民工定居转移问题研究——基于武汉市的调查》,博士学位论文,中国农业科学院,2006。

熊景维:《农民工市民化的优先瞄准对象:基于市民化权能特征和公共投入约束的政策锚定》,《农业经济问题》2021年第6期。

徐建军:《中国农民工市民化进程中的问题与对策——基于人力资本开发视角的分析》,《中国人力资源开发》2014年第15期。

徐晶晶:《城市化视阈下我国农民工社会保障制度变迁研究(1978-2010)》,硕士学位论文,安徽师范大学,2011。

徐清扬、焦志:《"家庭式"迁移:农民工流动新动向》,《新华每日电讯》2006年2月7日,第3版。

徐文婷、张广胜:《人力资本对农民工工资性收入决定的影响:代际差异的视角》,《农业经济》2011年第8期。

徐文:《中国农村剩余劳动力转移问题研究》,博士学位论文,吉林大学,2009。

许国志、顾基发、车宏安编《系统科学》,上海科技教育出版社,2000。

参考文献

续田曾：《农民工定居性迁移的意愿分析——基于北京地区的实证研究》，《经济科学》2010年第3期。

杨传林、姜学民：《基于政治经济角度的我国农民工流动问题浅析》，《商场现代化》2008年第12期。

杨龙：《我国农村剩余劳动力转移中的农民工"回流"问题研究》，硕士学位论文，中央民族大学，2006。

杨敏：《影响农村剩余劳动力转移因素的实证分析》，《宁夏社会科学》2007年第6期。

杨阳、唐娟、王丽缓：《转型期城市农民工流动子女教育问题研究》，《时代文学》（理论学术版）2007年第4期。

杨素苹：《流动儿童教育问题现状调查及对策研究》，硕士学位论文，西南师范大学，2005。

杨文选、张晓艳：《国外农村劳动力迁移理论的演变与发展》，《经济问题》2007年第6期。

杨肖丽：《城市化进程中农民工的迁移行为模式及其决定》，博士学位论文，沈阳农业大学，2009。

杨云善：《建立农业转移人口市民化促进机制研究》，《河南社会科学》2014年第2期。

姚洋：《非农就业结构与土地租赁市场的发育》，《中国农村观察》1999年第2期。

叶剑平、蒋妍、丰雷：《中国农村土地流转市场的调查研究——基于2005年17省调查的分析和建议》，《中国农村观察》2006年第4期。

叶敬忠、王伊欢、张克云、陆继霞：《对留守儿童问题的研究综述》，《农业经济问题》2005年第10期。

叶鹏飞：《农民工的城市定居意愿研究——基于七省（区）调

查数据的实证分析》,《社会》2011年第2期。

殷善福、杨舟:《湖北欠发达地区农民素质与农民转移意愿——基于恩施州的实证研究》,《长江大学学报》(自然科学版·农学卷)2008年第2期。

殷志静、郁奇虹:《中国户籍制度改革》,中国政法大学出版社,1996。

尹虹潘、刘姝伶:《中国总体基尼系数的变化趋势——基于2000~2009年数据的全国人口细分算法》,《中国人口科学》2011年第4期。

于晓红、张艳:《制约辽宁省农村剩余劳动力转移的因素分析》,《农业经济》2008年第2期。

余元春、肖亚成:《我国农村剩余劳动力梯度转移模式和途径》,《农村经济》2005年第4期。

俞林、印建兵、孙明贵:《新生代农民工市民转化能力结构模型构建与测度》,《经济体制改革》2019年第1期。

俞路:《20世纪90年代中国迁移人口分布格局及其空间极化效应》,博士学位论文,华东师范大学,2006。

俞宪忠:《中国人口流动态势》,《济南大学学报》(社会科学版)2004年第6期。

虞小强:《城镇化进程中农民进城行为研究》,博士学位论文,西北农林科技大学,2012。

袁洪泉:《我国农村剩余劳动力转移影响因素的实证分析》,《山东农业大学学报》(社会科学版)2006年第4期。

袁江鸿:《农村留守儿童的现状及教育对策》,《决策探索》2006年第6期。

袁培:《关于劳动力转移行为的重新认识——基于西方主流

微观人口迁移理论的分析》,《改革与战略》2009 年第 10 期。

袁鹏举、周化明：《中国农民工社会资本的调查分析与评估——基于全国 10 省市自治区农民工的问卷调查》,《调研世界》2014 年第 5 期。

苑一博：《人的需要是社会历史发展的动因》,《内蒙古大学学报》（人文社会科学版）2002 年第 5 期。

曾旭晖：《非正式劳动力市场人力资本研究——以成都市进城农民工为个案》,《中国农村经济》2004 年第 3 期。

张斌贤：《流动人口子女教育研究的现状与趋势》,《清华大学教育研究》2001 年第 4 期。

张波：《农村集体土地权利"鸡肋"化的解决路径探析——以进城农民市民化成本障碍及其解决为视角》,《政治与法律》2013 年第 12 期。

张斐：《新生代农民工市民化现状及影响因素分析》,《人口研究》2011 年第 6 期。

张国胜、杨先明：《中国农民工市民化的社会成本研究》,《经济界》2008 年第 5 期。

张红宇：《中国农地调整与使用权流转：几点评论》,《管理世界》2002 年第 5 期。

张珲：《兰州市新生代农民工对子女的教育期望研究》,硕士学位论文，甘肃农业大学，2019。

张锦华、龚钰涵：《走向共同富裕：农民工市民化的财政学考察——基于系统动力学建模及政策优化仿真》,《南方经济》2022 年第 5 期。

张良悦、刘东：《农村劳动力转移与土地保障权转让及土地的有效利用》,《中国人口科学》2008年第2期。

张林山:《城镇化和我国农村剩余劳动力梯度转移模式》,《北京科技大学学报》(社会科学版)2006年第3期。

张务伟、张福明:《农村剩余劳动力就地转移和异地就业影响因素实证分析——基于对山东省17地市1873户农民的调查》,《农村经济》2008年第6期。

张秀梅、甘满堂:《农民工流动家庭化与城市适应性》,福建省社会学2006年会论文集。

张雪梅:《农民工工伤保险政策执行过程中的博弈分析》,《人才资源开发》2021年第11期。

张雅丽:《中国工业化进程中农村劳动力转移研究》,博士学位论文,西北农林科技大学,2008。

张延平、熊巍俊:《城市农民工市民化适度规模研究》,《全国商情》(经济理论研究)2005年第11期。

张一鸣:《论农村土地流转中利益调节机制的建立》,《内蒙古农业大学学报》(社会科学版)2011年第6期。

张翼:《农民工"进城落户"意愿与中国近期城镇化道路的选择》,《中国人口科学》2011年第2期。

张迎宪:《教育公平:构建和谐社会的基础——四川省农民工子女教育问题的调查》,《调研世界》2005年第12期。

张哲、周静、刘启明:《辽北地区农户参与农民专业合作社满意度影响因素实证分析》,《农业经济》2012年第2期。

赵安:《农民工工伤保险研究——基于政府、企业、农民工责任分担的视角》,博士学位论文,中国社会科学院大学(研究生院),2022。

赵成柏:《影响农村剩余劳动力转移因素的实证分析——以江

苏为例》,《人口与经济》2006年第2期。

赵国栋:《我省农村剩余劳动力转移与城乡就业问题研究（下）》,《商丘师范学院学报》2004年第3期。

赵洪宝:《农村剩余劳动力转移的制约因素及对策分析》,《阴山学刊》（社会科学版）2005年第6期。

赵娟:《城市流动人口子女教育的现状》,《社会》2003年第9期。

赵延东、王奋宇:《城乡流动人口的经济地位获得及决定因素》,《中国人口科学》2002年第4期。

赵艳萍、吴子国、韩新宝:《农民工职业培训体系建设研究》,《教育与职业》2011年第21期。

赵耀辉:《中国农村劳动力流动及教育在其中的作用——以四川省为基础的研究》,《经济研究》1997年第2期。

郑月琴:《农民工市民化进程中的心理形态和社会文化环境分析》,《经济与管理》2005年第9期。

郑子青:《土地制度变迁对农村人口流动的影响研究——以湖南省平江县某村民小组为例》,《中国人民大学学报》2014年第2期。

中国经济周刊:《中国城镇失业率攀升至9.4% 农民工失业问题凸显》,搜狐财经,2009年1月5日,http://business.sohu.com/20090105/n261565889.shtml,最后访问日期：2022年8月7日。

中国农民工战略问题研究课题组:《中国农民工问题调查》,《中国经济报告》2009年第3期。

中国社会科学院经济研究所"中国劳动力市场和工资改革"课题组:《我国体制转型时期"农村病"及其治理》,

《经济研究》1995年第4期。

钟甫宁、徐志刚、栾敬东:《经济发达农村地区外来劳动力的性别差异研究》,《人口与经济》2001年第2期。

钟甫宁:《增加农民收入与调整经济结构》,《农村经济》2004年第3期。

周皓:《中国人口迁移的家庭化趋势及影响因素分析》,《人口研究》2004年第6期。

周礼、来君:《农民工"候鸟式"迁移的背后》,《浙江经济》2008年第10期。

周密、张广胜、黄利:《新生代农民工市民化程度的测度》,《农业技术经济》2012年第1期。

周拥平:《北京市流动人口适龄儿童就学状况分析》,《中国青年政治学院学报》1998年第2期。

周玉梅、陈立峰、曹晔:《农民素质是影响农村剩余劳动力转移的关键因素》,《乡镇经济》2006年第7期。

朱吉江:《城镇化进程中农村土地制度研究》,硕士学位论文,江西财经大学,2012。

朱农:《论收入差距对中国乡城迁移决策的影响》,《人口与经济》2002年第5期。

朱日胜:《海安县农村劳动力就地转移与异地转移研究》,硕士学位论文,扬州大学,2009。

朱宇:《国外对非永久性迁移的研究及其我国流动人口问题的启示》,《人口研究》2004年第3期。

祝仲坤:《农民工住房公积金制度的"困境摆脱"》,《改革》2016年第7期。

庄核:《试论农村剩余劳动力的转移与地区经济的发展》,《惠州学院学报》（社会科学版）2003年第4期。

邹泓、屈智勇、张秋凌：《中国九城市流动儿童发展与需求调查》，《青年研究》2005年第2期。

邹少霏、苗雪艳：《农民工职业培训体系建设的路径选择》，《中国成人教育》2010年第2期。

邹一南：《农民工落户悖论与市民化政策转型》，《中国农村经济》2021年第6期。

二 英文文献

Alan de Brauw, et al., "The Evolution of China's Rural Labor Markets During the Reforms," *Journal of Comparative Economics*, Vol. 30, 2002.

Andrei Rogers, "Model Migration Schedules: An Application Using Data for the Soviet Union," *Canadian Studies in Population*, Vol. 5, 1978.

B. R. Chiswick, "The Effect of Americanization on the Earnings of Foreign-Born Men," *Journal of Political Economy*, Vol. 86, 1978.

Denise Hare, "'Push' versus 'Pull' Factors in Migration Outflows and Returns: Determinants of Migration Status and Spell Duration Among China's Rural Population," *Journal of Development Studies*, Vol. 35, No. 3, 1999.

D. J. Bogue, *Principles of Demography*, New York: Johnson Wiley and Sons, 1969.

D. J. Bogue, *Internal Migration*, Chicago: University of Chicago Press, 1959.

D. S. Massey, "Social Structure, Household Strategies, and the Cumulative Causation of Migration," *Population Index*, Vol. 56, No. 1, 1990.

D. W. Jorgenson, "Surplus Agricultural Labour and the Development of a Dual Economy," *Oxford Economic Papers*, Vol. 19, 1967.

Everett S. Lee, "A Theory of Migration," *Demography*, Vol. 3, No. 1, 1966.

G. J. Borjas, "The Economics of Immigration," *Journal of Economic Literature*, Vol. 32, 1994.

G. J. Lewis, *Human Migration: A Geography Perspective*, London: Croom Helm, 1982.

Icek Ajzen, "From Intentions to Actions: A Theory of Planned Behavior," *Springer Berlin Heidelberg*, 1985.

J. K. S. Kung, "Off-farm Labor Markets and the Emergence of Land Rental Markets in Rural China," *Journal of Comparative Economics*, Vol. 30, 2002.

J. S. Coleman, *Foundations of Social Theory*, Cambridge, MA: Belknap Press of Harvard University Press, 1990.

K. Deininger, "Land Markets in Developing and Transition Economies: Impact of Liberalization and Implications for Future Reform," *American Journal of Agricultural Economics*, Vol. 85, 2003.

L. A. Sjaastad, "The Costs and Returns of Human Migration," *Journal of Political Economy*, Vol. 70, 1962.

L. Zhang, A. D. Brauw, "China's Rural Labor Market Development and Its Gender Implications," *China Economic Review*, *Vol.* 15, 2004.

M. C. Seeborg, Zhenhu Jin, Yiping Zhu, "The New Rural-urban Labor Mobility in China: Causes and Implications," *Journal of Behavioral and Experimental Economics*, Vol. 29, 2000.

M. P. Todaro, "A Model of Labor Migration and Urban Unemployment in Less Developed Countries," *American Economic Review*, Vol. 59, No. 1, 1969.

M. P. Todaro, *Economic Development in the Third World*, 4th Edition, New York: Longman Press, 1989.

NgYing Chu, LiSung-ko, TsangShu-ki, "The Incidence of Surplus Labor in Rural China: A Nonparametric Estimation," *Journal of Comparative Economics*, Vol. 28, 2000.

Nong Zhu, "The Impacts of Income Gaps on Migration Decisions in China," *China Economic Review*, Vol. 13, 2002.

O. Stark, D. E. Bloom, "The New Economics of Labor Migration," *American Economic Review*, Vol. 75, 1985.

O. Stark, J. E. Taylor, "Migration Incentives, Migration Types: The Role of Relative Deprivation," *The Economic Journal*, Vol. 101, 1991.

O. Stark, "Rural-to-Urban Migration in LDCs: A Relative Deprivation Approach," *Economic Development and Cultural Change*, Vol. 32, No. 3, 1984.

P. H. Rossi, "Why Families Move: A Study of the Social Psychology of Urban Residential Mobility," *Urban Studies*, Vol.

31, 1955.

R. M. Northam, *Urban Geography*, New York: John Wiley, 1979.

Schultz, Theodore W, "Investment in Human Capital," *The American Economic Review*, Vol. 51, 1961.

S. Douglas, Massey and Maria Aysa, *Social Capital and International Migration from Latin America*, Expert Group Meeting on International Migration and Development in Latin America and the Caribbean, Mexico City, 30 November – 2 December 2005.

S. E. Findley, L. Williams, "Women Who Go and Women Who Stay: Reflections of Family Migration Processes in a Changing World," *ILO Working Papers*, 1991.

S. Feng, N. Heerink, and F. Qu, *Factors Determining Land Rental Market Development in Jiangxi Province, China*, The 7th European Conference on Agriculture and Rural Development in China, Greenwich, U. K. , 2004.

W. A. Lewis, "Economic Development with Unlimited Supply of Labor," *The Manchester School of Economic and Social Studies*, Vol. 22, No. 2, 1954.

Yang Yao, "The Development of the Land Lease Market in Rural China," *Land Economics*, Vol. 76, 2000.

Yaohui Zhao, "Migration and Earnings Difference: The Case of Rural China," *Economic Development and Cultural Change*, Vol. 47, 1999.

Ying Du, "Rural Labor Migration in Contemporary China: Analysis of Its Features and the Macro Context," in West and

Loraine, eds. , *Rural Labor Flows in China*, University of California, Berkeley: Institute of East Asian Studies, 2000.

Y. Zhao, "Foreign Direct Investment and Relative Wages," *China Economic Review*, Vol. 12, 2001.

Zhigang Lu, Shunfeng Song, "Rural-Urban Migration and Wage Determination," *China Economic Review*, Vol. 17, 2006.

附 录

亲爱的朋友：

您好！

感谢您配合我们的调查！我是"农村剩余劳动力转移需求层次问题研究"的访问员，现基于研究的需要向您征询宝贵意见。本调查以不记名方式进行，并且只作学术研究之用，希望能了解您的真实情况和想法。

谢谢您的合作！

基本情况

1. 您户籍所在的省是_____，所属地区是 ①东部 ②中部 ③西部

2. 您的性别： ①男 ②女

3. 您的年龄：

①18岁以下 ②18~25岁 ③26~35岁 ④36~45岁 ⑤46~55岁 ⑥56岁及以上

4. 您现在的婚姻状况： ①没有配偶 ②有配偶

5. 您的文化程度：①小学及以下 ②初中 ③高中（包括中专、职高、中级技工） ④大专（包括高职、高级技工） ⑤大专以上

6. 您出来打工的时间：

①1 年及以下　②1～3 年　③3～5 年　④5～10 年　⑤10 年以上

7. 您所从事的行业：①建筑业　②批发零售业　③住宿餐饮业　④居民服务和其他服务业　⑤交通运输、仓储和邮政业　⑥制造业　⑦其他（请说明）_____。

8. 您现在家里是否有老人需要赡养　　a. 有　b. 无

9. 您现在打工的形式是：

①一个人到城市打工　　②夫妻两人在城市打工

③夫妻子女（或夫妻子女父母）都在城市，但没有获得城镇户口

④夫妻子女（或夫妻子女父母）都在城市，已获得城镇户口

10. 您是否打算夫妻二人一同出来打工？　　a. 是　b. 否

11. 您是否打算全家（夫妻带子女或夫妻带子女和父母）进入城市生活？　a. 是　b. 否

12. 您是否有在城市永久居住下去的打算？　　a. 有　b. 无

13. 您是否考虑过取得城镇户口？　　a. 是　b. 否

14. 您出来打工的目的是：

1）获得更高经济收入

①非常不重要　②不重要　③一般　④重要　⑤非常重要

2）让子女获得城市教育

①非常不重要　②不重要　③一般　④重要　⑤非常重要

3）寻求更多发展机会

①非常不重要　②不重要　③一般　④重要　⑤非常重要

15. 您认为亲朋好友对您夫妻（或全家）进城持赞同态度：

①非常不重要　②不重要　③一般　④重要　⑤非常重要

16. 您认为夫妻（或全家进城）需要具备条件能力：

①非常不重要　②不重要　③一般　④重要　⑤非常重要

收支：

17. 您现在的月收入是：①1000元及以下　②1001~1500元　③1501~2500元　④2501~3500元　⑤3500元以上

18. 您的期望月收入是：①1500元及以下　②1501~3500元　③3501~5000元　④5000元以上

19. 您打工前后家庭收入提高了多少？

①1倍左右　②2倍左右　③3倍左右　④4倍左右　⑤5倍　⑥5倍以上（请说明）_____倍。

20. 您在城市每个月的日常开销（不包括子女教育和住房费用）是在下列哪个范围内：

①500元及以下　②501~1000元　③1001~1500元　④1501~2000元　⑤2000元以上

21. 您能承受在城市的日常开销吗？　①非常不能　②不能　③一般　④能　⑤非常能

住房情况：

22. 您现在城市的住房面积是_____平方米，包括您在内共住_____人。

（由调研人员计算得出人均住房面积）_____。

和您居住的是（可多选）：①配偶　②孩子　③自己　④父母　⑤亲友　⑥工友　⑦其他

23. 您现在的住房情况是：

①免费住在亲戚朋友家　② 自己解决，单位无补贴　③自己解决，单位有补贴　④单位有集体宿舍　⑤自己买房

24. 您希望的住房来源：①政府建经济适用房　②政府建廉租房　③政府建公共租赁房　④政府或用人单位提供住房补贴　⑤用人单位免费（或象征性收费）提供租房　⑥买商品房　⑦其他（请说明）_____。

25. 您需要的住房结构：①集体宿舍　②单人宿舍　③一室一厅　④两室一厅　⑤其他（请说明）_____。

26. 您需要的住房面积　①10平方米及以下　②11~20平方米　③21~30平方米　④31~40平方米　⑤41~50平方米　⑥51~60平方米　⑦60平方米以上（请说明）_____。

27. 您认为在城市解决住房问题困难吗？①非常困难　②困难　③一般　④不困难　⑤非常不困难

28. 您是否打算在城市买房　a. 否　b. 是

土地情况：

29. 您家庭耕地面积大概是多少？

①1亩及以下　②1~2亩　③2~3亩　④3~4亩　⑤4亩以上

30. 您出来打工，家里的责任田如何处理？

①自己家人经营　②亲戚经营　③转包出去　④撂荒

⑤已经没有土地

31. 您愿意放弃家里的责任田吗？　a. 愿意　b. 不愿意

32. 您希望您家里的责任田如何处置：

①自己保留　②给亲戚种，自己每年获得一些收益　③保留承包权，转租出去　④集体收回，给一次性补偿　⑤其他（请说明）_____。

33. 您希望您农村宅基地如何处置：①不愿意置换，自己保留　②置换成城市房产　③置换成城市社保　④置换成子女城市教育费用　⑤置换成一笔现金　⑥其他（请说明）_____

34. 您对土地流转政策的了解程度　①非常不了解　②不了解　③一般　④了解　⑤非常了解

子女教育：

35. 您子女现在就读的学校是：

①农村学校　②城市农民工子弟学校　③城市普通公办学校　④城市重点公办学校　⑤城市民办学校

36. 您期望子女就读的学校是：

①农村学校　②城市农民工子弟学校　③城市普通公办学校　④城市重点公办学校　⑤城市民办学校

37. 您子女现在就读于哪一级学校？①幼儿园　②小学　③初中　④高中　⑤大学　⑥没上学

38. 您子女上学每年大概的费用是（单位：元/年）：

①2000元及以下　②2001~5000元　③5001~7000元　④7001~10000元　⑤1万元以上

39. 您认为给孩子联系学校困难吗？

①非常困难　②困难　③一般　④不困难　⑤非常不

困难

40. 您觉得您负担（或将要负担）孩子在城市的上学费用：

①非常困难　②困难　③一般　④不困难　⑤非常不困难

就业：

41. 您认为在城市找工作困难吗？

①非常困难　②困难　③一般　④不困难　⑤非常不困难

42. 您在城市找到现在的工作花了多长时间？

①半个月及以内　②半个月~1个月　③1~2个月　④2~3个月　⑤3~4个月　⑥其他（请说明）_____。

43. 您认为城市工作稳定程度：①非常不重要　②不重要　③一般　④重要　⑤非常重要

城市融入：

44. 您在城市的亲戚朋友：①几乎没有　②有少数几个　③一般　④有不少　⑤有很多

45. 您觉得城里人排斥您吗？①非常不排斥　②不排斥　③一般　④排斥　⑤非常排斥

46. 您认为您在城市生活的适应度是：①非常不适应　②不适应　③一般　④适应　⑤非常适应

47. 您认为获得与城市居民同等待遇：①非常不重要　②不重要　③一般　④重要　⑤非常重要

社会保障：

48. 单位是否与您签订了劳动合同？　①是　②否

49. 下列社会保险您参加了吗？

1）城镇基本养老保险　①参加了　②没参加　③不知道

2）城镇基本医疗保险　①参加了　②没参加　③不知道

3）工伤保险　①参加了　②没参加　③不知道

4）生育保险　①参加了　②没参加　③不知道

5）失业保险　①参加了　②没参加　③不知道

50. 您认为单位为您办理各项社会保险：①非常不重要 ②不重要　③一般　④重要　⑤非常重要

城镇户口：

51. 您认为城镇户口对您：　①非常不重要　②不重要 ③一般　④重要　⑤非常重要

52. 您认为城镇户口对您解决生活中的麻烦：

①非常不重要　②不重要　③一般　④重要　⑤非常重要

53. 您认为获得城镇户口对提高您的身份地位：

①非常不重要　②不重要　③一般　④重要　⑤非常重要

54. 您对农民进城落户政策的了解程度：

①非常不了解　②不了解　③一般　④了解　⑤非常了解

55. 如果您没有进城落户的打算，可能的原因是（可多选）：

①国家惠农政策吸引　②农村生活成本低　③不适应城市生活方式　④没有稳定的工作　⑤住房问题不好解决　⑥城市社保不好解决　⑦在城市没有社会关系网　⑧农村生活环境好　⑨其他（请说明）_____。

56. 您认为办理居住证并享受相关福利：①非常不重要 ②不重要　③一般　④重要　⑤非常重要

家庭：

57. 您认为夫妻在一起对降低婚姻危机：①非常不重要 ②不重要　③一般　④重要　⑤非常重要

58. 您认为夫（或妻）对方便您的生活：①非常不重要 ②不重要　③一般　④重要　⑤非常重要

59. 您认为夫（或妻）对您缓解压力：①非常不重要 ②不重要　③一般　④重要　⑤非常重要

60. 您认为您的子女将来留在城市：①非常不重要　②不重要　③一般　④重要　⑤非常重要

61. 请问您在进城务工的过程中还有哪些需求（可多选）？①参加免费技能培训　②进修提升学历　③就业扶持与优惠　④提供政策咨询　⑤单位文化娱乐活动　⑥其他（请说明）_____。

图书在版编目(CIP)数据

农村剩余劳动力转移需求分析与政策设计 / 刘燕著. -- 北京：社会科学文献出版社，2023.9
 ISBN 978-7-5228-2135-1

Ⅰ.①农… Ⅱ.①刘… Ⅲ.①农村剩余劳动力-劳动力转移-研究-中国 Ⅳ.①F323.6

中国国家版本馆CIP数据核字(2023)第134224号

农村剩余劳动力转移需求分析与政策设计

著　者 / 刘　燕

出 版 人 / 冀祥德
责任编辑 / 李明伟
文稿编辑 / 许文文
责任印制 / 王京美

出　　版 / 社会科学文献出版社·国别区域分社 (010) 59367078
　　　　　地址：北京市北三环中路甲29号院华龙大厦　邮编：100029
　　　　　网址：www.ssap.com.cn

发　　行 / 社会科学文献出版社 (010) 59367028
印　　装 / 三河市尚艺印装有限公司

规　　格 / 开　本：889mm×1194mm　1/32
　　　　　印　张：10.375　字　数：235千字
版　　次 / 2023年9月第1版　2023年9月第1次印刷
书　　号 / ISBN 978-7-5228-2135-1
定　　价 / 128.00元

读者服务电话：4008918866

版权所有 翻印必究